高等学校人文素质教育系列教材

TRAVEL LIFE AESTHETICS

旅游生活美学

主　编　卢静怡

副主编　张　晶　冯　侃

ZHEJIANG UNIVERSITY PRESS
浙江大学出版社
·杭州·

图书在版编目(CIP)数据

旅游生活美学 / 卢静怡主编；张晶，冯侃副主编.
杭州：浙江大学出版社，2024.12. -- ISBN 978-7-308
-25390-1

Ⅰ.F590-05

中国国家版本馆 CIP 数据核字第 2024P4A662 号

旅游生活美学

主　编　卢静怡

副主编　张　晶　冯　侃

责任编辑	柯华杰
文字编辑	赵　钰
责任校对	胡佩瑶
封面设计	周　灵
出版发行	浙江大学出版社
	（杭州市天目山路148号　邮政编码310007）
	（网址：http://www.zjupress.com）
排　版	杭州星云光电图文制作有限公司
印　刷	杭州捷派印务有限公司
开　本	787mm×1092mm　1/16
印　张	12.5
字　数	258 千
版 印 次	2024 年 12 月第 1 版　2024 年 12 月第 1 次印刷
书　号	ISBN 978-7-308-25390-1
定　价	58.00 元

浙江大学出版社市场运营中心联系方式：0571-88925591；http://zjdxcbs.tmall.com

目 录

第一章 旅游生活美学概述

旅游生活美学是关涉旅游生活审美的一门综合性学科。在人们更加关注旅游对现代性的焦虑、抑郁和压抑带来的解放功能，更加关注生活的真谛不在于无限追求金钱，更加关注美学在日常设计、应用和实践中的广泛性之后，"旅游生活美学"终于作为一门综合性学科应运而生。旅游生活美学以一种开放性态度建立和融合带有消费和休闲性质的旅游、带有本质和真谛性质的生活、带有崇高和优美性质的美学，具有充分的理论广泛性和实践普遍性。但是，因为综合了三种方向，所以旅游生活美学是一门具有深度的学科。它的深度主要体现在对旅游和生活的综合，以及对生活美学的深度挖掘和哲学性思考上。

虽然旅游生活美学带有极强的综合性，但是我们要注意的是旅游生活不是"旅游＋生活"，而是在人的旅游过程中密切相随、朝夕相伴，并保证旅游活动能够进行的日常空间及其行为。所以，旅游生活美学并不是单纯对旅游和生活的美学论述，而是包括人生中各种旅游的全过程。虽然，有的时候旅游生活看起来有些重复、单调，千篇一律的旅游导览词、大同小异的江南古村落、不断重复的旅游商业街，但正是这种旅游生活，意味着游客摆脱旅游的社会性规限而转向旅游的美学性，转向其生命能力的一种实践形式，成为旅游生活美学的基础。

更重要的是，在经历了改革开放几十年的发展后，在当前文旅融合的大背景下，对于旅游相关专业的学生而言，体会旅游美学，增强对于旅游生活的感悟，已经成为当前旅游类专业的一个迫切要求。虽然一些文化素质类的教育在一定程度上提升了旅游相关专业学生对美学基本知识的理解，但是他们依然缺乏对于旅游生活美学的理解，还没有一门课程专门针对旅游生活美学的相关内容和要素进行整体性梳理和介绍。这导致旅游类专业的学生在介绍景点的时候缺乏历史根基、哲学反思和文化叙事能力。因此，旅游生活美学的概念及其展开对旅游专业学生来说具有重要的意义。

第一节 "旅游生活"的内涵

我们这里所说的"旅游生活"，与"旅游""旅游活动""观光活动"不是同一个概念。它是从哲学、社会学和人类学理论中的"生活"概念中衍生出来的一个新概念。在哲学、社会学和人类学理论中,"生活"一词也常表述为"日常生活""生活世界""日常空间",与"非日常生活"相对应。胡塞尔认为"生活世界"有两种含义:一种是作为经验实在的客观生活世界,另一种是作为纯粹先验现象的主观生活世界,二者之间隔着一道先验还原的界限。不同意义上的"生活世界"与科学及人的生存关系也不同。在胡塞尔看来,前者是近代科学产生的基础,也是造成科学"危机"与人的"危机"的根源,后者则有可能为我们提供一条解决这种危机的途径。旅游生活作为一种特殊的生活世界,它既是一种客观生活世界,为我们提供经济、政治和文化的各种符号和活动,也是一种主观生活世界,是人们心中对于历史、文化、文学、宗教等景点和文物的内在体验。

所以,我们可以将生活世界理解为人类在生存活动中与主体形影不离、随时随地、此时此地的存在空间,如休息、游戏、交往、交谈、家庭事务、饮食、婚丧嫁娶、生老病死等。它们虽然不是由理性和理论构造起来的,不产生理想化的精神产品,但其却是人类最基本的存在场域——生物性和社会性存在的基础。正是生活世界构成了人类在世的"至尊现实",或者是根本基础。为了帮助人们更好地理解"旅游生活"的含义,我们不妨再具体解释一下"生活"的概念内涵。

什么是生活?

"生活"是一个难以言说的概念,是一种难以用精确的语言加以描述的现象。它有的时候很实在,有的时候又很虚空。高长江教授曾对"生活"尤其是日常生活有过恰当的论述。在他看来,我们可以把生活理解为人生在世的全过程;或者说,人来到这个世界,与世界、与事物打交道,纠缠和繁忙于日常事务之中,这就是我们所说的生活。虽然有人试图通过逻辑思辨建构一副生活的框架,但事实上我们很难通过思辨的方式将生活结构化,因为生活不在定义里,不在概念里。当我们的生命沉浸于时间、空间和物质世界以及社会中时,我们就可以说我们在生活。生活就是人的世界,就是人类在世上所展开的全部活动。高教授引用法国哲学家列维纳斯的观点解释说:"生活就意味着真诚。这个相对于不具备世界性的东西存在的世界,就是我们所栖居的生活,我们在这里散步、用餐、访友、上学、探讨问题、做实验、搞研究、读书写作。"①生活就是世界。你在这个世界中存在,和世界打交道,这就是我们所说的生活。正因为"生活和世界是一回事",也就不存在一种我们所想象的逻辑形式或者理想主义的生活。若把伊壁鸠鲁或亚里士多德的生活、拿破仑或莎士比亚的生活作为我们的生活语法和文化模型,则意味着很多人都没有真正拥有生活。我们在这个世界生存,与世界万物打交道;我们工作、休息、消费、交往、玩各种有趣的游戏时,我们就在生

---

① 列维纳斯:《从存在到存在者》,吴蕙仪译,江苏教育出版社,2006年,第42页。

活着。人就是在这平凡的衣食住行、生老病死中体验生活,过自己的生活。生活是如此的平常,以至于难以用平常的语言来谈论它。总之,用心做你该做的事,或者就像列维纳斯所说的那样,以真诚的态度去吃饭、睡觉、工作、散步、晒太阳、喝咖啡而不是像伟人、英雄、圣徒那样生活在紧张、神圣的体验中,生命就在这里停泊,生活就在这里展开。这就是我们所说的日常生活的本质特征。[①]

高长江教授主张:生活的日常性首先就表现于重复性。单调、呆板、吃饭、睡觉、聊天、工作、照看孩子和老人……我们今天做了,明天还要做。日复一日,年复一年,直至死亡。这似乎令人感到很悲哀,似乎我们到这个世界走一遭,就是为了吃穿住行,就是为了完成肉体的发展、成长、衰老、朽烂这样一个过程。总之,不管怎么说,生活并不像我们理想中的那样秩序井然。如果说生活就是世界,那么实际上也就等于承认生活具有某种难以言传的性质,是一个琐碎杂乱的日常世界。你厌倦吗?如果你厌倦吃饭、睡觉这些日常生活活动,今天做了明天不再做,那么生活对你的回报只能是死亡。我们之所以没有在这种令人窒息的、僵硬的生活的压抑下选择用死亡来逃避生活,不是因为我们的心灵已经麻木,而是因为我们用那套古老的生命艺术管理照料生活。生活已经变成了一种审美活动。

根据"生活"的这一概念内涵衍生出来的"旅游生活",指的是与人的旅游过程密切相随、朝夕相伴,并保证旅游活动能够进行的日常空间及其行为。如旅游过程中的休息空间与时间、饮食活动、有组织有计划的旅游活动之外游客自由安排的休闲娱乐等。在旅游人类学的意义上,对旅游生活时空的使用与创造是游客摆脱旅游的社会性规限而转向旅游的美学性,转向其生命能力的一种实践形式。

从旅游生活现象学的角度审视,旅游生活包括物质生活、社会生活和文化生活三大领域。这三大领域不仅构成了旅游生活的基本时空结构,也构成了旅游生活现象研究的基本问题域。

物质生活指游客在旅游过程中栖身的酒店与宾馆,以及在其中所享受的餐饮。当然,这种物质生活并不是完全限定在酒店与宾馆之中,我们在旅游景点所遇到的一些地方传统小吃、网红美食、地方传统产品和特色产品都属于物质生活的一部分。较为典型的景点如杭州的河坊街、成都的宽窄巷子和锦里等,这些以旅游景点为依托的商业街不仅丰富了旅游的经济因素,促进了经济发展,而且还体现了旅游景点的文化多样性,展现了地方民俗文化。旅游生活中的物质生活内涵非常丰富,它不仅涉及旅游过程中的吃穿住行,不只是酒店的某个组成部分,而且是一种全面性的与物质交涉的经济活动。

社会生活指游客在旅游活动中的无意识、日常性的交往活动。人与人之间的交往通常

---

① 高长江:《人文动物:人类存在的精神秩序》,吉林大学出版社,2019 年,第 135 页。

发生在日常中,例如师生、父子、朋友等。在旅游活动中,往往会呈现出导游与游客、游客之间、服务员与游客等与旅游相关的短暂的社会交往互动。因此,旅游活动的社会生活不仅具有短暂性、阶段性和特殊性,更重要的是它具有自身所特有的一系列伦理活动。例如,我们有时能够在新闻上看到一些旅行团内存在强买强卖、强制推销等违反消费者权益保护法的旅游活动,也会看到在旅游过程中因为发生某些事故所导致的刑事案件。所以,旅游中的社会生活并不是独立于社会规范和法律的真空区域,而是与旅游活动息息相关的,带有规范性和习惯性的交往活动。

文化生活指游客利用旅游团体计划外的时间所从事的自由文化活动,如观看茶艺、花艺表演,以及对居住地的地方文化、民俗文化的观赏,在闲暇时间进行逛街、夜游、自娱自乐等。文化生活往往是文旅融合的基础,是旅游所在地的文化特色和文化集锦,是一系列地方文化的集中体现。当然,现在有些文化生活被过度开发和过度包装,我们能够看到一些文化生活景点的灯光、装修和商业模式已经破坏了原本的文化氛围,过多的商业元素占据了大量的空间,游客没有办法、没有时间去有针对性地体验地方文化、民族文化。例如,兵马俑景区外围的商业街就存在过长的情况,正常步行需要长达 20～30 分钟。虽然商业街有不少与兵马俑相结合的文化表演和工艺品,但是游客刚经历两三个小时的兵马俑游览活动,身体已经很疲惫,过长的步行距离不仅加重了游客的身体负担,而且因为身体疲劳而对商业街缺乏足够的兴趣。

从旅游学近年来的研究向度来看,其主要视域和理论焦点是在旅游的"非日常生活"领域;旅游管理的主要空间也局限于这一领域。因为对于大多数人而言,旅游即是离开日常生活世界而进入非日常生活世界的"域界"体验,因而,"日常生活"这一事实被人们遮蔽了。但正是这一"遮蔽"造成了旅游学理论的致命缺陷,同时也导致旅游管理的诸多问题。因此,旅游理论研究应回归其基本世界,即从旅游生活的日常世界入手。因为旅游生活不仅是日常生活的一部分,更重要的是,游客毕竟是生物性和文化性动物,而不是大地上游走的野兽和不受物理时空制约的天使,吃穿住行是其至尊现实。正是在"日常世界"的基础上,非日常的"观光""凝视""体验"和"超越"才得以存在。高长江教授在其新著《乡村旅游与历史人类学实践》中论及乡村旅游的"日常生活世界"研究的重要价值时这样写道:"无论是乡村景观研究还是乡村旅游研究,尤其是关于乡村'旅游体验'理论研究,'生活世界景观学'和'生活世界旅游体验学'应成为旅游学十分重要的理论课题。在旅游人类学视角下,我们至少可以将其视为旅游体验理论的元理论。淡漠或遮蔽了这一'至尊现实',任何乡村旅游体验人类学理论都缺乏真实性。"①此可谓抓住了旅游研究的根本。

---

① 高长江:《乡村旅游与历史人类学实践》,中国社会科学出版社,2023 年,第 209 页。

第二节 旅游生活与审美生活

要理解旅游生活的审美属性，我们首先就要理解何为美，以及何为美学。

"美是什么"是美学这门学科所研究的基本问题。每位哲学家对这个问题都有自己的看法。这并非一个简单的问题，通过它可以辐射世界的本源性问题的讨论。从古至今，从西方到东方，对"美"的解释是复杂的。如古希腊的柏拉图认为，美是理念；罗马的圣奥古斯丁认为，美是上帝无上的荣耀与光辉；俄国的车尔尼雪夫斯基认为，美是生活；中国的庄子认为，天地有大美而不言。虽然不同的学者对美是什么有着不同的回答，但是当前的学者们基本上都承认一个事实，即美学是哲学的一个分支学科。德国哲学家亚历山大·戈特利布·鲍姆嘉通在 1750 年首次提出美学概念，并称其为"Aesthetic"（感性学），也就是美学。美学是研究人与世界审美关系的一门学科，或者说美学研究的对象是审美活动。审美活动是人的一种以意象世界为对象的人生体验活动，是人类的一种精神文化活动。

一、旅游活动的本质是审美

旅游活动的目的地或审美对象主要是风景名胜、传统文化，也就是在一定时空背景中由自然景观与人文景观构成的旅游吸引物。

自然景观一般包括山水草木、云霞鸟兽等。在中国人的审美意识中，自然既是生活的场所，又是审美的对象，而且还是主体安身立命之处。"山川之美，古来共谈"的习惯和追求"天人合一"的美学风范，均已在悠久的历史长河中演化和积淀为我们的审美文化或精神文化的重要组成部分。中国的山水诗歌、山水文学以及山水美学之所以如此兴盛，其根本原因就在于此。

人文景观一般包括文物古迹、历史名城、园林建筑、民俗风情、社会生活以及各种形式的文化、艺术和娱乐活动等。北京的故宫、苏州的园林、青藏高原的文化风情和丝绸之路的历史古迹等，都是吸引中外游客的人文景观。它们不仅具有丰富的审美价值，而且为文化艺术研究和科学考察提供了可观可证的实物和场所。即便就旅游所涉及的"吃喝玩乐"这种日常生活而言，除了其实用功能外，也同样具有一定的审美因素。众所周知，中国的饮食文化历史悠久，不仅讲究美食美酒美器，而且注重"色、香、味、形、意"，同时还要求乐舞配置与诗意气氛等。所有这些具有形式美感的饮食器皿和菜肴造型，以及洋溢着欢快与优雅气氛的饮食环境，都有助于人们思想感情的交流、身心的健康与和睦的人际关系。这便说明"吃喝"不只是为了满足人的生理需要，也是为了满足人的情感或精神需求。

总之,旅游活动的内容十分丰富。它除了引导游人观赏风光旖旎的自然景观,体察各式各样的民俗风情,品尝不同风味的美食佳肴和参与各种有趣的文化娱乐活动之外,还会引导游人搜奇览胜,遍访文物古迹与建筑园林等人文景观,欣赏绘画雕塑、书法篆刻与音乐舞蹈等艺术作品。可见,作为一项综合性的审美实践活动,旅游"集自然美、艺术美、社会生活美之大成,熔文物、古迹、建筑、绘画、雕塑、书法、音乐、庙宇、服饰、民情……为一炉,涉及阴柔、阳刚、秀美、崇高、绮丽、狂野、明快、悲壮、轻松等一切审美形态,有益于满足人们从生理到精神等不同层次的各种审美欲求"。诚如国内不少美学家所言:人们的旅游目的不是有力无处使,有钱无处花,而是丰富自己的精神生活。旅游,从本质上说就是一种审美活动。离开了审美,还谈什么旅游? 旅游活动就是审美活动。

从具体内容上看,旅游是一种集自然美、艺术美和社会生活美之大成的综合性审美实践活动,这种活动的美学具有独特价值与多重效应。

二、旅游的审美经验

旅游作为一种审美活动,必定是基于一定的审美经验,这些审美经验综合性地作用在旅游主体上,能够净化旅游主体的情感,升华旅游主体的灵魂,实施社会美育,提升生活质量和促进人的全面发展。

(一)净化情感

现代人的精神困境表现在现实人生中的许多方面。首先是由于"文明的缺憾"与劳动的异化而使人的精神与情感发育不全,导致了所谓的人格畸形——"单面人"。其次是由于人际关系的稀薄化而产生人情冷漠、世态炎凉的现象和不正常的"邻居心态"。再就是存在主义所描述的那种"寻找家园"与人本主义所解释的那种"寻找自我"的"浪子心态"。总之,精神与情感的双重失落或失衡,使人们往往处于一种难以解脱的躁动和不安的心理环境之中。于是,出于自我调节或暂时逃避的心理,人们纷纷外出旅行,改换生活环境,渴望在寻访名山大川、文物古迹等旅游活动中达到荡涤胸襟、陶冶情操的目的。

事实上,旅游活动所引发的时空审美感受与情感慰藉,能在很大程度上使人摆脱世俗的羁绊,获得心灵的自由,忘却往日的忧愁,净化心理的环境等。从这种意义上讲,旅游活动是一项普遍的"社会疗法",有助于调节个体的心理环境和维系社会的正常秩序,以及和谐的人际关系等。

(二)升华灵魂

人类通过社会实践与外部世界结成多种关系,其中主要有以求真为导向的认识关系,以趋善为导向的伦理关系,以爱美为导向的审美关系。而推进这一审美关系的历史发展的基本动力,一方面来自于创作的艺术实践,另一方面来自于鉴赏的审美教育。审美教育的形式是多样的,人们发现旅游活动作为一种全球性的社会文化现象或综合性的审美实践活动,实际上也是一种寓教于乐的普及性审美教育活动。事实证明,旅游活动不仅为游客提供了广泛的审美实践机会,而且通过其潜移默化的特殊作用,有益于陶冶人们的情操,升华人们的精神,促进人们的身心健康,以及培养人们对文化艺术的审美鉴赏能力。

康德曾说,一个人如果能够离开浮华的居室而欣赏大自然的美,他的内心肯定"具有一颗优美的灵魂",而且"令人尊敬"。这种"优美的灵魂"至少包含"爱美、知美和创美"这三个不同层次的心理素质或能力。比较而言,"爱美、知美"还不是人生的终极目的,只有"创美"才是人生的终极目的。所谓"创美",就是按照"美的规律"来创建美的事物、美的风尚、美的道德、美的人格、美的服务、美的语言、美的行为、美的环境、美的服饰……一句话,创造符合审美要求的"使人想到应该如此"的"美的生活"。

(三)实施社会美育

马克思说,社会的进步是人类对美的追求的结晶。在现代条件下,具有广泛社会基础和多种文化需求的旅游业不仅有利于加快审美文化的建设和发展,而且有助于推动全社会审美化的进程。这主要是因为旅游业是一种多边缘综合性的特殊产业,几乎涉及社会有效劳动的一切领域,如建筑、交通、服饰、饮食、陶瓷、文化、艺术等。而所有这些劳动领域的最终产品在造型、款式、风格、色调、氛围、设计和功能等方面不仅要具有可靠的实用价值,而且要具有丰富的审美价值,以便满足旅游者不同层次的,包括审美需求在内的各种需求。

旅游活动作为促进社会审美化的动因,还表现在旅游者与旅游目的地居民的相互影响和相互交往等方面。除了物质生活的审美化外,旅游活动对精神生活的审美化也有一定的推动作用。比如在伦理道德方面,以友好交流、团结协作等为具体内容的社会风尚美和道德情操美,往往对人产生一种潜移默化的作用。在这方面,旅游确能起到"观国之光,利于社会审美化"的积极作用。

(四)提升生活质量

旅游活动具有多重功能,融贯着物质文明与精神文明两大领域的方方面面,可以利用其社会化的市场与普遍性的方式来满足人们的各种需求。比如,旅游过程中品尝美味佳肴与享用住宿交通购物活动,可以满足人的物质需求;旅行过程中的社会交往活动,可以补充人际关系上的缺憾;认知异质文化与了解风俗民情等活动,可以丰富人的文化知识和满足人的求知欲望;离家外出、更换生活环境、寻访清净幽雅之地,可以使人获得不同以往的新

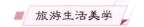

感受并在相对理想的环境中解除疲劳、恢复健康;潇洒自由、浪迹山水的旅游活动,会使人在一定时空中摆脱烦恼与焦虑;乐山乐水、艺术欣赏与相关的娱乐活动,会使人得到审美享受,品味自由自在的情趣……正是在这种意义上,我们把旅游活动视为提高人类生活质量意识及其水平的有效途径之一。

特别是当我们现代人在物质生活不断得到满足,精神生活要求逐渐提高的当下,人们对于精神文明的要求也越来越高。一些具有普遍性和常识性的旅游场所已经无法满足人们对旅游生活提升生活质量的基本要求,所以当下的旅游场所正在进行各种各样的文化创新,积极挖掘当地的文化基础和文化内涵,创新发展全新的文化产业,各种文化园层出不穷。但以文化促进旅游,以旅游融合文化的方式在一定程度上出现了一些资本失控的负面现象,如"有文化就挖掘文化,没有文化就抄袭文化,实在不行就买文化"。这是我们需要注意的。

(五)促进人的全面发展

人的全面发展,"不是自然的产物,而是历史的产物"。促进人的全面发展的途径颇多,主要有道德教育、文化教育、艺术教育等。而旅游不失为一种有效的途径。这是因为旅游不仅具有广泛的社会性和普及性,而且具有内容的综合性和功能的多样性。比如,旅游可以开阔人的眼界,增加人的阅历,丰富人的历史文化知识,培养人的"新感性"。荀子说:不登高山,不知天之高也;不临深溪,不知地之厚也。类似这种乐山乐水的旅行游览,必然会在感受和体验方面给人以新的刺激,促使人们在新的环境中跳出思维的陈规旧套,从新的角度和切入点去观察和审视各种新事物、新现象。这对于发展人的敏感性和洞察力、丰富人的想象力和激发人的灵感等,均有不可忽视的作用。

在中国,古往今来就有"游学"的传统。这种传统不仅是基于"读万卷书,行万里路,方知天下事"的认识,而且也是基于"游山如读史"的事实。当下社会流行的各种"游学班"在一定程度上继承了中国"游学"的传统,但是又具有一定的经济作用。"游学班"集中在暑假、中秋节、国庆节等节假日,在老师的组织指导下,学生前往各个历史文化景点,或者前往各个具有丰富人文气息的大学参观和听讲座。这些"游学班"在具体的运行中应当关注安全问题、质量问题,确保"游学班"的正常发展。之所以从古至今都有这么多游学的案例,是因为绝大多数旅游景观均具有"历史舞台的效果",积淀着丰富而深厚的人文内涵与历史沧桑。与此同时,旅游作为一种集自然美、艺术美和社会生活美之大成的综合性审美实践活动,不仅能够满足人的各种审美需求,而且有助于提高人的审美鉴赏能力。总之,在普适的教育途径难以企及的地方,旅游可以发挥一种独特的补充作用,可以在许多方面促进人的全面发展。

三、旅游生活的审美之可能

(一)舒适便捷的物质生活

马克思说,人们必须首先吃、喝、住、穿,就是说首先必须劳动,然后才能争取统治,从事政治、宗教和哲学等。物质生活是美好生活的基础,旅游生活亦然。舒适便捷的旅游物质生活,即游客旅游期间身体和生理感到舒适满足和方便快捷的生活状态,主要包括美食、住宿、交通、信息网络、购物、就医、康体养生等方面,共同构成了旅游者对异地旅游生活感知的外显因素。初到旅游地的游客,对异地文化兴奋之余,也容易因对旅游地情况不熟悉而产生陌生感和不适感。舒适便捷的物质生活能帮助游客快速融入旅游地生活环境,加快对旅游地的认知,是游客快速适应并爱上旅游生活的基础保障。相对于居住地日常生活,游客对旅游物质生活有着更多想象,希望能吃得健康又有地域特色,住得舒适又具有艺术美感,出行方便快捷又安全,适时了解当地及外部的各种信息,有丰富的优质特色商品可供选择购买,有紧急情况能方便找到好的医疗机构,还有以护养身心健康、提升生活质量、激发生命潜能为核心功能的系列康体养生旅游活动,等等。旅游美好物质生活,已不仅仅是满足游客的基本物质需要,而应将游客的主观想象和旅游地的客观供给能力集于一身,以生态文明和简约生活为导向,健康、舒适、文明、便捷,防止过度奢靡,为旅游美好生活建设奠定物质基础。

(二)自由丰富的精神生活

人的自由全面发展是美好生活的理想状态,只有获得精神上的滋养和价值引领,人才能成为一个真正意义上的"人",才能拥有不竭的创造力。然而,在现代社会发展速度的不断冲击下,很多人被裹挟到无休无止的竞争和盲目消费中,无暇顾及心灵的需求,出现了空虚、失落、孤独、迷茫等精神生活的荒芜之态。旅游精神生活,即游客旅游期间通过各种旅游活动和服务所感受到的心理满足和精神升华,可以使人们在一个优美又舒适的地方安静地面对自己的内心,以自由的状态充分感受生命的美好,实现精神境界的提升和自我认识的回归,主要包括旅游审美、文化体验、深度休闲、贴心服务等方面。旅游审美的现象领域呈现非常多样的形态,集自然美、社会美和生活美之大成,有益于旅游者获得美的享受,心灵得到净化,情操得到陶冶,精神得到升华。文化体验是构建旅游美好精神生活的核心,需要结合现代人的旅游需求,将中国传统农耕社会沉淀下来的建筑、礼仪、风俗、习惯、节气、服饰、音乐、制度等不同的文化元素和基因转化为场景和故事,通过技术性和艺术性的创新,带给游客触及灵魂的情感体验和精神震撼,提升旅游精神生活的境界和质量。

深度休闲完整体现了马克思对于"休闲"的两个界定层面——"用于娱乐和休息的余暇时间"及"发展智力,在精神上掌握自由的时间",即使游客身心在旅游生活中得到放松,又使游客在身体休整之余对生活(生命)进行思索,激发精神世界中人的创造力和鉴赏力,有助于人的全面发展和个性的成熟,使人真正地走向自由。旅游生活中优质周到、充满温情的贴心服务可以让游客感受到温暖和美好,感受到真诚和舒心,充分满足游客希望被尊重的心理需要。人的尊重需要如果得到满足,能使其对自己充满信心,对社会满腔热情,充分感受到生命的价值和生活的美好。自由丰富的旅游精神生活,是旅游美好生活的核心和终极意义所在,是提升民众素养、增强民众获得感和幸福感的重要途径。

(三)安全友好的社会生活

从社会学角度看,社会生活是指人类社会的生活系统,它以一定的社会关系为纽带,在社会的经济、政治、文化、心理、环境诸因素综合作用下,形成一系列复杂的、多层次的社会现象。旅游社会生活,特指游客在旅游地生活期间所感受到的社会氛围和参与的社会活动,主要包括社会安全、生活节奏、居民态度、社会交往、民俗活动等方面。传统观光旅游过程中,游客在旅游地停留时间短,缺乏融入当地日常生活的机会,游客与游客之间、游客与当地居民之间处于相互忽视、匆匆而过的状态。全域旅游、慢旅游、生活型旅游等旅游类型在新时代崛起,游客在旅游地活动时间变长,旅游社会生活将成为游客旅游美好生活中的重要一环。旅游地井然有序的社会秩序能带给游客安静祥和的生活环境,增强内心的安全感和踏实感。轻松休闲的生活节奏更容易使游客融入其中,缓解游客在惯常生活环境中的压力和焦虑。居民的好客与热情,游客与他人(其他游客或当地居民)之间温馨融洽的社会交往,使游客真实地参与旅游地的各类民俗活动而不仅仅是通过舞台观赏,游客对旅游地社会文化的认知和体验将更为具象和真实,带给游客亲切感和归属感,使游客在不知不觉中产生对旅游地的依恋。安全友好的旅游社会生活,有助于实现主客共建共享的美好生活氛围,缓解现代人因社会飞速发展而带来的人际关系异化、焦虑和浮躁等问题,培养人与人之间的平和与友好关系,增强跨文化交流融合,是构建美好旅游生活的重要保障。

(四)和谐共生的绿色生活

自然是人类的生存之基,也是人类生生不息的源泉。马克思在《1844年经济学哲学手稿》中强调"自然界才是人自己的合乎人性的存在的基础,才是人的现实的生活要素"。党的二十大报告指出要"坚持绿水青山就是金山银山的理念",新时代的旅游生活也应该是人与自然和谐共生的"美丽"且"美好"的生活。只有呈现出绿色之美的生活,才可能是美好的生活。

　　旅游绿色生活,主要包括两重含义,一方面是生活于绿色原生态的美丽大自然中,另一方面是在旅游地的生产、生活和消费过程中,对自然保持敬畏之心,遵循自然规律,保护自然,真正做到与自然和谐共生,维护自然的绿色之本。现代人久居闹市,被裹挟在飞速发展的浪潮中,时时感到压力和疲惫。一旦走进大自然,充满希望、生命与活力的绿色便浸润内心,抚慰烦躁的灵魂。人们才能感受到从未有过的温暖、祥和与宁静,真正享受生活的乐趣与美好。旅游生活中,游客既是消费者也是旅游美好生活的创造者,游客自身的生活习惯和行为也是旅游美好生活的重要组成部分。旅游地的自然和人文景观大多优美、独特,具有极高的审美价值和生态保护价值,游客有责任和义务与当地居民一起,树立绿色增长、共建共享的理念,按简约有度、绿色低碳、敬畏自然、和谐共生的方式生活。

　　在中国传统文化中,简约是一种美德,是人的一种格调和格局。"大道至简",道出的正是这样一种境界,"我们必须轻轻地走过这个世界,仅仅使用我们必须使用的东西,为我们的邻居和后代保持生态平衡"。绿色低碳强调的是在旅游生活中,旅游经营者和游客都应践行生态环境责任,在生产和消费中贯彻好节能减排意识,共同建设天蓝、地绿、水清的美丽中国。大自然是生命之母,也是人类之母,"大自然孕育抚养了人类,人类应该以自然为根,尊重自然、顺应自然、保护自然"应是新时代旅游绿色生活构建的根本价值指引和行动纲领。和谐共生是新时代旅游美好生活的最终理想,体现了共创和谐地球的整体观。和谐共生的绿色旅游生活,是游客回归自然、诗意栖居于优美生态环境的需要,是旅游美好生活构建的生态基底,也是新时代生态文明和美丽中国建设的重要组成部分。

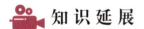

知识延展

美好生活,他们用"旅游"来定义

　　5月19日是第八个"中国旅游日"。美好生活,从出行开始,"旅游""出行"已经成为当下人们节假日里美好生活的关键词。

　　上海、天水、昆明、甘南……今年年初至今,西安姑娘张云端将自己的足迹留在这些地方。从小学毕业起,她每个寒暑假都出去旅游,参加工作后,更是把每个节假日都利用起来。

　　"一开始只是觉得好奇和好玩,后来去的地方多了,有了感悟与思考,才开始真正热爱旅游。"张云端说,大自然的绮丽壮美让她见识天地宽广,学会敬畏与珍惜生命,而不同地方的人情之美,让她感受到人类的智慧和坚韧,"旅游让我更热爱生活"。

　　知名职业社交网站领英中国调研发现,在对成功的定义上,工作生活平衡、快乐、陪伴家人等指标均超过职业成就,而兴趣爱好和有机会旅游也成为与职业成就重要程度相当的

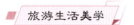

指标。

旅游已经成为人们美好生活的刚性需求。据文化和旅游部发布数据,2017 年,我国国内旅游市场达到 50 亿人次,人均出游已达 3.7 次,旅游总收入 5.4 万亿元。中国连续多年保持世界第一大出境旅游客源国和全球第四大入境旅游接待国地位。

随着出游次数的增加,当下人们的旅游方式和需求已从用眼观看的"走马观花"转变成用心感受的深度体验,在"慢游"中了解目的地的历史文化和生活方式。为此,多地也在积极打造高品质"旅游 + 文化"项目,满足人们在旅途中对"远方"与"诗意"的向往。

2018 年"五一"假期,古城西安大雁塔脚下,一场水舞光影秀与游客见面。通过喷泉水舞、音效、灯光、影像、表演的交错配合,在历史与科技的碰撞交融中,讲述了丝绸之路、玄奘取经等历史故事。

在浙江绍兴鲁迅故里,记者看到一群小学生穿上长衫,戴着瓜皮帽,在新开辟的仿真"三味书屋"里,体验一堂"三味早读"课,和私塾老先生一起互动,读读书、写写毛笔字、对对子、描绣像等,感受私塾文化。据介绍,这是鲁迅故里开发的研学游项目。"以前这些场景只停留在课本里,现在能真实地在游学中体验文化,觉得很有趣。"参观的小学生王语嫣说。

记者了解到,在"中国旅游日"当天,全国各地将结合当地文化主题举办各种寓教于游、富有体验的文化旅游活动。河南商丘古城将举办沐兰汤仪式等传统文化体验活动;浙江嘉善将举行一场民俗艺术和国际浪漫融合的紫色薰衣草文化节……

摘自新华网《美好生活,他们用"旅游"来定义》(有删改)

二、旅游生活的美学意蕴

美是旅游生活本质的自然呈现。从旅游生活本身出发,新时代美好生活是各美其美的价值偏好、美美与共的价值理性和无限美好的价值理想的有机统一。各美其美体现了旅游美好生活的自由之美,美美与共体现了旅游美好生活的和谐之美,无限美好体现了旅游美好生活的无限之美。自由之美彰显了人的个性,和谐之美彰显了人的理性,无限之美彰显了人的超越性,三者统一于新时代旅游美好生活的具体实践之中。

旅游生活美学,就是将旅游生活作为审美对象,通过对包括旅游物质生活和旅游精神生活在内的审美形态的研究,从而提高旅游生活层次,使旅游生活实现实用价值和审美价值的有机融合,推动旅游生活审美化。

(一)各美其美:自由之美

有学者认为美是自由的象征。自由充分彰显了人格独立和生命意义。自由既是美的本质规定,也是旅游美好生活的内在属性。在一定的社会历史条件下,自由并不是随心所欲,而是遵守既定社会规范条件下的自主。按照这种理解,新时代旅游美好生活之自由主要体现在如下两个方面。

1. 个体关于旅游生活价值偏好的自主选择

个体的存在是社会历史发展的前提。"人们的社会历史始终只是他们个体发展的历史,而不管他们是否意识到这一点。"每个人都是一个生活者——美好生活的基本主体。价值观念的多元化是现代社会的基本特征。在个人生活层面,个体价值观念的多元化决定了美好生活的多样性——不同的个体有不同的价值偏好,对旅游美好生活有不同的理解与要求。在物质生活不断改善的基础上,人们的精神诉求不断凸显,旅游美好生活的多样性在旅游生活理念、旅游生活方式、旅游生活时尚、旅游生活理想和旅游生活境界等诸多方面充分彰显出来。人们各美其美,多样的情怀和追求构成了一幅色彩斑斓的旅游美好生活画卷。

2. 个体对时间的自主把控

新时代旅游美好生活既立足当下,更面向未来。马克思从人类历史发展的总趋势出发,提出未来共产主义社会是一个每个人的自由全面发展的社会。对于自由与美好生活之间的内在联系,马克思和恩格斯在《德意志意识形态》中写道:"我有可能随自己的兴趣今天干这事,明天干那事,上午打猎,下午捕鱼,傍晚从事畜牧,晚饭后从事批判,这样就不会使我老是一个猎人、渔夫、牧人或批判者。"也就是说,共产主义社会打破了社会分工的固定化,扬弃了自由时间和劳动时间的对立,人们有更多的时间培养自己的兴趣爱好。但是,在社会主义初级阶段,劳动依然是谋生的手段,自由时间与劳动时间的对立仍然存在。因此,个体对时间的自主把控依然是相对的、有限的。随着全面建成小康社会,人们的自由时间必然会愈来愈充裕,旅游生活也会愈来愈悠闲。

(二)美美与共:和谐之美

在古希腊,毕达哥拉斯学派首次提出了"美是和谐"的命题,而和谐是"杂多的统一,不协调因素的协调"。按照唯物辩证法的矛盾普遍性原理,矛盾无处不在、无时不有,和谐则是对立事物之间和睦谐调的状态。旅游美好生活并不是没有矛盾,而是矛盾的合理解决。因此,和谐既是美的本质规定,也是旅游美好生活的内在属性。从不同价值偏好的共存来看,新时代旅游美好生活之和谐主要体现在如下两个方面。

1. 人与人之间的和谐

旅游活动中,个体不可避免要与他人进行社会交往,走向公共生活。在公共生活中,人们总是从不同的视角考察事物,被他人看到或听到的意义都来自这个事实:每个人都是从不同的角度来看和听的。这就是公共生活的意义所在。当具有不同认知框架和价值偏好的个体相互交往的时候,不同的生活方式之间的矛盾和冲突在所难免。那么,不同的旅游生活方式如何和谐共存,从而实现美美与共?我们认为,解决这一问题的关键是诉诸公共理性。公共理性是那些共享平等公民身份的人的理性,他们的理性目标是公共善,是政治正义观念对社会之基本制度结构的要求所在,也是这些制度所服务的目标和目的所在。从公共理性出发,公民可以在个人利益与他人利益、个人利益与公共利益之间寻找一种适当平衡,在关于如何维系公共生活秩序的根本问题上形成一种价值共识——对于不同的价值偏好,人们应该相互保持尊重与宽容,从而实现美美与共。

2. 不同民族、不同国家之间的和谐

旅游活动是"民间的外交"。不同的国家、不同的民族之间的交往日益频繁,世界各国相互联系、相互依存的程度日益加深,整个世界逐渐成为一个我中有你、你中有我的命运共同体。在全球化背景下,没有人能够生活在孤岛之中。在日益广泛的对外交流中,不同生活方式和文化观念的矛盾和冲突时有发生。因此,美好生活的和谐之美还应该包括不同民族、不同国家之间的和谐。面对国际交流中的矛盾与冲突,不同的文明应该开放包容、相互尊重、相互学习、求同存异、和谐共生。人类文明的多姿多彩造就了人类波澜壮阔的发展历史,文明多元并存是当今人类生活的现实图景。在国际交流日益广泛且深入发展的时代背景下,文明的多样性必然要求不同文明间交流互鉴。正如习近平主席 2014 年在联合国教科文总部发表演讲时所说:"文明因交流而多彩,文明因互鉴而丰富。文明交流互鉴,是推动人类文明进步和世界和平发展的重要动力。"不同的文明间只有开放包容、交流互鉴,人类的旅游生活才有可能丰富多彩。

(三)无限美好:无限之美

黑格尔认为,无论就美的客观存在,还是就主体欣赏来说,美的概念都带有这种自由和无限;正是由于这种自由和无限,美的领域才解脱了有限事物的相对性。无限即无穷无尽,没有限制。生命是有限的,而人总是想在有限中达到无限。无限既是美的本质规定,也是美好生活的内在属性。新时代旅游美好生活之无限主要体现在如下两个方面。

1. 旅游美好生活需要的无限发展

需要是人对外界对象的一种依赖关系。人的需要不同于动物的需要,人的需要具有社会性、历史性和实践性。人的需要通过社会生产来满足,并且随着社会生产的发展而发展。人的生物本能只是人的需要的自然前提,人真正的需要是由社会生产创造出来的。马克思曾经提出:人以其需要的无限性和广泛性区别于其他一切动物。需要的持续满足和生产的

不断发展会创造更多新的需要。人的需要是同满足需要的手段一同发展的,并且是依靠这些手段发展的。"满足需要的手段",即社会生产。人的需要呈现出一种随着社会生产发展不断上升、无限发展的趋势。新时代人民旅游美好生活需要涉及经济、政治、文化、社会等诸多方面。随着社会的不断进步,旅游美好生活需要也会与时俱进,永无止境。

2. 旅游美好生活品质的无限提升

与经济的高质量发展相适应,旅游美好生活是一种品质优良的生活。就生活品质而言,旅游美好生活只有更好,没有最好,旅游美好生活本身是一个无限发展的过程。历史唯物主义认为,人们的生活水平是由社会生产力发展水平决定的,个人怎样表现自己的生活,他们自己就是怎样。因此,他们是什么样的,这同他们的生产是一致的——既和他们生产什么一致,又和他们怎样生产一致。在全面建成小康社会的过程中,旅游美好生活的品质会随着社会生产力的发展而不断提升。社会生产力的发展是一个永无止境的过程,因此,旅游美好生活品质也是一个无限提升的过程。

 **知识延展**

《国民旅游休闲发展纲要(2022—2030 年)》

经国务院同意,由国家发展改革委、文化和旅游部联合印发《国民旅游休闲发展纲要(2022—2030 年)》,旨在进一步优化我国旅游休闲环境,完善相关公共服务体系,提升产品和服务质量,丰富旅游休闲内涵,促进相关业态融合。

《纲要》提出部署培育现代休闲观念、保障旅游休闲时间、优化旅游休闲空间、丰富优质产品供给、完善旅游休闲设施、发展现代休闲业态、提升旅游休闲体验、推进产品创新升级、持续深化行业改革、不断加强国际交流等 10 项重点任务,具体包括优化全国年节和法定节假日时间分布格局、规划建设环城市休闲度假带、以社区为中心打造休闲生活圈、完善休闲服务设施、发展新兴休闲业态、实施旅游休闲高品质服务行动、开发数字化文旅消费新场景等一系列具体举措,将有助于进一步激发旅游休闲发展内生动力。

摘自新华社《国民旅游休闲发展纲要(2022—2030 年)》提出保障旅游休闲时间等 10 项重点任务(有删改)

第三节　旅游生活美学的问题网络

在欧洲中世纪之前,人们缺乏旅游的基本概念,这是因为在战乱和生存都存在困难的情况下,不同民族之间的仇恨和战争,不同大洋和陆地之间的间隔使旅游缺乏最基本的条件。到了中世纪,人们逐渐因为朝圣的原因,开始诞生各种宗教意义上的旅游。朝圣在欧洲的大规模进行不仅导致了一些宗教战争,也让许多人经历千山万水到达一个遥远的城市完成精神上的洗礼。这种经历在一定程度上促进了人与人、国家与国家之间的交流,使商业贸易在一定程度上获得了发展。与欧洲相似,中国古代也没有旅游的概念,更多的是传播自身思想的思想家和开拓领地的冒险家的活动。例如,孔子周游列国本质上不是一种现代意义上的旅游,而是为了传播其思想主张。张骞远行西域也不是现代意义上的旅游,而是为了打通与西域的经济交往,与西域的大月氏形成政治同盟共同抗击匈奴。郑和七次下西洋也并非为了个人的心情舒畅,而是为了彰显大国风度,传播中华文明。玄奘远赴印度不是为了追寻个人的精神放松,而是为了寻找佛法真谛,希望能够将佛经带回大唐。司马迁游历千山万水,探访千年古迹是为了能够追寻历史背后的真相。直到中国的经济发展到了一定程度,人们的生活水平提高,有了一定的闲暇之后,才诞生了旅游的概念。徐霞客作为一个重要的旅行家,他将旅游和考察结合为一体,对中国旅游作出了重要贡献。总体来看,现代旅游是在资本主义时代之后,部门化的大生产和交换,让人们的物质生产有了质的提升,在更多的空闲时间被生产出来的基础上诞生。更多的人得以从事第一产业和第二产业之外的第三产业工作,如教书、研究等。这些第三产业的工作又反过来促进第一产业和第二产业的繁荣。正是在这样的时代背景下,出现了现代旅游概念。虽然现代旅游与古代旅游在意义上不同,但是它们讨论的核心问题却是相同的。

一、旅游生活空间的审美现象研究

旅游生活空间是一种关于人类旅游与生活的复杂性、多样性空间。它的复杂性和多样性主要体现在人类旅游生活所经历的政治、宗教和文化等现象中。其中,旅游生活的政治空间是指在旅游休闲中以生活态度规划、设计、建设、管理和运行的,与政党、政府和法院等国家机关相关联的建筑、园林和城市景观。因为政党、政府和法院等国家机关建设的建筑、园林和城市景观一般来说规模较为宏大,有着非常美丽的装饰,所以在形式上具有很强的旅游审美特征。要注意的是,这些建筑、园林和城市景观只是民族国家、政治政权发展的外部形式。所以,主体在对旅游生活的政治空间进行审美的时候,应当注意民族国家、政治政权背后的内涵。具体来看,旅游生活的政治空间的审美主要体现在以下几点。

(一)民族国家演变之美

国家民族是政治空间的核心,旅行者在旅游生活中经历一个国家和民族的源起、发展和成熟,不仅是一次历史的穿梭,更是对该国家、民族特有传统建筑审美、园林审美、景观审美的整体性观赏。所以,作为导游或者介绍者,应当基本掌握该国家、民族特有的政治空间的基本性状,了解其建设房屋、园林和景观的美学出发点。

1. 民族源起审美

每个民族在源起的政治空间里资源都较为稀缺,特别是先民在大地上的生存经历。例如,红山文化、大地湾文化、磁山文化、良渚文化、半坡文化。红山文化,发源于东北地区西南部。起始于五六千年前,是华夏文明最早的遗迹之一。这些先民的创业空间是中华民族最为幼稚的民族空间,虽然先民遗留下的这些物质遗产较为单薄,但是通过考古学者和人类学者的研究,我们已经对先民的生活作风、日常工作、播种收割、渔猎烧陶等有了一定的理解。

 **知识延展**

大地湾文化、磁山文化、良渚文化和半坡文化

大地湾文化是华夏先民在黄河流域创造的古老文明,是华夏文明的来源之一。大地湾文化位于甘肃省天水市秦安县城东北45公里处的五营乡邵店村,是中国黄河中游最早也是延续时间最长的旧石器时代文化和新石器时代文化,存在于6万年至4800年前。磁山文化,是指分布于中国华北地区的一种新石器时代文化,因首次在河北省邯郸市武安磁山发现而得名。磁山文化是仰韶文化的源头之一,也就是华夏族的源头之一。良渚文化分布的中心地区在钱塘江流域和太湖流域,而遗址分布最密集的地区则在钱塘江流域的东北部、东部。良渚文化遗址最大特色是所出土的玉器。半坡文化属黄河中游地区新石器时代的仰韶文化,位于陕西省西安市半坡村。年代约为公元前4800—公元前4300年,半坡文化时期是一个没有贫富差别的原始社会。

2. 民族发展审美

不同民族在不同地理环境、人口因素和生产方式的影响下会形成不同的发展历程,特别是在中国大地上,有着复杂的地貌和复杂的历史,中华民族从华夏族到当下的56个民族,有着非常复杂的融合历程。其中,有着代表性的,审美性质较高的中华民族发展的旅游空间有中国长城。中国的长城并不起源于秦朝,也并没有终结于明朝。反而,从春秋战国时期开始,为了防止中原诸国的入侵,各个诸侯国都有修建长城。清朝虽然是游牧民族,对长城的修建没有太大的兴趣,但是依然将长城作为一个重要的维护对象。所以,中国长城是中国历史上独有的,不同于英国的哈德良长城仅在古罗马时期建造和维护,中国长城是一个贯穿中国历史的产物。它集中体现了民族发展的波澜壮阔,也集中表征了中国人保守、谦虚和谨慎的民族性格,是中华民族长期以来的建筑精华和文化结晶。

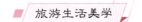

知识延展

万里长城

3.民族成熟审美

　　民族趋于成熟的一个标志是不再单纯地以地域作为标志,而是以多民族融合作为象征,不再单纯地以图腾作为标志,而是以文化、语言和宗教作为象征。中华民族作为一个综合性概念,就属于成熟民族的典范。中华民族最早是梁启超在1902年《论中国学术思想变迁之大势》一文中提出的概念。但其作为一个自在的民族实体,早已存在了几千年。在中华大地上繁衍生息的各民族不断交融汇聚,特别是中国自秦汉形成统一多民族国家以来,大一统的理念深入人心,各民族在分布上交错杂居、经济上相互依存、文化上兼收并蓄、情感上相互亲近,最终形成了多元一体的中华民族。能够展示中华民族文化的典型的旅游景点如故宫博物院等。故宫博物院以其轴对称造型和中华传统优秀文化的传承者姿态,矗立于北京城中央,是中华民族古代建造技术的结晶。

知识延展

故宫博物院

(二)政治政权历程之美

1.政权美学

　　政治政权是宏大叙事的产物,是人类集体性行为的集中表征。在旅游生活中,政治政权往往是旅游的集中地点,会体现出一个国家最具特色的时代产物。政治政权以其巨大的力量,动用全国的人力、物力和其他资源,共同修建只有一个国家才能完成的巨大工程。这些工程不仅外在宏大,内在精美,而且往往具有符号象征和实用功能,它在历史上能够保存较长时间,并且能够在国家精神图腾上承载集体记忆。例如,秦始皇兵马俑就是中国政治政权的集中体现,它不仅彰显了中国文化的厚重底蕴,而且展现了中国文化的美学精神。

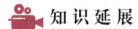
知识延展

秦始皇陵兵马俑

秦始皇帝陵园面积约为56.25平方千米。陵园内有内外两重城垣,呈长方形,内城周长3840米,外城周长6210米,陵冢在内城的南半部。陵冢下即为秦陵地宫,是安放秦始皇帝棺椁的地方。以秦陵封土堆为中心,四周分布着大量历史文化遗迹。目前在内外城墙之间发现珍禽异兽坑及跽坐俑坑31座;在园封土西侧发现两乘大型彩绘铜车马;在陵东侧的上焦村发现马厩坑98座;在马厩坑西边发现陪葬墓17座;在陵封土东南约200米处发现石铠甲陪葬坑;在铠甲坑南40米处发现百戏俑陪葬坑;在陵东北方向的鱼池发现鱼池遗址;在陵西发现郑庄打石场遗址和赵背户村刑徒墓地;在陵南发现防洪堤遗址。在秦始皇帝陵园发现的600多座陪葬坑、陪葬墓以及地面建筑遗址中,秦陵兵马俑坑是其中一个重要组成部分。秦兵马俑坑位于秦始皇陵墓东侧1500米处。一号坑是1974年春天当地农民打井时偶然发现的,后经考古队发掘、探测又相继发现了两个俑坑。根据发现的次序,编为一号坑、二号坑、三号坑。三个俑坑均为地下坑道式土木结构建筑,总面积有2万多平方米,内有陶质兵马俑近8000件,战车百余乘。它们模拟古代军队编列,组成一个庞大的军事场面,为古今中外历史所罕见。时任新加坡总理李光耀在参观了秦俑之后,激动地称赞秦俑是"世界的奇迹,民族的骄傲",表达出对中国古代文明的由衷赞叹。

2. 政权建构之美

政治政权的建设是以不断增设和增强的政治权力,不断复杂和细化的政权制度为具体表现方式。在政治权力加强,政权制度复杂的过程中,建筑也不断呈现出复杂化和宏大化的趋势,这为旅游生活的审美奠定了非常重要的基础。较为典型的是西安的大明宫国家遗址公园。大明宫国家遗址是中国政治制度发展到一定阶段,封建王朝趋于成熟时期,基于三省六部制度所诞生的典型的政权建构产物。虽然,因为战火等原因,大明宫已经不复存在,但是庞大的土堆和遗址依然是中华民族政治政权建设的主要象征。

知识延展

大明宫国家遗址公园

大明宫国家遗址公园位于陕西省西安市新城区自强东路585号。大明宫始建于唐贞观八年(634年),始称永安宫;贞观九年(635年)正月,改名大明宫,为唐王朝200余年间的统治中心。唐天祐元年(904年),大明宫废毁,沦为废墟。2010年10月1日,大明宫国家遗址公园建成开放。大明宫是唐长安城"三大内"(太极宫、大明宫、兴庆宫)中最为辉煌壮丽的建筑群,地处长安城北部的龙首原上,主要有含元殿、麟德殿、三清殿、清思殿、宣政殿和紫宸殿等宫殿遗址。大明宫国家遗址公园规划范围南至自强路,北至重玄路及玄武路,东至太华南路,西至建强路,总占地约3.84平方千米,公园基本还原了唐代大明宫的历史原貌,并在文物保护基础上,体现了旅游的元素。大明宫国家遗址公园延续唐代大明宫的历史格局,由南向北沿丹凤门—含元殿—宣政殿—紫宸殿—玄武门—重玄门,为中轴线,分为殿前区、宫殿区、宫苑区三大区域。大明宫国家遗址公园是西安市最大的城市中央公园,形成了六大亮点和十个典型游览景点。大明宫国家遗址公园是西安城市建设、大遗址保护和改善民生的重点工程,是西安的"城市中央公园"。

3. 政权繁荣之美

政权繁荣是政治在社会中占主导地位,政权控制经济、文化和社会的各个脉络,能够把握国民经济走向,能够适当解决国家基本矛盾和主要矛盾,从而引导国家长期稳定的现象。在中国,较为典型的政治繁荣的旅游景点是天安门广场。天安门广场记载了中国人民不屈不挠的革命精神和大无畏的英雄气概,五四运动、一二·九运动都在这里,为中国现代革命史留下了浓重的色彩,同时还是无数重大政治、历史事件的发生地,是中国从衰落到崛起的历史见证。

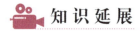

知识延展

天安门广场

天安门广场位于北京市中心,南北长880米,东西宽500米,面积达44万平方米,可容纳100万人举行盛大集会。广场内沿北京中轴线由北向南依次矗立着国旗杆、人民英雄纪念碑、毛主席纪念堂和正阳门城楼。广场地面全部由经过特殊工艺技术处理的浅色花岗岩条石铺成,中央矗立着人民英雄纪念碑和庄严肃穆的毛主席纪念堂,天安门两边是劳动人民文化宫和中山公园,与天安门浑然一体,共同构成天安门广场。1986年,天安门广场被评为"北京十六景"之一,景观名"天安丽日"。天安门广场记载了中国人民不屈不挠的革命精神和大无畏的英雄气概,"五四运动"、一二·九运动都在这里为中国现代革命史留下了浓重的色彩。天安门广场不仅见证了中国人民一次次要民主、争自由,反抗外国侵略和反动统治的斗争,更是中华人民共和国举行重大庆典、盛大集会和外事迎宾的神圣重地,这里是中国最重要的活动举办地和集会场所。

二、旅游生活过程的审美行为研究

旅游生活的审美现象对应着相关联的审美行为,这些审美行为主要包括视觉艺术审美和听觉艺术审美。视觉和听觉是人类进行审美中最常见的感官。从康德的美学意义上看,所谓审美即美学,即感性行为。因此,审美本身应当是人类身体感官的直接运用和直接感受。审美行为也应当是人类身体感官自发的行为,而不是强迫的行为。正如我们在旅游生活中看到某种壮观的景色,如黄河壶口瀑布,会毫不犹豫地赞叹其雄壮。又如我们在旅游生活中游览至西湖音乐喷泉的时候,会直接被其璀璨多变的声、光、电所吸引。所以,审美行为不仅不是强迫行为,还是人身体的一种自发行为,它赋予我们人类更多的感情色彩,培养了我们理性之外的感性生活,让我们的生命充满了叹息、震撼、惊讶和沮丧等审美情结。这些情结是我们旅游生活过程中必不可少的。因为不同于日常生活,旅游生活要带给旅行者的不仅仅是海德格尔所说的常人状态,还是一种对于尼采而言的"超人"感。正如尼采所说的那样,"超人"是用新的世界观、人生观构建新的价值体系的人,"超人"具有不同于传统道德和流行道德的一种全新的道德,是最能体现生命意志的人,是最具有旺盛创造力的人,是生活中的强者。

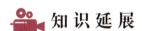 **知识延展**

《查拉图斯特拉如是说》(节选)

当然,不可否认的是在视觉艺术审美和听觉艺术审美之外,形成审美还需要心理行动,包括心理想象、心理建构和心理反思等主体行为。心理想象是审美自发进行的一系列联想,可能会使审美主体联想到非旅游生活中的一些日常意象。心理建构是审美自发进行的意识组建过程,它不仅会将日常生活和旅游生活连接起来,并且会进行某些程度的分析和欣赏。心理反思则是审美进一步的自我要求,它是审美自发对日常生活的建构,会反思日常生活与旅游生活的区别。这三种主体行为是连贯而一致的,并非独立完成的。要注意的是,这些主体行为并非独立完成,而是在视觉艺术审美行为和听觉艺术审美行为过程中一起完成的。所以,我们需要将主体行为放入视觉艺术审美和听觉艺术审美中,针对其特殊的视觉艺术和听觉艺术进行综合性分析。

（一）旅游生活审美的视觉运动

狭义上的视觉艺术一般是指绘画、摄影等以观看为欣赏方式的平面艺术，广义上的视觉艺术进一步包括了日常生活中其他具有审美因素的事物。所以，视觉艺术审美并非仅仅局限在艺术领域，而是还存在于日常生活，特别是旅游生活的一些具有壮丽色彩和优美风光的自然景点中。其中，绘画、雕塑和建筑的视觉艺术具有较强的文化特征，是旅游生活审美中经常遇到的审美对象。

1.绘画之美

绘画是人类旅游生活中经常会遇到的欣赏物。在一般意义上，绘画在技术层面是一个以表面作为支撑面，再在其之上加上颜色的做法，表面可以是纸张或布，加颜色的工具可以通过画笔，也可以通过刷子、海绵或是布条等，现在也可以运用软件进行绘画。在艺术用语的层面上，绘画的意义亦包含利用此艺术行为再加上图形、构图及其他美学方法去达到画家希望表达的概念及含义。在旅游生活的意义上，绘画既是旅游生活中可能涉及的一个具体景点，如《蒙娜丽莎的微笑》《最后的晚餐》等著名的绘画作品，这些绘画描述了一个时代的著名场景，展现了一个民族、一个国家，甚至是人类的最高艺术水平；也是旅游生活中一些日常的装饰品，如在旅游生活的酒店的走廊和房间中，一般都设置有各种墙面的绘画装饰品，有些较为精美，有些体现了酒店的主题，有些表征了特殊的地方特色，这些绘画价格高低不同，但是都装饰和美化了旅游生活空间。

更重要的是，绘画承载了艺术家对于不同时代的理解，是时代精华的体现。例如，著名的《开国大典》，原作收藏于中国国家博物馆画库，在中国国家博物馆展出的是《开国大典》画作的复制品，描绘了新中国成立的历史关键时刻。又例如，著名的《最后的晚餐》，最新的扫描技术研究表明，《最后的晚餐》下面曾经有另外一幅画，因此《最后的晚餐》经历过多次修改，此外还有其下面有一处被拿破仑的士兵破坏的地方，后来被进行了相应的修补，这些都见证了欧洲中世纪的结束、文艺复兴的兴起等宏大历史。

 知识延展

《开国大典》

2. 雕塑与装置之美

雕塑是绘画的立体化，更是对于人类形体、动物外形、想象对象的再现和创造性成果。雕塑最早主要是使用雕（通过减除材料来造型）及塑（通过叠加材料来造型）的方式，在石、金属、木、陶瓷等材料上进行创作，而现代主义的雕塑，在材料及创造手法上都有很高的自由度，可以利用雕刻、焊接、模塑或铸造的方式，在各种不同的材质上进行创作。雕塑和绘画一样，是纯审美的作品，它诞生的原因就是为了审美，而不是其他具有高度实用性的产品，如桌子、椅子和脸盆等。雕塑的这种非实用性说明雕塑家在雕塑的时候更注重形体形式的美丽和构图，也会考虑当时审美者的审美能力的局限性，不会或者很少创造出当时审美者难以理解的雕塑。

要注意的是，当前在雕塑基础上诞生的装置艺术也是一种纯审美的艺术产品。装置艺术不同于雕塑的一点在于它更强调艺术本身的纯粹性，其形式和概念可追溯到达达主义和超现实主义。寻求重新定义艺术作品的作用与功能。它部分地对特定的展览空间进行转化，拒绝形式主义的范式以及市场化的作品。将艺术实践与非艺术的生活领域相联系，反对艺术必须具有分离的形式和持续的对象的艺术观念，打破了传统的将艺术视为审美经验独特领域的界限。以杜尚的小便池为代表的装置艺术以反艺术的态度延续了雕塑的历史，打破了以往雕塑的审美经验。无论是雕塑还是装置艺术，它们都通过对物体的雕刻和摆放，通过赋予物体某种理念从而让物体附加审美功能。

知识延展

人民英雄纪念碑

人民英雄纪念碑位于北京天安门广场中心，在天安门南约463米，正阳门北约440米的南北中轴线上，是中华人民共和国政府为纪念中国近现代史上的革命烈士而修建的纪念碑。1949年9月30日，中国人民政治协商会议第一届全体会议决定，为了纪念在人民解放战争和人民革命中牺牲的人民英雄们，在首都北京建立人民英雄纪念碑。1949年9月30日奠基，1952年8月1日开工，1958年4月22日建成，1958年5月1日揭幕，1961年被中华人民共和国国务院公布为第一批全国重点文物保护单位之一。人民英雄纪念碑通高37.94米，碑心是一整块花岗岩，长14.7米、宽2.9米、厚1米、重60.23吨，正面（北面）镌刻着毛泽东同志1955年6月9日所题写的"人民英雄永垂不朽"八个金箔大字。碑心背面由7块石材构成，内容为毛泽东起草、周恩来书写的150字小楷字体碑文。

3. 建筑之美

建筑是艺术之母。建筑的起源可以追溯到人类历史的早期,早在公元前3000年左右,人类就开始建造房屋和城墙。随着时间的推移,建筑风格和技术不断发展,从简单的石头和木材到复杂的钢筋混凝土结构。建筑的发展不仅反映了人类技术的进步,也反映了人类文化观和价值观的变化。建筑的艺术价值在于它不仅仅是一种实用艺术,而且还是一种对文化和历史的记录载体。许多建筑物都有着独特的设计和风格,反映了不同的文化和历史时期。例如,中世纪的哥特式大教堂有着高大的尖顶和细致的雕刻,反映了当时的神权和虔诚的宗教信仰。而文艺复兴时期的建筑则注重对称和比例,反映了当时的人文主义价值观。建筑的艺术价值还在于它是一种社会文化的反映。不同的社会和文化对建筑的影响也不同。例如,亚洲和欧洲的建筑风格有很大的差异。在亚洲,传统的建筑注重和谐和自然,反映了亚洲文化的集体主义和自然主义价值观。而在欧洲,传统的建筑注重对称和比例,反映了欧洲文化的个人主义和理性主义价值观。虽然建筑是一种实用艺术,但是它的审美价值却被越来越多的人所认可。建筑师们不断探索新的设计和技术,以创造更加美观和实用的建筑。例如,现代主义的建筑师们注重简洁性和功能性,而后现代主义的建筑师们则注重装饰性和象征性。无论哪种风格,都反映了不同的文化和价值观。

黑格尔在其著作《美学》中阐述了有关建筑的理论,他将建筑艺术进行分类,分为独立的象征型建筑、古典型建筑和浪漫型建筑。独立的象征型建筑分为为民族统一而建造的建筑作品、介乎建筑和雕刻之间的建筑作品、由独立的建筑到古典型建筑的过渡。对古典型建筑的论述包括建筑的一般性格和特殊的基本定型建筑方式。对浪漫型建筑的论述包括"一般的性格""特殊的建筑形体结构方式""浪漫型建筑的各种风格"三方面内容。黑格尔的分法在一定程度上表达了建筑的基本类型,并且说明了建筑在不同时期具有不同的典型标志。这种分法有助于我们理解旅游生活的视觉艺术审美的不同层次。

 **知识延展**

外滩万国建筑博览群

外滩万国建筑博览群是百年上海的一个缩影,也是旧社会上海资本主义的写照。外滩位于黄浦江和苏州河的交汇处,与浦东陆家嘴金融区隔江相望。它北起北苏州路南至金陵东路,长约1800米,地形呈新月形。19世纪中下叶(1843—1895年)为第一阶段。清道光二十三年(1843年)英商和洋行率先在外滩北京路口租地,建造居住和办公合一的两层楼建筑。到道光二十九年从洋泾浜到北京路,外滩已有11家洋行建了类似的建筑,这些砖木结构楼房多为英国乡村建筑样式,或者是带有宽大内长廊式阳台的东印度式建筑(券廊式)。在19世纪60年代到80年代陆续翻建,出现一批仿文艺复兴风格建筑,到19世纪末,外滩的建筑已鳞次栉比。这一时期建筑,目前尚存的只有33号原英国领事馆。19世纪末至20世纪初(1895—1919年)为第二阶段。随着地价上涨,水泥等新材料的引入,外滩建筑约有近一半进行重建,使用了钢筋混凝土结构,层高在三四层至六七层。建筑风格上出现了向近代建筑形式过渡的折中式。内外装修讲究、设施增多,汇中饭店安装了上海最早的电梯。这一阶段建筑保存至今的有10幢。20世纪20年代至30年代(1920—1937年)为第三阶段。恰和、汇丰、江海关、沙逊等11幢建筑又翻建成高楼大厦。新建筑特点是体量大,8层以上高层几乎占一半。建筑形式出现了立面简洁的早期现代派、许多建筑气派豪华,装饰富丽堂皇,设施更趋完善,出现了上海最早使用冷暖气设备的建筑(汇丰银行)。这一阶段,除建于民国37年(1948年)的交通银行大楼外,已基本形成今日的外滩建筑群格局。

(二)旅游生活审美的听觉运动

听觉是听觉器官在声波的作用下产生的对声音特性的感觉。在旅游生活中,听觉更多是以自然音乐、生活氛围和舞台表演为主的声音感觉。这些声音有的时候单独出现,有的时候综合出现,是一种复杂的挑动人类听觉神经的艺术审美活动。在旅游生活中,不经意的一声鸟叫,路过的市井叫卖声,特意营造的表演歌曲,都能够为旅游生活提供美妙的审美体验,是旅游生活的重要组成部分。

1. 自然音乐之美

自然音乐是指大自然本身所有的音乐,这不仅包括一些物理意义上的水滴声、下雨声、瀑布声、风声,也包括鸟叫、虫鸣、马嘶等各种动物声音。这些声音都属于马克思认为的自然王国的各种规律性运作。自然声音不同于人类的声音,大多数时候听起来是没有节奏感和秩序感的,自然声音大部分时间都是以一种混沌嘈杂的姿态出现。但是,正是这种混沌嘈杂,让自然音乐出现了一系列的适应性。这种适应性是人在诞生、进化和发展中不断适应的一种产物。人不会对下雨声表现出莫名的焦躁感,也不会对风声表现出害怕,除非这种雨声和风声过于强大,并且伴随着雷声。

在旅游生活中,自然音乐是一种最为常见的音乐,特别是在一些以休闲生活和自然风光为主的景区中,大自然的风声、雨声,大草原的马叫、羊叫,都是最为常见,而且能够成为旅游中最不为人知,但是却最能够让人记忆深刻的点。特别是对于一些来自城市的游客来说,在大草原、山区的短暂生活,不仅能够凭借美丽的自然风光让视觉疲劳有所缓解,而且舒缓的自然音乐也能够让城市游客紧绷的神经得到放松。

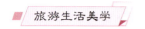

2. 生活氛围之美

生活氛围是指日常生活中出现的各种白噪声或者有序的音乐,这不仅包括日常街道上车水马龙的汽车声和说话声,也包括一些商场和超市中播放的有节奏的音乐。这些生活氛围的音乐不同于自然音乐,更多时候是现代社会的产物,如汽车的声音和火车的鸣笛,这些声音在很大程度上是高音量、高音色、高音度的产物,是人类耳膜和听觉系统在进化中不熟悉和未能完全适应的声音。所以,我们现在能够看到国家对于各种建筑的建造都有隔音要求,各地的地方政府也都有相应法规对应和要求控制地方的噪声。一些大城市禁止在市区部分区域鸣笛,在中考、高考时期为保障学生的晚间休息质量,甚至会要求工地停工。

然而,旅游生活中的一些生活氛围却是不可或缺的存在。例如,从乡村首次到北京旅游的旅行者,如果没有看到长安街的热闹,没有看到天安门广场上的升国旗仪式,那么一定会有所遗憾。所以,生活氛围并不是完全负面的,对于旅行者来说,生活氛围音乐也可以是一种暂时能接受的体验性噪声。因此,在旅游生活中,一些具有特别意义的雄壮的乐音,例如国歌、火箭发射的声音,都带有特殊的含义和价值,能够成为旅游生活的一部分。

3. 舞台表演之美

舞台表演是一种集声光电效果为一体的音乐表现形式。舞台剧按内容可以分为悲剧、喜剧和正剧;按表现形式可以分为话剧、歌剧、舞剧、哑剧、诗剧、音乐剧、木偶剧等。在旅游生活中,经常承担某些历史景点的文化叙事作用。由于现代科技的进步,不仅舞台的配套设施日臻完善,而且舞台自身的功能也愈发齐全——灯光的旋、扫、闪,装置的升、移、摇,音效可以有主体环绕,影像可以在舞台升腾;舞台可以横移,可以旋转,可以云山雾罩,也可以"呼风唤雨"。

舞台表演在旅游生活中出现的概率也极高。这不仅因为舞台表演具有很高的商业价值,能够为地方文旅产业产生不小的经济收益,更重要的是,舞台表演在一定程度上反映了当地文旅产业的最高能力水平。舞台表演能考验一个地方的文旅产业是否能够将自身的文化优势和自然优势以某种综合性的能力展现给旅行者,是否能够吸引最为优秀的舞台表演者和舞台表演公司搭建平台,是否能够提升和提炼当地的一些旅游因素,打造更具吸引力的旅游产业。例如《印象·刘三姐》集合了大量的演员、舞蹈家、歌手、乐手等艺术家的精湛演技,将传统的刘三姐故事与漓江山水完美融合,呈现出一幅幅惊艳的画卷。演出场地位于漓江畔,让观众在欣赏演出的同时,也可以欣赏到漓江两岸的美景。演出的舞台是一座仿古建筑,与周围的山水相得益彰,形成了一幕幕美轮美奂的画面。演出中还使用了大量的灯光、音乐、烟雾等特效,让观众仿佛置身于一个梦幻的世界。

三、关于旅游如何使生活更具美的特质的问题

旅游是一种特殊的生活,在旅游中,生活的各种点滴往往会被放大,成为审美的对象。这是因为在日常生活中,人们往往处于海德格尔所说的"操持"状态中,长时间在现代社会的高强度工作和生产中,没有足够多的时间和精力去体验和经历生活中的一些美学要素。所以,为了有足够多的时间和精力去体验和经历生活中的美学要素,人们会额外付出一定的时间和资金去一个并不熟悉的地方进行心情的转换,这种心情转换也一般性地被称呼为"旅游"。因此,在这个意义上,旅游不仅是一种特殊的生活,而且是一种可以让日常生活变得更美的一种生活方式。所以,我们能够看到一些旅行者旅行回来之后,充满干劲地投入到工作中,能够对原有生活充满感激之情,能够对家人朋友进行宽慰和疏导。这些能量都来自旅游生活中的审美力量。

(一)旅游与审美心境培养

审美心境指审美主体在审美活动中所处的一种具有一定持续性和稳定性的情绪状态,它是由某种较强烈的情绪如欢愉和悲哀等所引发造成的一种情绪的弥漫状态和较持久的情感倾向。在旅游审美心境中虽然也有部分悲伤、悲哀的情绪,特别是当旅行者来到侵华日军南京大屠杀遇难同胞纪念馆、万人坑等近代中国充满民族创伤的景点时,一定会情不自禁地产生悲伤情绪。但是,总的来看,旅游的审美心境培养还是以稳定、欢愉和反思为主,旅游的审美心境培养并不是为了让人一直沉浸在民族创伤之中,而是让人能在旅途中舒缓日常生活的复杂心境,让人能在旅途中放松忙碌工作的急躁情绪。

1. 稳定情绪的培养

稳定情绪是现代社会中一种必不可少的重要情绪。不同于传统社会,现代社会的快节奏工作和高速发展,让人们的神经时刻处于一种紧绷的状态。特别是对于上班族而言,两点一线的生活,手机电脑的普及,让人们处于一种资本和信息碎片化的双重情境下。人们即使适应了这种现代社会的快节奏生活,也依然对现代社会有某种隔阂感。这是因为我们虽然经历了快速发展的时期,甚至当前很多年轻人都是在快速发展中成长起来的,但是我们依然对悠久历史文化和传统留有深厚的情谊。那些从小生活在乡村的慢节奏生活状态中的年轻人在面对现代社会的快节奏生活时有些难以适应,我们每一个人都在传统和现代的双重交换中,不断经历着传统和现代的不可通约性。

旅游能让现代社会的人们暂时走出快节奏的生活,舒缓紧张的心情。特别是当人们在现代生活的紧迫感中,神经过于紧张的时候,就更应当以旅游的方式进行放松。这种放松

不同于药物治疗,却有利于身体恢复健康。当然,要注意的是,旅游并不是万能的,旅游并不一定能让一个有严重焦虑症和抑郁症的患者进入稳定情绪,但是一般来说旅游具有释放和缓解的功能。另外,旅游也不能长期进行,这是因为旅游的特殊性就在于其是短时间段的异地之行,如果长时期如一年、两年、十年以上在某一个地方停留,那么这就不能再算是旅游,也很难保证旅行者能够以一种较为稳定的心情在其旅游地舒缓紧张的心情。

2. 欢愉情绪的培养

欢愉情绪是人们平淡生活的调节剂,是让人们的兴奋因子快速升高的一种有效刺激。在海德格尔所指出的常人状态中,每一个现代性的社会人都处于一种不能控制和疲于奔命的常态之中。这种常态在成年人中,特别是过了青春期的成年人中更为常见。因为激素指数的不断下降,人们越来越难以对日常的事物提起兴趣,更难对生活中的一些较为常见的事物以一种开心的状态进行观看和欣赏,欢愉情绪在常人状态中越来越少。

旅游能让人们阶段性地保持和形成欢愉情绪。旅游中的人们不仅身处不同的环境,更重要的是神经系统受到不同于日常生活的外界情境的刺激,则一直处于一种高度的转换和刺激中。旅行者总是处于放松的心情中,所以很容易形成欢愉情绪。这种欢愉情绪将伴随整个旅游过程,甚至延伸和延展到旅游结束之后的日常生活中。

3. 反思情绪的培养

反思情绪是人们对日常生活的一种后置性思考,是旅游中和旅游后经常会产生的一种情绪。在旅游中,人们会对旅行中所遇到的事物和人进行某种程度的反思,包括旅行中遇到的不同文化、宗教和民族的各种习俗。这种反思有利于旅行者完整顺利地完成旅游,以一种对不可通约性的兼容状态走完整个旅程。在旅游后,人们又会对旅行中的事物和人进行一种介绍性的反思,这种反思往往出现在与其他人的交流中,在向朋友、亲人和爱人介绍自己旅途的所见所闻中。这种反思情绪并不一定会让旅行者获得某种高层次的智力提升,但是一定有助于丰富旅行者的知识系统库,使旅行者的旅行经验成为某种经验性知识,积累在日常生活中。

(二)旅游与审美环境创造

审美环境不仅包括旅行者所到的旅游地,也包括了旅行者自身所在的家乡。这是因为审美并不是旅行中单独的产物,而是旅行之后延伸和扩展的产物。所以,旅行不仅有利于培养旅行者对于他者的好感,也能够培养旅行者对于自我的好感。

1. 异地情结的滋养

异地通常是指离家乡较远的地区,往往有着不同于旅行者家乡的文化、宗教和习俗。

异地在一定程度上代表着旅行者长时间内不可能经常到达的一种场所。所以,异地不仅仅是一种经验体验,更是一种阶段性的、非持续性的、不断更新的场所体验。旅行能够让旅行者在一定时间段内从异地特殊的建筑、园林和城市历史景观中,体验异地的文化、宗教和习俗,旅行者对异地的好感能够在短时间内有所增加。虽然异地情结要基于异地本身对旅行者所带来的差异性和友好性。例如,有些旅游场所建设落后,设备更新慢,建筑理念陈旧,不仅不能为旅行者带来良好的异地体验,滋养旅行者的异地情结,反而会让旅行者对异地产生某种排斥情感。但是,总的来看,大部分旅游景点都建设得较为合理,能够在一定程度上反映异地的文化特色和自然风光,能够让旅行者释放情绪、学习文化,形成一种初步的异地情结。这种异地情结在旅行者后来的生活中,会在一次又一次的机遇中不断加固。

2. 家乡情结的滋养

家乡是旅行者出生、学习、生活、工作和长期居住的场所。家乡一般来说是旅行者最为适应的地区,旅行者能够在家乡调整生活资源,扩展生活边界。在这个意义上,家乡是旅行的基础,没有家乡,任何旅游都不会是旅游,而更应是迁移。所以,家乡对于旅行者来说有着重要的意义。中国有句俗语"金窝银窝不如自家的狗窝",讲的就是在外出旅行回来之后,家里即使很小很脏很乱,但是对于满身疲惫的人来说,却能够获得足够的舒心和安心。这种舒心的感觉就是旅游时家乡所带来的情感。

(三)旅游与审美教育

审美教育狭义地讲是通过艺术手段对人们进行教育,广义地讲是运用自然界、社会生活、物质产品与精神产品中一切美的形式给人们以耳濡目染、潜移默化的教育,以达到美化人们心灵、行为、语言、体态,提高人们道德与智慧的目的。旅游审美教育就属于广义上的审美教育。

1. 行为美教育

旅游能够增强人们的审美行为,不仅包括视觉艺术审美、听觉艺术审美,也包括一些更为深层的想象行为。旅行者在旅游中会学习异地文化和异地习俗,从而参与旅行中的一些实践体验。我们能够看到很多民族聚居地的旅游景点,往往会设置各种民族特有的节日和习俗,如泼水节、迎客喝酒、唱歌等。旅行者虽然很难在旅行中完全模仿其他民族的歌唱技巧,学会其他民族的歌曲。但是,他们也已经具备了耳濡目染的条件,多少会哼唱一些他们心中比较欣赏的歌曲,会学习其他民族的喝酒习俗,如喝酒用大碗,结婚的时候要喝酒等。这些技能都在一定程度上自然而然地影响了旅行者的审美行为,增强了旅行者的审美经验。

2. 语言美教育

旅游能够增强人们的审美语言,这不仅仅指人们对于某种事物的审美判断能力的提升,更意味着人们在评价某种事物的美学价值的时候标准有所提升。这种提升往往发生在文化引导和审美感悟的双重作用下。我们经常能够看到一些旅行者在景点中感叹:这个景色真美啊,让我想到了某些小时候的记忆。有的时候我们还能看到旅行者会在一些特殊的景点,例如,西湖——这种被很多古代诗歌赞颂过的地方感叹道"毕竟西湖六月中,风光不与四时同。接天莲叶无穷碧,映日荷花别样红""黑云翻墨未遮山,白雨跳珠乱入船。卷地风来忽吹散,望湖楼下水如天""江南好,风景旧曾谙。日出江花红胜火,春来江水绿如蓝。能不忆江南?""孤山寺北贾亭西,水面初平云脚低。几处早莺争暖树,谁家新燕啄春泥。乱花渐欲迷人眼,浅草才能没马蹄。最爱湖东行不足,绿杨阴里白沙堤"等。对古诗的这种回忆能够极大增强旅行者的语言能力,培养人们的语言美感。

3. 道德美教育

旅游还能增强人们的审美道德,这主要是指一些具有特殊文化含义和社会价值的旅游。例如,当我们去延安学习,对延安精神进行整体性了解和掌握的时候,就能够明晰中国革命先辈们为了中国的前途和命运谱写的辉煌历史,明白老一辈革命家的崇高品德是抗日战争之所以能够成功的重要因素。当我们来到延安的张思德广场的时候,能够感受到张思德同志"为人民服务"的崇高品德。正如毛主席 1944 年 9 月 8 日在张思德同志追悼会上的演讲《为人民服务》中所讲到的那样:"我们都是来自五湖四海,为了一个共同的革命目标,走到一起来了。我们还要和全国大多数人民走这一条路。我们今天已经领导着有九千一百万人口的根据地,但是还不够,还要更大些,才能取得全民族的解放。我们的同志在困难的时候,要看到成绩,要看到光明,要提高我们的勇气。中国人民正在受难,我们有责任解救他们,我们要努力奋斗。要奋斗就会有牺牲,死人的事是经常发生的。但是我们想到人民的利益,想到大多数人民的痛苦,我们为人民而死,就是死得其所。不过,我们应当尽量地减少那些不必要的牺牲。我们的干部要关心每一个战士,一切革命队伍的人都要互相关心,互相爱护,互相帮助。今后我们的队伍里,不管死了谁,不管是炊事员,是战士,只要他是做过一些有益的工作的,我们都要给他送葬,开追悼会。这要成为一个制度。这个方法也要介绍到老百姓那里去。村上的人死了,开个追悼会。用这样的方法,寄托我们的哀思,使整个人民团结起来。"①这种富有道德美意蕴的旅游景点能够增强游客的道德情操,培养游客的爱国情怀。

---

① 张舰月:《向青春致敬》,北京理工大学出版社,2020 年,第 55—56 页。

知识延展

美丽中国·美好生活

第四节　旅游生活服务与美学素养

随着旅游业的不断发展,广大旅游者对旅游审美的要求越来越高。这就对旅游工作者提出了更高的要求。然而当前的旅游工作者们的待遇不高,生活资料有限,文化水平也有所欠缺。这不仅限制了旅游工作者们个人的发展,也使得旅游工作者们缺乏抓住生活中美的敏锐感。如何使旅游者得到更多美的享受,最大限度地满足旅游者的审美欲望,顺利完成自己的工作使命,主要取决于旅游工作者自身审美修养的广度和深度。而酒店住宿业作为旅游业中的重要一环,提高酒店从业者的美学修养,对于提高旅游者全过程的旅游体验品质具有重要作用。

一、培养审美意识,提高审美情趣

酒店从业者应多角度、全方位地培养自己的自觉审美意识或审美自觉性,提高审美情趣,使自己的仪表、风度、心灵、语言、情趣和技艺等方面都符合美的规律,符合个体与社会审美化的发展要求。要注意的是,随着主客之间交往的增多,酒店客人的注意力会聚焦在酒店从业者的仪表美和风度美上。这是因为个体审美层次较高时,潇洒自如、优雅的风度会强化人们对仪表的审美感受;反之,会冲淡这种感知,甚至使先前的印象模糊或者流失。对于酒店从业者而言,要具有良好的风度,就需要在社会生活和劳动实践中,注意观察和体会模仿其他社会成员的优雅、自然、得体、实用的身体姿态,从中抽象或概括出适合自我的参照系,加以综合,使其个性化、内在化。同时,还应从审美化角度出发,积极主动地发挥自己的潜力,按照美的规律来创造性地从形象、姿态、举止风度等方面培养和塑造自己。

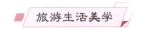

（一）仪表美

人的仪表美是形体美、服饰美与发型美的有机综合。文化发展过程中,人们在讲究身材、五官、容貌的同时,也结合各类对外形有要求的职业选拔标准(如空乘、礼仪等)总结出一套通用的比例参数与要求:

①骨骼发育正常,关节不显得粗大凸起。

②肌肉发达匀称,无赘肉。

③五官端正,与头部配合协调。

④双肩对称,男性要求宽阔(肩宽为美),女性要求圆润。

⑤脊柱正视挺直,侧视曲度正常。

⑥胸部隆起,男性正面与侧面看上去略呈 V 形,女性乳房丰满而不下垂,侧视应有明显的曲线。通常半球状或圆锥状乳房容易唤起形式美感。

⑦腰细而结实,微呈圆柱形,腹部扁平,男性有腹肌隐现。

⑧臀部圆满适度,富有弹性。

⑨腿部要长,大腿线条柔和,小腿腓部突出,足弓要高,脚位要正。

⑩双手视性别而定,男性的手以浑厚有力为宜,女性的手以纤巧结实为宜。

从生理意义上看,人体美通常表现为人的健康状况与身体素质好。从劳动美学观点看,人们更倾向于欣赏和追求健康的美,富有活力和生命感的美,而不是病态的美,即苍白无力或弱不禁风的美。从旅游美学的实际出发,旅游者对接待人员的形体美要求突出地表现在健康美上。因为这直接关系到整个旅游审美活动的正常进行及其接待服务的效果。

服饰美是构成仪表美的另一要素。俗话说:"三分长相,七分打扮",这是有一定道理的。服饰之美不仅反映出人的品格与审美趣味,给人以美感,而且更重要的是对人体具有扬美与抑丑的双重功能。就前者而言,如果对服饰加以科学而巧妙的应用,就会使其与人体构成和谐的美,起到一种相得益彰、锦上添花的效用。事实上,人们在长期的社会实践中往往结合自己形体的某些优点,借助服饰的色调和款式加以突出。例如,肤色白净的女士,服装的色调不妨明快鲜亮一些,若着桃红色服装,在红(衣)白(肤)的自然对比调和中会产生一种"人面桃花相映红"的审美效果。

发型美是构成仪表美的三要素之一。发型在一定程度上属于实用造型艺术,是体现人的审美情趣与性格品位的直观形式,是自然美与修饰美的有机结合。发型能否使整个人的美有一定程度的增进,这要看它们被安排得是否合乎艺术的规则。在实际生活中,人对发型美的追求尽管呈现出多元取向,但个性化依然是一条指导性原则。所谓发型的个性化,就是根据个人的身材、脸型、头型、发质、年龄和职业特点来设计修剪发型,使其能反映出个人的特点和情趣,取得整体和谐的审美效果。

由形体、服饰和发型等因素集合而成的每位旅游接待人员的总体仪表美,直接影响着旅游者的审美视知觉。旅游接待人员作为"祖国的一面镜子"或"民间大使",应充分认识仪表的审美属性与社会意义,重视自己的仪表或"形象塑造"。

(二)风度美

风度是个人行为举止的综合产物,是社交活动中的无声语言,是个人性格、气质、情趣、素养、精神世界和生活习惯的外在表现。通常所说的"风姿""风采"和"风韵",基本上属于风度的具体显现。

风度虽在很大程度上反映人的内在美,但总是通过外显的行为,即站姿、坐姿、步态和其他体语形式等可视因素展现出来的。常言道:"站要有站相,坐要有坐相",这对风度美提出了最基本的要求。我们认为,旅游接待人员在同游客交谈或讲解时,首先要注意站姿。既不要两脚并拢,笔直挺硬,也不可双腿叉开,摇头晃脑。手势与表情也不宜过于夸张或激烈,更不可用手指点人说话。因为,这种站态与手势不是过于紧张生硬,缺乏亲切感,就是过于随便粗俗,令人生厌。正常的站态要求两脚分开时不超过肩宽,腰板应自然挺直。而手势(一般用五指并拢的手掌作为辅助性表达手势)则要求柔缓优雅,面部要带微笑(近乎舞蹈演员通常所展现的二度微笑),这样会给人一种稳定感、轻松感和亲切感,有利于思想感情的沟通与交融。

坐姿也有一定的规范。据统计,人坐着的时间几乎占其一生的三分之一。如果坐姿失常,不仅难看,而且会导致人体畸形变化(如脊柱歪斜),损害身材的自然美。旅游接待人员大多是站立服务的,而导游翻译则有例外。无论是商谈游览计划或共同就餐,入座时要先客后己,彬彬有礼,轻缓得体,切忌猛坐猛起、弓背哈腰或半躺半坐。总之,要在实际活动中细心观察、不断总结,力避呆板僵直、懒散粗鲁的坐态,追求端正大方、自然舒适的坐态。

步态美主要表现为从容稳健、快慢自然、轻巧敏捷的行走姿态。反之,前摆后扭、上颠下簸、头摇肩晃的行走姿态难以构成步态美。相较之下,步态由于动态性强,比站态和坐态更难把握,因此也更具有观赏价值。培根曾言论起美来,状貌之美胜于颜色之美,而适宜并优雅的动作之美又胜于状貌之美。

可以说,站态、坐态和步态是人的自然形体在空间中的具体显现,加上优雅的手势与温和的表情,会构成一种和谐统一的空间形象。从静观或动观的角度看,这种直观的空间形象是风度美的客观表现形式。但这并非说,风度就是这"三态"的简单组合。在严格的意义上,风度美属于社会美,是人的内在美(气质、修养、情趣等)的自然流露。因此,风度美要求内秀与外美的统一,要求"诚于中而形于外"。

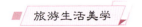

（三）心灵美

从社会美角度来评判别人的美时，我们总是习惯于把仪表美和风度美归于"表层"的美，而将心灵美称为"深层"的美，并且认为这两者的和谐统一可造就一种"完整的美"，即一种表里如一的内外综合美。只有这种美才是人类美学的巅峰。

旅游接待人员的心灵美主要体现在他们所提供的优质服务上。据报道，有位陪同法国"东方之友"旅行团的导游翻译在整个游览观光过程中积极热情，任劳任怨，关心游客，讲解认真，语言生动，把中华文化的精义与旅游景观的特征真正介绍或传播给了客人，同时还为团中的老人排忧解难，上搀下扶，关怀备至。临别时，游客感激不已，依依惜别。之后，游客寄来多封热情洋溢的感谢信，对此番在华旅行给予了很高的评价，对导游的服务表示了高度的赞扬。像这类层出不穷的事例，是对旅游接待人员心灵美的构成与意义的活的说明。国旅系统所制定的"五要五不要"接待原则，表面上看是对导游服务的规范要求，实质上是对导游人员如何塑造心灵美进行了高度而集中的概括。特别是对其国格和人格方面的要求，在社会学意义上可以说是旅游接待人员塑造心灵美的起点。因此，只有讲究国格与人格者才有可能追求自我完善，追求从仪表、风度到心灵的"完整的美"。

二、强化审美敏感性，提高审美能力

在培养审美意识的前提下，进一步提高审美敏感性，让旅游工作者能够对美的事物具有更强的经验性知觉，能够进一步促进旅游工作者在实际工作中审美、创造美的旅游和创造美的事物。具体来看，审美敏感性是指审美觉悟或审美鉴赏能力，主要涉及审美感受力、审美想象力、审美理解力三个基本要素。

审美感受力是审美主体通过感官对外部自然美形式和艺术美形式的把握而逐步得到培养和强化的。有的时候，我们经常会发现一些摄影师能够看到大街上我们看不到的美景，他们在构图的时候往往具有比我们更加全面的经验。特别是一些我们认为普通的工作场景和街道能够在他们的相机里面成为著名的美的场景，甚至成为大奖作品和经典作品。这种审美感受力需要长期的培养，特别是对于旅游工作者而言，这需要旅游工作者多接触美丽的事物和美丽的人，在各种工作中观察生活的点滴。旅游工作者要提高自己的审美体验层次，就要培养和提高自己的审美感受能力。可以在探寻酒店美的过程中，充分利用自己的感官，通过观赏和交流，加强自己的审美能力，获得特殊的审美体验。

审美想象力是在直观审美对象的基础上，借助大脑中积蓄的"内在图式"以及主体的审美理想，对其加以改造、丰富、完善和创新的心理过程。从审美角度讲，通过大量接触艺术作品可以陶冶情操，产生细腻高雅的情趣。审美想象力不仅像审美感受力那样，要求能够感受到身边的某种事物是美丽的,能够明晰某种美丽的事物之所以是美丽,而不是丑陋的根本原因。更重要的是,审美想象力还要求审美主体在审美过程中积极发挥主观能动性,能够对现实中的客体在主体脑中的印象进行某种联想,并且发挥和创造出一些全新的构图、事物和人物。当然,审美想象力要求有较丰富的生活经验,特别是对于旅游工作者而言,要求旅游工作者对于自己所处的旅游工作地和环境有丰富的理解,结合日常生活、网络文化、传统知识等各方面的内容展开丰富的、完整的、多样化的想象。这种审美想象力不仅有利于提升旅游工作者的思维能力,也可以锻炼旅游工作者的美学素养,有助于提升旅游工作者的内心境界。

审美理解力是一种在感觉基础上把握和鉴赏审美对象之意味或内涵的能力。这种能力是感性接触大量审美对象和广泛参加审美实践活动的产物。审美理解力的提高首先靠学习积累历史、地理、文学、美学等方面的知识,增进自我的审美理解力和欣赏水平。其次通过直观体验,以形象思维来创造和感悟审美能力。审美理解力是审美敏感性中最高的要求,不仅需要审美主体对日常生活的经验性理解,更需要审美主体对于历史、文化、文学、绘画、哲学等审美相关内容有较高的掌握和理解。特别是对于旅游工作者而言,在旅游工作中应当熟知自己所处的旅游地的基本文化和历史,能够向旅行者介绍基本内容,并且回答旅行者提出的问题。在文化和历史的基础上,旅游工作者还可以结合自身多年的旅游经验,对当地文化提出自身的审美感受,建议旅行者参与更为适合旅行者自身的旅游项目,扩展更为多样化的旅行路线和目的地。

三、研究旅游者的审美需求,提高审美水平

由于审美个性存在差异,酒店客人审美需求是多样的。在服务接待过程中,如何使不同的客人获得最大限度的审美满足,变成了酒店从业者的主要任务。酒店从业者要充分考虑客人的审美需求和动机,认真研究客人的审美类型,这是做好服务接待工作的关键。因此,酒店从业者要根据客人审美个性的差异,选择客人最感兴趣和最愿意接受的东西,收集最具有代表性的材料,并在接待过程中配以详略得当且生动的讲解,这样才能引起客人的共鸣,达到旅游审美的目的。例如,对于生活审美型的"美食之旅",在宴会餐桌上,要以风格独特的拼盘和名菜为讲解对象,从色、香、味、形、意、器等方面讲述中国烹饪艺术的基本特征,使客人在一饱口福的同时,也能不同程度地获得精神或审美上的愉悦。

针对旅游者的审美需求进行开发和研究,是对旅游工作者的最高层次的要求。它要求旅游工作者"以人为本",时刻从旅行者出发,考虑旅行者的一些实际情况,例如,在旅行时间有限的情况下,如何更加有效地安排旅游路线,让旅行者能够游览更多的旅行地点却不

会感觉到厌倦;当旅行地点出现恶劣天气,如高温、大雨、台风等情况,应适时调整旅游内容和旅游方式,应关注旅行中的老人、小孩、妇女等弱势群体,特别是在旅游团中有残疾人的情况下,要安排好无障碍设施,充分考虑无障碍通道等。

在具体的审美个性上,这就要求旅游工作者能够针对旅行团队中不同的个人审美需求进行综合性考量和安排。例如,在伊朗旅游的时候,团队中有几个人想去设拉子,但是团队原有的计划中没有这个选项,那么旅游工作者可以在综合考虑的基础上,通过加价和延长时间等方式,为这几个游客增设设拉子的短途旅程。因为到伊朗旅游可能是一个人一生只有一次的机会,充分考虑旅游者的个人审美需求,是"以人为本"的一个充分体现。

知识延展

掇集文创空间

思考与讨论

1. 如何从审美的角度来看待旅游活动本质?

2. 你怎么理解旅游生活美学?

3. 为什么说旅游有助于提高人类的生活质量? 请举例说明。

4. 怎样提高酒店人的美学修养?

5. 旅游生活美学有哪些基本特质?

6. 你怎么理解旅游生活的美学意蕴?

阅读材料

1. 沈从文:《沈从文生活美学》,新世界出版社,2017。

2. 刘悦笛:《审美即生活》,商务印书馆,2020。

3. 刘悦笛:《生活之美》,安徽文艺出版社,2021。

4. 纪录片《美丽中国》。

5. 纪录片《跟着书本去旅行》。

参考文献

［1］喻文德.新时代美好生活的美学意蕴及其实现［J］.福建江夏学院学报,2021(2)：9-16,39.

［2］吴莉.旅游美学论纲［D］.西安:西北大学.2007.

［3］冯晓华,黄震方.新时代旅游美好生活内涵建构与实现路径［J］.社会科学家,2021(7):34-39.

［4］王柯平.旅游美学导论［M］.北京:旅游教育出版社,2011.

［5］于德珍.旅游美学［M］.天津:南开大学出版社,2008.

第二章 人在旅途的诗性栖居

　　著名的德国诗人荷尔德林在《人，诗意地栖居》中写"如果人生纯属辛劳，人就会仰天而问：难道我所求太多以至无法生存？是的。只要良善和纯真尚与人心相伴，他就会欣喜地拿神性来度测自己。神莫测而不可知？神湛若青天？我宁愿相信后者。这是人的尺规。人充满劳绩，但还诗意地安居于这块大地之上。我真想证明纯洁人被称作神明的形象。大地之上可有尺规？就连璀璨的星空也不比人更纯净。"荷尔德林为我们展示了一个人类劳作和休息的诗意空间，在这个空间中人们处于劳作的日常生活和旅游休憩的双重时空中，人不仅要经历一种特殊的共空间化，也要经历一种独有的共时间化。

　　人们的旅行就是荷尔德林所指的"诗意的栖居"。这种栖居并不是一种以单纯的居住功能为目的的空间占有或者使用，而是一种带有审美意图、审美倾向和审美过程的完整的旅游生活过程。任何一个人在旅行的过程中或多或少地都会带有一些诗意，这些诗意被我们称之为"旅行的心情"。教育部、国家语言文字工作委员会发布了《中国语言生活状况报告(2016)》，入选2015年度十大网络用语的"世界那么大，我想去看看"，就以一种诗的态度在当时的网络上引起了轰动。2015年4月13日，35岁的河南女教师顾少强，向学校领导递交了辞职信。她放弃安稳的"铁饭碗"，选择未知的人生道路，本就让很多人感到"惋惜"。离开之时，又以短短的10个字说明辞职理由，更让网友惊呼"任性"。这封辞职信很快爆火网络，顾少强也成为无数人心中的"情怀偶像"。递交辞职信的第3天，顾少强离开了她工作11年的河南省实验中学和生活35年的城市郑州。

　　生活中有着太多无奈、苟且和委屈，所以人们愿意和荷尔德林一样用诗歌去展望一个不可知的世界，人们愿意和顾少强一样用旅游去经历一个不熟悉的未知世界。这就是我们对生活的态度。

第一节 旅游栖息的自然居所

酒店是旅行中会经历的一个重要休憩场所,不同于以参观为主的文化景点和自然风光,酒店是以休息、睡觉、娱乐为主的放松场所。所以,酒店一般并不会特别注重建立自身的文化素质,在装饰上即使出现了以中式文化或西式文化为辅助的装修,也是为了能够增加酒店在经济上的收益,能够让酒店在大众化酒店的竞争中看起来更具有某种独特性。因此,酒店往往会更加注重自身与自然景观的有机融合,如果酒店本身就坐落在良好的自然景观之中,如在淳安县的千岛湖周边就坐落着各种各样的酒店,这些酒店不仅有着直接面临千岛湖的各色住房,也有着自然风光的内在环境。如果酒店本身没有坐落在良好的自然景观之中,那么酒店会在自己所在的范围内尽可能地增加自然景观,构建一个适合人休憩的场所。特别是在某些本身就以园林为特色的地区,如苏州就有很多酒店会在酒店内部设置一些苏州园林的植物、假山和流水,这些富有园林特色的小景观有助于酒店提升自身的品质,也有助于酒店和苏州的整体风格形成良好的互动。

一、栖居在大自然怀抱中

栖居并不仅仅意味着在空间中占有某种位置、大小和方向,栖居意味着人以某种诗意的状态在不可预知的空间中延续着自我的悠然状态。这种悠然状态一般来说是人处于放松、稳定和舒服之中。所以,当前在房地产业中,随处可见房地产商将"诗意的栖居"作为广告词滥用的现象,正是抓住了栖居的特点和特征,过度引用了荷尔德林的诗歌。虽然诗意的栖居被房地产行业滥用,但是这正说明了人们对诗意的栖居有着一种普遍的向往。这种向往不仅仅在德国所处的西方世界有着普遍性,在以天人合一为核心的,追求人与自然和谐共生的中国哲学中更是对这种向往充满着与生俱来的好感。

(一)人类最初的栖居

根据人类学和考古学的观点和记录,人类最初的栖居方式并不是建造房子,而是以挖洞和树上筑巢的方式遮风避雨。这种人类最初的栖居并非以某种审美为目的,而是以单纯的功能性居住为目的。但是,随着人类审美能力的提升,人们开始在洞穴和树上进行一些艺术创作,使人们的栖居开始具有了雏形。

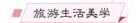

1. 洞穴栖居

在人类学的考古实践中已经发现了很多原始人类的古代洞穴,例如,保加利亚的马古拉洞穴、达德拉尔特·阿卡库斯石窟、拉斯科洞穴等。以拉斯科洞穴为例,拉斯科洞穴内约有壁画100多幅,保存较好。壁画形象中以马最多,还有牛、驯鹿、洞熊、狼、鸟等,也有一些想象出来的动物和人像。而唯一的人物形象就是一个被野牛撞倒在地的人。画面大小不一,长的约5.5米,短的有1米左右。画面大多是粗线条的轮廓画剪影,即在黑线轮廓内用红、黑、褐色渲染出动物的体积和重量,形象生动,色彩明快,富有生气。最引人注目的一幅是一头被刺破胸腔的牛将猎手顶倒在地的构图。洞内还有一些用尖利工具浅刻的画作。洞窟壁画为马格德林文化时期的作品。边洞出土木炭的碳14测定显示这些壁画创作时间为距今16317—14717年。这些洞穴内的人类记录说明了早期人类就一直存在某种审美性的能力,有了栖居的雏形。

2. 树上栖居

虽然考古学家们已经发现了很多古代洞穴,但是对于树上栖居,人类早期的树上房屋还没有留下任何遗迹。主要是因为,一棵树无法承载千年万年不变,同时这棵树上的人类遗迹更不能在风吹雨打中历经千年万年不变。所以,树上栖居至今没有一个定论。但是,人类学家,特别是建筑人类学家对于一些原始部落的考察,特别是亚马逊原始部落中的一些考察说明了人类早期对于树枝和丛林的依赖性。所以,树上栖居虽然很难找到远古时代的证据,但是现代一些原始部落的居住习惯说明人类在演化论的意义上,依然保存着在树上栖居的一些习惯。毕竟,在树上栖居是人类躲避猛兽、洪水、灾害的最好的方式,它不需要额外的建造和大规模的开挖,这为我们探讨人类的起源提供了一条新的思路。

(二)人类传统的栖居

1. 木式栖居

木头建造的房屋在中国是常见的形式,主要是因为木头取材方便,加工便捷,对木头的合理搭建,还能够避免使用钉子。在日本,由于选材方面的限制,以及对地震频发的考虑,也经常会将木头作为第一建筑材料。在木式建筑中栖居是老一代中国人的人生经历,至今很多中国人还生活在明清时期遗留下的木式建筑中。这些木式建筑为中国人提供了几千年的避护,是中国人长期生活的主要居所。在这些木式建筑中,中国人以其非凡的审美能力和智慧,创造了大明宫、紫禁城、应县木塔等伟大的建筑,在至今尚存的唐代木式建筑中,能够看到中国古人精湛的建造技艺。

2. 石式栖居

石头建造的房屋在西方,特别是地中海沿岸较多,这是因为地中海地区有其特殊的地理风貌,建造石头建筑不仅取材方便,而且能够非常好地建立起良久耐用的建筑。在古代西方石灰石和混凝土技术的加成下,万神庙、罗马竞技场等一系列矗立至今的建筑依然诉说着这个地区的历史。特别是当我们来到雅典卫城脚下,欣赏千年之前古希腊人的大理石建筑和雕塑,就能从中体会到石头建造的房屋的悠久历史,感受千年之前人们的情感。

3. 竹式栖居

竹式建筑在热带雨林和东南亚地区比较多。这些地区温度高和湿度大,木头腐烂速度快,石头也比较稀缺,所以便于取材且防水良好的竹子就成为了东南亚地区建筑材料的首选。当然,在中国也有许多竹式建筑,特别是在一些民族地区,当地居民长期生活在竹式建筑中。值得一提的是,中国现代建筑奠基人冯纪忠设计的上海松江方塔园的何陋轩是现代中国竹式建筑的一大标志性建筑,体现了中国现代建筑师的超高技巧和建造才能。

(三)人类现代的栖居

1. 混凝土栖居

早在古罗马时期就有了用石灰岩建造的建筑的雏形,在钢筋混凝土发明之后,又逐步克服了混凝土只耐压不抗碱的材料缺陷,使人类的建筑建造层数逐步增加,成为现代人类最为常见,居住最为广泛的一种建筑形式。特别是在四位现代建筑大师弗兰克·劳埃德·赖特、勒·柯布西耶、瓦尔特·格罗皮乌斯和路德维希·密斯·凡德罗的努力下,混凝土建筑的建筑形式也有了突破性的进展,突破了早期以装饰为主的建筑形式,进入了"少就是多""形式追随功能"的现代主义时期。现代人类已经逐渐习惯了混凝土建筑的宏大叙事,享受着混凝土建筑为人类带来的便捷和安全感。混凝土建筑让人类的居住更为宽敞,更为轻松,并且有着更为便捷的生活。但是,混凝土建筑特有的材质也为现代人类带来了压抑感,特别是钢筋水泥的森林般的工厂,宏伟的高楼大厦,让办公室的人们和工厂的工人们长期生活在压迫感中。不过,好在人类是一种具有韧性的生物,能够适应各种生存情境,所以现代人类逐渐熟悉了混凝土建筑,并且依赖于这一建筑材料。

2. 钢材栖居

除了混凝土,钢材也是现代建筑常用的一种材料。从外观上看,很难区别一个建筑是混凝土建造还是钢材建造。但是,可以根据建筑的高度做出基本判断,大部分超高层建筑都是钢材为主,而不是钢筋混凝土。这是因为钢材具有更强的韧性,更适合建造高层建筑。

当然,钢材也有一些缺点,例如,在911事件中,双子塔在起火后快速倒塌,其中一个原因是钢材不耐热。所以,在常规中,人们经常将钢结构建筑和混凝土建筑都视为现代建筑,没有太大的区别。只是在一些钢结构明显的桥梁和道路中,才有所区别和体现。

二、酒店与自然融合的实践

在酒店建造中,设计师会考虑当地的自然景观进行一些创作型的设计和联想,设法建构起适应当地气候、地貌和文化的酒店大厅、走廊、房间等各个综合性要素。

1. 再现山水景观的广州白天鹅宾馆

广州白天鹅宾馆是中国第一家五星级酒店。通过宾馆大堂正前方的连廊,"故乡水"流水潺潺。"故乡水"是中庭山水景观的名字。它由庭山、鱼池、曲桥、园林建筑、绿化及灯饰等组成,占地面积约350平方米。当年建筑师莫伯治选择了"故乡水"的主题,精心设计出中西结合的岭南建筑。该设想勾起了实业家霍英东的思乡情怀,他欣然采纳这一设计方案,还为"故乡水"亲笔题写"别来此处最萦牵"的字句,希望聊慰海外归来游子的思乡情。故人情重一江水,南国春深万枝花。来广州白天鹅宾馆看"故乡水"(如图2-1),曾是很多华侨归国的保留项目,它身上萦绕着许多华侨、游子的思乡情怀,是白天鹅宾馆园林景观的灵魂所在。这里能让游客联想到这么一个场景,一位西装革履白发苍苍的老华侨,归来下榻在此,拄杖环绕"故乡水",择安静雅座望着珠江平静的水面,耳边回响的是当年背井离乡时的江水声、汽笛声、亲人的告别声,而多年后归来,故人已去,物是人非,剩下的只有一潭勾起他回忆的故乡水。

图 2-1 故乡水

"故乡水"景观的中庭的西面是庭山,筑有山洞和蹬道,山体由英石筑成,有三层楼高,石料取自广东英德,呈灰黑色,外观线条硬朗,轮廓多转角,变化丰富。庭山顶有一座金亭"濯月亭",濯月亭的瓦顶用金箔做成,亭顶散发着金灿灿的光芒,通过灯光变化可衬托出"故乡水"一年四季的不同景观。瀑布从濯月亭旁十数米的庭山上飞流直落鱼池,气势磅礴,甚为壮观。其中,曲桥边种植了三棵狐尾椰子,金亭盘旁植有罗汉松、龟背竹,庭山上及四周搭配茶花、吊兰、鹭杜鹃及大量棕榈科植物共40多个品种,中庭回廊外沿花槽栽满了天冬。寓意吉祥长寿的罗汉松、象征热情坚韧的鹭杜鹃以及富有岭南特色的棕榈科植物,使"故乡水"焕发新生的活力,使整个"故乡水"景区的绿化搭配得错落有致,呈现春意盎然景象。

2. 返璞归真的野奢酒店

近年来"野奢酒店"之所以风靡世界,正源于人们对旅行返璞归真的极致向往。野奢酒店从字面上释意,"野"即自然,自然的魅力,即使是再好的人工景观与自然相比都会黯然失色,安居于自然中,走进自然中与山水森林互动,不仅享受朴实无华的休闲,还有对自然的探索。"奢"即品质,舒适的度假体验、齐全的休闲设施、殷勤的服务,即使人迹罕至,也要享受舒适自在的现代生活。中国从来不缺自然美景,也不缺奢华酒店。想象一下,前一刻还身处温暖舒适、现代高科技的室内,打开门即刻走进山川湖海之中,满眼是直击心灵的美景。

3. 生态环境优越的浙江安吉阿丽拉酒店

阿丽拉酒店面朝赋石水库,在群山中俯瞰着水面,被广阔野竹林与白茶种植园环绕。阿丽拉酒店沿袭江南传统村落风情,依偎水色涟涟的湖泊,白墙黑瓦,与群山相连。客房特色:别墅和套房使用竹子和石头元素打造,拥有私家景观阳台、四柱床榻、阿丽拉生活出品的洗漱备品。休闲设施:阿丽拉水疗、室内泳池、健身房、乒乓球室、台球室、太极瑜伽馆、图书馆、儿童俱乐部、阿丽拉生活精品廊、棋牌室。特色美食:遵照浙江或安吉特有的烹饪手法呈现精炼后的本土美味,还可以在水库旁、山野间烧烤。特色活动:晨间太极课程、探访中国最大的竹子基地、山地骑行。

4. 夜闻钟磬的杭州法云安缦酒店

法云安缦酒店位于灵隐寺景区山谷竹林之间,两旁竹林密布、草木青翠,步行即可到达灵隐寺和永福寺。酒店完整保留了原法云古村院落布局,泥墙木门,石梯小径,房舍就在这片山林里错落有致地坐落在山坡上,除了通往每个房舍的一条小路,其他的地方都种满了绿植,有各种树木,还有时令的果蔬。客房特色:每间屋子都是独立庭院,面积为66平米起,整体古朴简洁,老式家具、迷你酒吧、地暖、空调、卫浴等设施齐全。复式别墅分上下层,按摩间有两个按摩床,还设有桑拿浴房。休闲设施:水疗、室外恒温泳池、健身房、木桶浴、图书馆。特色活动:剪纸、书法、品酒和传统音乐。

5. 海洋中的三亚亚特兰蒂斯酒店

该酒店位于海南省三亚市,以传奇的失落的亚特兰蒂斯城邦为基础,是一站式娱乐度假胜地,集酒店、餐厅、购物中心、水上乐园和水族馆于一体。这里拥有千余间宽敞的海景客房及套房,可以满足客人的不同需求。特色套房内宽敞豪华的内部装饰,带来尊贵的入住体验,配以24小时贴身管家服务。

海底套房:该酒店拥有5间双层海底套房,可以饱览大使环礁湖中8.6万尾海洋精灵尽情游弋的奇幻景致。10万一晚的波塞冬海底套房更是成为酒店客房的天花板。

海底餐厅:这里拥有 21 家环球美食,包括明星厨师戈登拉姆齐的餐厅 Bread Street Kitchen & Bar,以及独具特色的奥西亚诺海底餐厅。

水世界:全年开放的水世界按照国际领先标准打造,全长 2 公里的极速漂流河以及 30 条滑道为您带来肾上腺素飙升、心跳加速的极致快感。高达 23 米,角度近乎垂直的"海神之跃"等待着勇敢者的挑战。

失落的空间水族馆:游客通过迷宫般的隧道和主题鲜明的走廊,不仅可以欣赏到海底世界的珍稀生物,还能走向海底亚特兰蒂斯的废墟,仿佛走进了失落的史前文明,因此令它显得更加的神秘。失落的空间水族馆的灵魂是这个长达 16.5 米,高达 7.2 米的巨大水族箱,它被称为大使环礁湖。这个水族箱的海水容量高达 13000 多吨,相当于 50 多个标准游泳池,它的外壁是厚达 0.65 米的特种玻璃,透过它,奇幻的海底世界一览无余。在这里,我们可以近距离地欣赏到亚特兰蒂斯的废墟城堡和海洋动物,其中就包括来自极地的白鲸以及鲨鱼、鳐鱼和其他数以万计的特色海洋生物。除了大使环礁湖,水族馆里还拥有 30 多个大小各异的水族箱,它们是 8.6 万多尾、280 多种海洋生物的家园。每个水族箱旁边都有中英文介绍,将海洋生物的名称、习性等都进行了清晰的描述,若不是走马观花,游客仔细阅读介绍至少需要游览 4—5 个小时。失落的空间水族馆的海水清澈,海洋生物活泼迷人。水族馆采用生物和化学双净化卫生系统,投资近 2 亿元人民币,最快只需 90 分钟便可完成循环净化一次,这也最大程度地确保了观赏效果及海洋生物的健康。失落的空间水族馆与其他水族馆的不同之处在于,它是一个多媒体水族馆。通过独一无二的创意设计实现整缸海水变色,展现让人叹为观止的视觉盛宴。在这里,游客不仅可以看到、听到海洋生物,还可以预约进行潜水,体验与海洋生物零距离的接触。

第二节　旅游酒店自然美赏析

1. 云南腾冲石头纪温泉度假酒店

石头纪温泉度假酒店位于云南省保山市腾冲滇滩镇云峰山原始森林公园脚下,地处山谷,四面环山,整个酒店融于万亩森林中。墅中有园,园中有屋,屋中有院,院中有树,树上有天,天上有月,每每到了庭院杜鹃盛开的季节,云峰山的道家仙气与时令之美充盈在酒店周围和内里,满足了都市人对居所有庭有院的奢望和梦想(如图 2-2)。

客房特色:整个建筑分为酒店和住宅两个部分,最外部的五层建筑并不是客房,而是公共区域,包括用餐、休息、酒吧、会议等都在这幢建筑中进行。步入到客房区时,你又会再感慨一番,没有砖瓦,没有钢筋混凝土,纯粹用不同尺寸石块凹凸拼接打造而成的别墅,全是平层小院,均背靠山,私密性极好;庭院中有温泉池,是整块花岗岩石雕刻而成,晚上仰望星空泡汤,超级享受。别墅内包含客厅、主卧、庭院,庭院内有私人温泉。别墅内配有独立理疗房、自动麻将机、咖啡机、微波炉、实用灶具等。

休闲设施:温泉、水疗。

特色美食:腾冲本地特色早餐有石锅饵丝、野生石斛。

特色活动:登山赏日出、放河灯、摄影赛。

图 2-2　居所有庭有院

2. 冰雪城堡

冰雪城堡是位于芬兰凯米市的一座大型冰雪艺术精品工程,也是世界上最大的以冰雪为原料建筑而成的堡垒形建筑。冰雪城堡首次修建于 1996 年,当即吸引了 30 万游客。此后,每年冬季,凯米市都会修建冰雪城堡,并成为芬兰最著名的冬季旅游景点之一。冰雪城堡每年都被设定为不同的主题,总建筑面积为 1.3 万到 2 万平方米。冰雪城堡的原料取材于凯米海湾上冰冻的海水。2014 年的冰雪城堡由中国冰雕艺术家修建。冰雪城堡和专门进行旅游巡航的桑普号破冰船,使得凯米成为芬兰冬季旅游的重镇。

来自芬兰、意大利、德国、中国等国家的建筑师和冰雕艺术家曾参与过冰雪城堡历年的设计和修建。整座城堡完全不使用除了冰雪之外的任何支撑材料,建筑师先按照设计,搭建出城堡的外形,然后使用特制的大型吹雪机向模具上喷雪;待雪凝固后,再行移除所有模具。冰雕的原料则取材于凯米海湾上冰冻的海水,城堡展览每年都会使用约 2 万立方米的海冰。另外,冰屋酒店里的冰制餐台也取材于波的尼亚湾的海水。

冰雪城堡每年的建设周期约为 6 周,并于每年 1 月末举办开幕式。城堡和各式冰雕展览会一直开放到 4 月初。在那之后,明亮的拉普兰阳光和日趋渐暖的气温会渐渐消磨掉这些精美的冰雪艺术。

冰雪城堡的外观设计和展览主题虽然每年都会有所不同,不过城堡内部,每年都会建设如下设施,供游客参观并举行各式文化活动,甚至是举行婚礼。

雪屋餐厅:餐厅里的所有餐桌和吧台都使用海冰制作,餐椅上还会铺上舒适保暖的驯鹿毛皮。餐厅的四壁会根据主题,雕刻有精美的冰浮雕。

冰雪教堂:冰雪城堡里每年都会建有一处冰雪教堂。这是一座基督教普世教会的教堂,内设 50 到 100 个座位。每年都有不少情侣会选择在这座冰雪教堂里宣誓结婚,其中不乏来自美国、日本以及中国香港的新人们。

雪屋酒店:酒店的房间即是雪屋,四周为洁白的雪墙环绕。室内设计则是由当地大学艺术系的学生完成的。除了标准双人房外,还有为结婚新人设置的蜜月套房。

3. 上海松江佘山脚下的世茂洲际酒店

上海佘山世茂洲际酒店,位于上海市松江佘山国家旅游度假区的天马山深坑内,由世茂集团投资建设,海拔负 88 米,于采石坑内建成的自然生态酒店。酒店遵循自然环境,一反向天空发展的传统建筑理念,下探地表 88 米开拓建筑空间,依附深坑崖壁而建,是世界首个建造在废石坑内的自然生态酒店。

上有景观总统房下有水中情景房。根据设计规划,这座五星级酒店的主体建筑在功能上包括了:酒店大堂、会议中心、客房部分、娱乐餐饮以及后勤服务。客房部分,将总统套房设于坑内六层(低于地平面的第一层为 B1 层,客房的最低一层即为 B15 层),以争取最好的景观视线;水下部分,将利用水景资源布置水下情景客房;而中部则以标准客房为主。

水下情景客房位于酒店的 B15 层,采用先进的水族馆设计技术,包括人造岩石和珊瑚礁设计施工、水族馆环境设计等,客人将有处于海洋中的新奇感。空中花园:天然室内花园及大型景观瀑布。在空中花园方面,室内叠瀑花园不仅是绿色自然建筑设计理念在室内的体现,也是提升酒店室内硬件品质的主要手法之一。融合特有的崖壁的自然资源,结合瀑布的概念,在室内形成两个天然花园,不仅在形态上完美地结合了室外层层叠叠的空中花园,也为室内创造了独一无二的生态环境,以求室内外的渗透和贯穿。

云雾水景花园位于主体建筑南翼 B16 层,设计在此处旨在创造一种薄雾以及小水流流过岩石的景观,窄小的水面上配备自然的水生植物,为整个中庭创造一个较为私密的空间,同时为热带植物在此间的生长提供了一个独立的生长环境。隐水花园将充满热带花园的风格,结合水面景观,设置在 B17 层,意图创造一个坐落在生动的自然山谷里的酒店花园,与建筑的空中花园主题相呼应,设计在每层的阳台上种植悬挂式的特色热带植物,形成立面上的一个植物瀑布。而与这些对应的大型景观瀑布,从相同高度的悬崖上垂挂而下,两个元素相配合,在酒店中庭构成了一个壮观的景象。

思考与讨论

1. 自然景观由哪些部分组成?
2. 山岳景观的美学特性有哪些?
3. 如何理解自然景观观赏的心理距离?
4. 酒店如何与自然景观进行完美融合?

参考文献

[1] 朱光潜.谈美书简[M].北京:北京理工大学出版社,2018.

[2] 王柯平.旅游美学论要[M].北京:北京大学出版社,2015.

[3] 叶朗.美学原理[M].北京:北京大学出版社,2022.

[4] 刘晖.旅游美学[M].北京:中国人民大学出版社,2018.

[5] 杨哲昆,霍文平,何升华.旅游美学实务[M].南京:东南大学出版社,2014.

[6] 张骏,卢凤萍.旅游美学[M].北京:中国人民大学出版社,2021.

第三章 旅游酒店的艺术创意

旅游酒店是一个旅游生活中栖息的场所，更是一个具有美学审美艺术的重要场所。我们能够看到一些重要的旅游酒店甚至在很大程度上改变了人类建筑史的走向。例如，著名的建筑师彼得曼在酒店中首次在中庭中采用了观光电梯，让酒店进入了观光时代。当前越来越多的学者，特别是以政治经济文化学为首的一些学者们关注到中庭在酒店中对资本再生产的作用有着文化的意蕴。这都说明酒店的空间艺术不仅仅是建筑师关注的场所，也是世界范围内学者们关注的普遍性话题。人们并不仅仅关注酒店的空间艺术，也关注酒店的空间艺术为旅游生活带来的改变和其所蕴含的各种生活意蕴。

正是因为人们对旅游酒店的重视，建筑师对旅游酒店的空间艺术有了更多的想象空间和发挥余地。旅游酒店不仅更加地方化，而且更具有当地的文化、美学和民族特色。这些具有特色的旅游酒店开始逐步占领旅游市场的顶端，在传统的五星级酒店之外，诞生了许多成功的酒店产品，例如，浙江的墟里、大理的慢屋·揽清、苏州的同里别院、云南的松赞梅里。因此，在这个旅游酒店更加多样化、复杂化、美学化的时代，讨论旅游酒店的空间艺术显得尤为重要。

第一节　酒店园林艺术

园林是既可以单独建立，也可以和建筑、雕塑、绘画等其他艺术一起建立的综合性休憩场所。在旅游中，我们经常能够看到一些单独的园林，如一些国家公园、地质地貌等，也能看到一些和建筑、雕塑、绘画等艺术结合较好的园林，如拙政园、留园、网师园、狮子林、环秀山庄、静思园、沧浪亭等这些著名的苏州园林景观，它们不仅是国家级、世界级的物质文化遗产，也同时创造了一种特殊的地方氛围。当你走在苏州，你会发现无论是普通的住宅，还是公交车站的建筑形式，都有着园林的气息，在建筑设计上运用一些苏州园林的基本建筑元素。各类建筑除满足功能要求外,还与周围景物和谐统一,造型参差错落,虚实相间,富有变化。更重要的是,整个城市的白墙黑瓦和遍地的竹林,让整个苏州城都宛若一座巨大的园林。

一、酒店园林的审美意境

苏州的酒店园林也有着自身独特的审美意境,它不仅能够按照城市的总体走向和要求设计园林,更能够按照地方性和历史性设计园林,采用一些苏州园林的设计技巧,如竹子的设计、装饰的摆设、窗户的错景,这种苏州园林特有的审美意境,使苏州的酒店也有了特殊的意蕴。更重要的是,园林不仅仅是一种造型艺术,更是一种融合了中国人对于天人合一观念的核心观点的展示和表征。园林的造景师并不仅仅是一个画图员,更非一个单纯的植物种植师傅,而是一名对中国哲学、中国人为人处世的精神和思维有自己深刻理解和感悟的文化学者。他们往往能够对江南文化习俗和江南文化美学的重要精髓有着深刻的理解,能够充分运用成语故事的具象化表达人们对于美好事物的理解,能够充分运用人们对美好事物的寄托来表达中华民族的美好理想,还能够充分运用数字来表达人们对于一些长久观念的寄托。所以,也可以说中国园林造景师将园林作为自身文化理念、美学理念的实践产物,而非一种单纯的资本产物。正因为如此,在酒店园林中,我们也能看到建筑师和园林景观师那充满了人文气息的设计。这种人文气息强调形体之外,融入了自己的情感,不仅着重于再现自然,还表现形外之意,追求意与境的融合。

(一)本于自然,高于自然

园林是小中见大,讲究小而精,将大自然的景色浓缩于园林之中,成为自然的缩影,使人们"不出城郭,而享山林之美"。造园时注重融于自然,将园与周围自然环境融为一体。园内的面积是有限的,但通过借景,突破园林实体的有限空间,将园外美好景物收入园内,给园林造成幽深广阔的境界和意趣。融于自然的手段,还采用了用建筑、植物等分隔园林空间,讲究隐而不露,用门洞、漏窗、长廊、树丛、溪流来分隔,隔而不断,使园林的有限空间显得曲折幽深而又宽敞舒适,营造出小中见大的效果。

将大自然的各种组景要素浓缩成叠山、理水、植物、建筑四种基本造园要素。经过重新布局,形成有主、有次、有烘托、有呼应,园内山水花草皆备,亭台楼阁参差,犹如画面一样的境界。

全园构景要素及其组合,都要作假成真。在叠山、理水、植景时,巧于因借,充分利用原有的山势、水形、生长的树木等其原本的美态。如山水花木等自然之景,要符合植物自然生长规律。假山叠石要以假乱真,讲究自然之趣。用山石模拟自然裸露的岩石,要有峰峦的形状、气势和岩石纹理。用山石作花台种植观赏植物。用花台组织游览路线,或用花台与岸边相连。水的源头或藏于石隙,或隐于洞穴,让人感受到"为有源头活水来"。植物的配置要如同自然生长的花木一样,有疏密变化且富有天然野趣,使整个园林像一幅充满天然之趣的画卷。

(二)情景交融

园林中常常寄托着园主人的理想和愿望。不同的园主人其为人处世的哲学与文化审美态度,反映到构思立意上是不同的。在建造园林之际倾注了自己的情感和意念,寄情于物、托志于物,园林的景物中人为地加以寓意寄情。例如,在园林植物配置上多种植松柏、修竹、春兰、夏荷、秋菊、腊梅等寓意高雅的植物。松取其挺拔坚强;竹取其虚心有节;梅取其不畏严寒;兰取其坚贞不屈;荷花取其淡泊清幽、出污泥而不染;等等,是将理想的人格投射到植物之中。对这些植物的赞美,也就是对园主人情操的肯定。其园内的置石、水池、花草树木之中都蕴藏着情感与景象的交融。

(三)意境的含蕴

境生于象外。意境并不局限于有限的意象之内,而是力求在有限中显出无限。旅游者在园林内游览时所见到的景物会受时空的限制,只能欣赏到一时一地的景观。园林的意境通常借助于诗情画意表达出来,采用传统的诗、画、书法等艺术样式进行点景。特别是悬于重要景点建筑上的题咏、楹联、匾额等,集文学、书法、雕刻于一体,抓住景观的典型特征,结合空间、历史、传说及作者的情感,用文学的形式给予高度的概括。通过这些点景表达的烘托、渲染、提示,引起旅游者的联想与想象,经历着春华秋实、冬去春来的季节的更替,感受到园林隐于"秀"中的"象外之意",以及一个更为幽静深远的空间。

📽 知识延展

园林美学

园林是在一定的地块上,以植物、山石、水体、建筑等为素材,遵循科学原理和美的规律,创造的可供人们游憩和赏玩的现实生活境域。

园林艺术是通过园林的物质实体反映生活美丑、表现园林匠师审美意识的空间造型艺术。它常与建筑、书画、诗文、音乐等其他艺术门类相结合,而成为一门综合艺术。园林艺术是一定的社会意识形态和审美理想在园林形式上的反映。它运用总体布局、空间组合、体形、比例、色彩、节奏、质感等园林语言,构成特定的艺术形象,形成一个更为集中典型的审美整体,以表达时代精神和社会物质文化风貌。

园林美是园林师对生活(包括自然)的审美意识(思想感情、审美趣味、审美理想等)和优美的园林形式的有机统一,是自然美、艺术美和社会美的高度融合。它是衡量园林艺术作品表现力强弱的主要标志。

园林美学是应用美学理论研究园林艺术的审美特征和审美规律的学科。园林美学从哲学、心理学、社会学的角度,研究园林艺术的本质特征,研究园林艺术和其他艺术的共同点和不同点,分析园林创作和园林欣赏中的各种因素、各种矛盾,然后找出其中的规律来。园林美学在不同的历史时期有其不同的发展。

先秦至两汉时期

现存的史料记载最早的《国语·楚语上》中有一段楚灵王与伍举论美,楚灵王持"目观则美"的美学评价立场,而伍举认为美离不开功利、有用,初步确定了园林美学的评价应有表观与内涵两重含义,是后世美学评价的基础。西汉时成书的《淮南子·氾论训》中,对园林美的评价定为"高、大、远",概括性地突出了园林中的台榭、苑囿、驰道的各自的主要特征,具有鲜明的概括性。虽然是针对具体园林要素的评价,但其所建立的"评"的标准,是最早的园林美学评价标准,为后世的诸多评价指明了方向。晋代陶渊明的《归田园居》用诗词语言将充满艺术情调和书卷气息的园林审美情趣展现给世人,形成了中国园林美学评价的另一个高峰:意境美。这是中国园林对世界园林美学发展的重大贡献。南朝的宗炳在《画山水序》中将老庄哲学引入到美学评价中来,对园林美学评价的发展也至关重要,将其引入到更深层次的哲学探究中来,赋予园林美学评价更广阔的发展空间。这种趋势发展到唐代,与文人的山水田园诗结合,引起了士大夫阶层的广泛关注,使得园林审美地位进一步提高。

唐宋时期

唐代的白居易《草堂记》《池上篇序》,李德裕《平泉山居草木记》等文章都肯定了植物在园林美的形成中的重要作用,后世所谓"岁寒三友""四君子"等蕴含丰富人文内涵的植物审美的形成与此息息相关。

唐代兴起的群众游园之风,在宋代发展到了极致,公众的群体游园活动推动了园林美学评价的进一步发展。造园家、园林设计、参与公众三方联系到一起,美学评价的主体开始增加。而"公众参与"这种形式将美学评价的主体范围扩大,是我国园林美学发展史的一次重要突破。如欧阳修在《醉翁亭记》中对山水花木与四季天时交感而无穷的美学原则的揭示;如苏舜钦在《沧浪亭记》中对园林审美主体的情性和合目的性的"善"的论析,以及自我超越论的发明,畅神明道论的阐释,成为文人写意园的理论纲要;司马光的《独乐园记》、朱长文的《乐圃记》都对园林生活之乐作突出强调,这些都极具美学价值。可以说在宋代,

中国园林的美学评价体系已经初步建立。

明清时期

明代王世贞的《古今名园墅编》中有"人巧易工,而天巧难措"的论述,即技术的阐述,也是论述人工美与自然美关系的重要美学思想。同时他在《安氏西林记》中又提出了园林的另一个重要实用价值:食用。明代的计成所著《园冶》一书是我国最早的园林专著,对于造园的意义,园林与自然、主体与客体的多种审美关系以及造园建筑的艺术、技术等等都做了全面而系统的论述,是一部创世之作。

清代李渔的《闲情偶寄》侧重对园林审美特点的研究。清代的叶燮是著名的美学思想家,有《滋园记》《假山说》《二取亭记》等著作,都表达了他本人对于园林美学的深刻的哲学思想,特别是"美本乎天""必待人之神明才慧而见""孤芳独美不如集众芳以为美"的观点,在园林美学发展史上都是空前绝后的。清代《红楼梦》的作者曹雪芹从世俗、功利的观点看待园林美,着眼于从自然物的价值观来评价"大观园"的美。

近代

这一时期的园林美学发展受三个方面的影响非常明显。一是,中西方思想与审美的碰撞,这种碰撞既有中西合璧的审美典范的诞生,也造成了中国园林审美的一定程度的混乱。二是,技术对园林审美的影响,诸如力学的发展,新材料的使用等,最初是对园林要素的建造技术变革,而后这种变革产生了其自身的审美诉求,使得诸如工业技术美、材料美等相继出现,既是对传统园林审美的破坏,也是多元审美建立的开始。三是,社会心理的影响,动荡的社会打破了原有文人的自娱自乐式的园林审美,使得园林美学从社会的精英阶层向普世大众扩展。

第二节　酒店建筑艺术

现代酒店提供的住宿、休憩、休闲、娱乐和餐饮等功能,其实并不是一蹴而就的,而是在历史的发展中不断丰富的。现代酒店的复杂性要求其空间美学在有所区别的同时,也要注意其统一性。然而,后现代主义时期,人们已经逐渐厌倦了现代酒店的千篇一律,对每个酒店都拥有的大型吊灯、庞大的客厅有所迟疑。这种迟疑来自人们审美上的疲劳。所以,作为旅游工作者应当注意酒店空间美学对旅行者的重要影响,不能仅仅将酒店空间当作一种中途站点、休憩场所,而是要将酒店空间看作旅行途中增强旅行者审美一体性的重要助力。所以,我们能够看到,在一些具有文化特色的酒店中,往往会将自身酒店空间美学与地方美学相互结合,产生一种交互感和交融感。

一、酒店空间之美

酒店空间的美是以文化元素和风土人情作为设计背景和依托,能够为酒店营造具有情感互动的,给游客留下深刻印象的,从心理上提升游客对酒店的认同和喜欢的艺术情境氛围。这种艺术情景氛围不仅能够提升人们的审美水平,稳定人们的审美心境,还有利于培养人们的审美文化,让人们对酒店及其所在地的审美有所体验。当然,我们也要注意到酒店空间的美依赖于建筑师的设计水平,以及酒店甲方的审美偏好,或者是市场走向和资本的驱动力等。所以,酒店空间的美有的时候具有正向的作用,能够对人们的审美产生积极影响,但是有的时候,也会有某些负面的作用。过于关注市场走向和资本驱动的酒店空间当然也会考虑与地方文化的结合,提高自身的审美。但是,市场走向和资本驱动的酒店空间也会破坏地方文化。例如,我们经常能够看到一些大品牌的酒店品牌,在建设自身酒店的时候,并不关心与周围环境的融合,而是采用单纯的品牌式设计模式,突出品牌效应,只为使品牌效应更大。

(一)三维空间审美

三维空间指由长、宽、高三个维度所构成的空间,也就是人类生活的空间,如酒店建筑空间就是三维空间。酒店建筑空间本身是环境景观的一个组成部分,空间美从整体上说是服从于周围环境而存在的。酒店建筑作为稳定的、不可移动的具体形象,总是要借助于周围环境才能获得完美的造型表现。在对建筑进行艺术处理时,恰当地表现自我,根据整个环境的需要给自己定位,使个体、局部烘托整体,把个体、局部融于环境,在为整体增色的同时表现自我存在的价值,这才是酒店建筑美的根本所在。

三维空间还包含酒店建筑的内部空间,包含灵动空间之美、虚实空间之美、流动空间之美、序列空间之美。空间处理应从单个空间本身和单个空间与不同空间的关系两个方面考虑。单个空间的处理应注意空间的大小和尺度、封闭性、构成方式、构成要素的特征(形状、色彩、质感等),以及空间所表达的意义或所具有的性格等内容。多个空间的处理则应以空间的对比、渗透、层次、序列等关系为主,空间的大小应视空间的功能要求和艺术要求而定,大空间的酒店大堂需要气势壮观,感染力强,以使人耳目一新。小尺度的酒店空间较亲切宜人,适合大多数活动的开展。为了获得丰富的建筑空间,设计酒店时应注重空间的渗透和层次变化,主要可通过处理空间分隔与联系的关系来达到目的。被分隔的空间本来处于静止状态,但一经连通,随着相互间的渗透,好像都延伸到彼此之中,打破了原先的静止状态而产生一种流动的感觉,同时也呈现空间的层次变化。空间的对比是丰富空间之间的关系、形成空间变化的重要手段。当将两个存在着显著差异的空间布置在一起时,形状、大小、明暗、动静、虚实等特征的对比,将使这些特征更加突出。当将一系列的空间组织在一起时,应考虑空间的整体序列关系,安排穿越路线,将不同的空间连接起来,通过空间的对比、渗透、引导,创造出富有性格的空间序列。在组织空间、安排序列时应注意起承转合,要让空间的发展有一个完整的构思,创造一定的艺术感染力,如澳门摩珀斯酒店(如图3-1)。

图 3-1　澳门摩珀斯酒店

(二)多维空间审美

自工业革命后,现代建筑设计以崭新的面貌展现在世人的眼前,并且彻底地否定了工业革命前的设计风格。多维空间的出现为酒店建筑的空间感受带来了新的气息,使得酒店空间形象呈现多元之维度。

利耶帕亚温泉酒店(如图3-2)的设计在漫长建筑历史中,以公共浴室的空间建筑类型见长。拱顶在公共浴室建筑设计史上极为重要,也是极富代表性的空间组织元素。它代表着罗马浴室建筑最前沿的建造技术,为中世纪无数的奥斯曼帝国浴场创造出昏暗而又神秘的氛围,并一直延续到文艺复兴与巴洛克时期的建筑中去。而在这些建筑之中,拱顶在空间组织与氛围营造中的关系相伴而生,其通过强化空间的向心性与独特性,进一步突出了其底部圆形的重要地位。

图 3-2　利耶帕亚温泉酒店

凭借着极为高效的空间利用与营造氛围的特点,拱顶受到了希望能够强化君主制、一神论或是独裁统治等中央集权制概念的拥有者的青睐。20世纪初,这种建筑形式因与政治相关而受到了质疑,其形式也经过了后现代主义的改良。

第三节　酒店装饰艺术

旅行所到之处,必然要下榻于酒店、宾馆、客栈或民宿。置身异地他乡,人们对所居住的空间环境会格外敏感,他们会把周围的空间环境视为旅游生活的有机组成部分,会自觉或不自觉地依据个人的审美趣味,或从以往的旅游审美经验出发,或受新奇感的驱使,对自己居住的空间环境与就餐环境进行一番品评,品评其中的陈设布置、装饰风格、美学情调和地方色彩等。

酒店中的空间艺术,主要体现在装饰艺术的美学化、艺术品陈设的个性化和地方性上。比如,中国传统图形艺术源远流长,是数千年来众多能工巧匠在创作过程中的智慧结晶。它们大多具有深远的意境、厚重的底蕴、极高的观赏价值,表达了人们对美好生活的向往。中国传统图案很丰富,如商周时期的回纹、云纹、象纹等;北魏时期的飞天、莲花以及忍冬纹等;还有唐代久负盛名的唐三彩、宝相花、折枝花;宋元时期高洁雅致的莲花、牡丹花,这些灿烂的装饰图案是经过数千年文化的浸润和考验才传到如今的,是我国古代文化的艺术精华。中国人自古喜爱吉祥图案,吉祥图案的主题大多表现丰足、喜庆、幸福、平安、多子、长寿、升官、发财等。还有各种具有象征寓意的祥禽瑞兽,如麒麟、凤凰、十二生肖,各式的纹样符号,如福禄寿、万字纹、祥云纹等,图案拙中藏巧,朴中显美,具备特有的装饰风格和民间语言,给人们带来精神上的愉悦,这些传统的吉祥图案及纹样经逐步挖掘、变化和改造,在酒店中的地毯、布草、窗帘、员工服装、企业形象标志设计中可以采用。中国画中的一些重要的元素,如龙、凤、麒麟、鹤、鱼、鸳鸯等动物图案和松、竹、梅、兰、菊、荷等植物图案,具有独特的魅力和旺盛的生命力,也可以成为酒店装饰的重要元素。

中国的书法和绘画具有很高的文化地位,同时也是很好的酒店装饰品。书法作为室内设计中的一种中式元素越来越多地受到人们的认可与欢迎,它的美学价值愈来愈为人们所认识。因此,现代空间装饰已经离不开书法元素的点缀,用书法、绘画、古玩为酒店装饰点缀空间,能提升酒店文化品位,吸引回头客。在酒店的公共区域,书法、绘画、古玩、陶瓷工艺品是常见的陈设。此外,玉雕、石雕、木雕、瓷器也可以表现酒店的个性和地方色彩。在酒店客房的装饰中,可以根据酒店总体装饰风格,配以绘画,书法或摄影作品。在酒店餐厅的空间设计上,可以根据风味餐饮的特点,结合地方风土人情,配以当地的绘画、摄影、雕塑、陶瓷等,使旅游者直观地感受到当地的民风民俗。例如,亚朵酒店以"阅读"和"人文摄影"两大文化主题吸引着热爱读书和摄影的消费群体,精心设计顾客的旅游生活体验。具有属地文化的摄影作品展示在亚朵的每一个角落,每家酒店里都有其专属的属地摄影,摄影内容涵盖社会、自然、文化等,顾客在每一个城市的亚朵,都能通过摄影作品开启一段独特的旅行生活。西安唐乐宫餐厅的装饰风格沿袭了唐代的宴席形式,室内空间以金、红、白为主调,其间点缀宝相花、折枝花、团花、卷草等装饰纹样,墙面上悬挂着唐代风格的宫廷仕女图,这些金碧辉煌、雄浑壮丽的装饰元素,带领人们重温了"开元盛世"的风采。

一、装饰艺术

装饰是一种对特定的建筑物或室内物品按照一定的思路和风格进行美化的活动或行业。建筑装饰是建筑物或者构筑物的重要组成部分,其传统功能在于美化建筑物。发展到现在,建筑装饰的功能不仅限于美化,更多的是优化建筑环境。

(一)装饰构造的基本方法

装饰构造的基本方法主要有现制方法、装配方法、粘贴方法等。其中,现制方法主要是针对各种装饰饰面、幕墙单元体等的;装配方法是将铝合金扣板、石膏板、压型钢板等材料与构筑物之间采用柔性或刚性连接方式;粘贴方法是将成品或半成品材料与建筑物构件粘贴。

(二)建筑装饰的主要内容

建筑装饰的主要内容包括人体工程学原理应用、建筑装饰的空间组织与界面处理、建筑装饰材料的选择与运用、建筑软装、建筑绿化与庭院设计等。

二、装饰与酒店设计艺术

(一)展现酒店风格

酒店室内装饰设计是为了满足酒店居住和膳食的需要,为了创造完美的、立体的四维空间形象,以便客人体会到"宾至如归"的感觉。所以,能否达到实用性与艺术美的相互融合、完美统一,是衡量环境空间艺术设计水平优劣的基本标准。所谓建筑艺术的创作,正是以实践的态度,以直接借助物质媒介和特殊形体结构的形式,体现一定民族、一定时代、一定社会的审美意识。许多酒店环境的设计将现代主义、极少主义、高技术主义等信奉为唯一设计原则,这也是极错误的发展趋势。我们的生活之所以多姿多彩,正是由于不同的民族背景、不同的地域特征、不同的自然条件、不同历史时期所遗留的不同文化而造成了世界的丰富多样。从这一点上来讲,越具有地域性也就越具有世界性。酒店的室内装饰设计在功能上要满足使用需求,与国际接轨,而酒店的审美表现、文化精神、艺术风格及价值取向则要考虑地域性及文化性的特色。能够反映出时代的印记、文化的象征以及地方特色的酒店环境设计,是一个酒店设计的成功所在。"一方水土养一方人",让每个酒店环境都能真正成为自己的家园,拥有自己的历史,有自己的审美风格及表现语汇,这样就能创造出和谐而又多姿多彩的酒店室内环境。

(二)强化酒店审美功能

一个设计师在开始设计酒店时,首先要弄清的是要建造一个什么类型的酒店,也就是给酒店一个定位。酒店的定位包括:这是一个什么类型的酒店? 它的规模是怎样的? 它是豪华型的还是中低档的? 它是否属于品牌经营? 它的星级是什么? 它的服务对象是谁? 设计前,酒店的定位一定要明确,绝不能模棱两可。如果计划建造一个五星级酒店,同时又想吸引三、四星级的客人,就属于不合理的定位。设计师一定要弄清楚酒店迎接的是一些什么样的客人,有多大的建筑面积,同时在进行市场分析后开始设计,这样才会获得良好的设计效果。在建造酒店之初,设计师通常会制订一套设计方案,来表达和说明未来的酒店在此方案的指导下会设计成什么样子。当设计师开始真正设计时,一定要坚持认真执行自己的方案,最好不要轻易改变最初的设计构思,否则会导致管理者经营策略的改变,也就是说,这在某种程度上会改变酒店的功能定位。设计是深入酒店经营的方方面面的过程。客房、厨房、客用电梯、互联网等,很多酒店功能的组成部分都应成为设计的重点。

三、酒店色彩审美

色彩是酒店设计中最重要的因素之一。它既有审美作用,又有表现和调节室内空间气氛的作用,而且它能通过人们的感知、印象产生相应的心理影响和生理影响。酒店室内外色彩的运用,能左右人们的情绪,并在一定程度上影响人们的行为活动,因此色彩的完美设计可以更有效地发挥设计空间的使用功能,提高酒店的空间品质,色彩设计在酒店室内外设计中有如下作用。

(一)调节空间感

运用色彩的物理效应能够改变室内空间的面积或体积的视觉感,改善空间实体的不良尺度。不同的空间有着不同的使用功能,色彩的设计也要随着功能的差异而做相应变化。

空间可以利用色彩的明暗度来创造气氛,使用高明度色彩可获得光彩夺目的空间气氛;使用低明度的色彩和较暗的灯光来装饰,则给予人一种隐蔽性和温馨之感。具体在设计中,我们能够看到色彩并不是单一设置,而是以多种色彩相互配合、调节和搭配的方式出现。例如,红黑两种颜色作为经常搭配的颜色,常用来表示一些厚重的纪念场所。红黄亮色作为鲜艳的颜色,经常被用来表示一些突出的地方色彩。当然,在具体的情况下,色彩也应当配合一定的材质和肌理,要以当地产出的材料为基础进行设计,这就需要建筑师充分了解当地的具体情况并适当选材。

(二)体现个性

色彩可以体现酒店的目标人群。一般来讲,定位年轻人的酒店色彩丰富些,且室内选择暖色调;定位中老年人的酒店色彩,通常选择冷色调,因为他们比年轻人更喜欢安静。实际情况中,色彩对目标人群的作用也具有多样性。以往的研究认为幼儿喜欢较为鲜艳的颜色,所以幼儿园等场所往往都采用较为突出的亮色调,在酒店的儿童游乐区也往往如此。然而,在当代的日本幼儿园和北欧幼儿园,采用木质色彩也获得了较好的效果。这很有可能是因为在日本和北欧,许多家庭都采用木质建筑作为家庭建筑的基本材料,孩子能够很好地适应以这种木质材料和色彩设计的幼儿园。这说明,色彩的使用并不是非常僵硬和固化的,是需要随着当地的文化特色和民族特征而变化的。因此,在具体的酒店设计中,要格外注意酒店当地的特色、酒店主要服务人群的年龄、消费能力、文化素质等综合因素。

(三)调节心理

色彩是一种信息刺激元素。高纯度的色相对比,会使人感到过分刺激,容易烦躁;过少的色彩对比,则会使人感到空虚、无聊,过于冷清。当代的一些心理学研究说明色彩能够对人和动物产生一些刺激性感觉。我们在西班牙斗牛中就能够发现,红色是能够刺激公牛的有效颜色,甚至斗牛士都会穿着特殊颜色的服装。在西班牙乃至整个西语世界里,斗牛士被视为英勇无畏的男子汉,备受西班牙人的敬仰与崇拜。西班牙斗牛士的地位高出一般的社会名流和演艺界人士。这个独特的人群具备高雅、勇敢的灵魂,他们将技术和体力、柔美和勇猛完美地结合到了一起。所以,在酒店设计中,我们也要注意酒店颜色从文化背景方面出发对人们心理的影响。例如,在延安,我们能够看到大部分酒店和街道都以红色命名,也被涂上了红色。这是因为红色代表了中国共产党的基本颜色,是中国共产党党旗上的基础色,这种基础色能够极大地刺激旅行者的视觉神经,不自觉地将红色文化和延安相互结合在一起。

（四）调节室内温度感

室内温度感随着不同颜色搭配方式而变化。在色彩设计过程中，采用不同的色彩方案主要是为了改变人们对室内温度的感受。在地中海地区，我们能够看到许多沿海地区的房子都采用了希腊地中海风格。希腊地中海风格以纯美的色彩、不规则的线条、取材自然、拱形的浪漫、明显的民族性深受人们喜爱。希腊小麦色墙面深深浅浅的凹凸之间仿佛吐纳着谷物朴素的香气。大面积的蓝与白相互交叉，清澈无瑕，诠释着人们对蓝天白云，碧海银沙的无尽渴望。但季节和地域的气候是循环变化的，因此要因地制宜地根据所在地区的气候常态来选择合适的色彩方案。窑洞式住宅是陕北甚至整个黄土高原地区较为普遍的民居形式，分为靠崖窑、地坑窑和砖石窑等。中国西北部地区气候干燥少雨，冬季寒冷，木材较少，黄土高原地区气候较干旱，且黄土质地均一，具有胶结和直立性好的特性，土质疏松易于挖掘，故当地人民因地制宜创造性地挖洞而居，不仅节省建筑材料，而且具有冬暖夏凉的实用性。所以，色彩在调节室内温度感觉上更多起到的是辅助作用，而不是强制作用。

（五）调节室内光线

室内色彩可以调节室内光线的强弱，因为不同色彩都有不同的反射率，如白色的反射率为70%～90%，灰色的反射率为10%～70%，黑色的反射率在10%以下。在酒店室内外设计过程中，应根据不同房间的采光要求，适当地选用反射率低的色彩或反射率高的色彩来调节进光量。在酒店中的一些特殊房间，如酒店中的小酒吧、咖啡吧等颜色就要按照设计要求进行综合性考虑。因为酒吧和咖啡吧更加强调灯光的利用，特别是在夜晚通过氛围灯对整体空间的色彩的调整。还有一些灰色空间，如过道、电梯、楼梯等则可以考虑采用反射率低的色彩，避免和主要空间的亮丽色彩形成重复，从而破坏主要空间的层次感和重要性。另外，当前一些高级酒店的卫生间也开始普遍采用白色为主的设计，这并非简单的强调反射率，而是希望通过白色的大面积使用和维护，来表明其清洁程度。

在色彩运用上，最成功的品牌是万豪旗下的W酒店，洲际旗下英迪格酒店及希尔顿旗下的嘉悦里酒店。嘉悦里品牌（如图3-3）将橙色运用得非常成功。

嘉悦里酒店位于历史悠久、文化底蕴深厚的杭州市中心的"鲜活地带"，毗邻湖滨商圈——城市的商业、购物和娱乐中心，举步即达世界文化遗产西湖风景名胜区。酒店以聚焦精英的百汇万花筒为设计理念，将意趣集贤之地的杭州西湖历史文化以及百汇万花筒西式几何元素融入酒店设计，以鲜活的入住体验为宾客带来沉浸式的当地体验。宾客从酒店步行即可探寻杭州的众多人文精粹，探索杭州的历史街区，欣赏西子湖畔的风景，体验当地的传统美食，酒店为热爱探索独特多元城市文化的旅行者再添一处充满活力的住所。

图 3-3　杭州西湖希尔顿嘉悦里酒店

　　160 间客房和套房为宾客提供恰如所需的便捷与舒适。客房内嘉悦里特有的床顶棚的设计与酒店入口处的屋檐遥相呼应，它们的设计灵感来自希尔顿嘉悦里的英文名——Canopy。"Canopy"的中文翻译是森林中天蓬状的树冠层，故特以此含义设计的床顶棚寓意着在它的庇护下，宾客可以舒心休憩，活力向前，这也是希尔顿嘉悦里"你出行，我关'罩'"在设计上的体现；每间客房配备的舒达床垫进一步为宾客营造理想的睡眠环境，床垫的海绵层为身体提供恰到好处的灵活支撑，另有体温平衡技术实现床垫智能温度控制。敞开式搁衣架让宾客能轻松放下提包和外套，随即坐在窗边躺椅上欣赏窗外的街景。宾客还可尽情享用舒适浴袍和奢华洗浴用品。其他客房服务设施包括雀巢胶囊咖啡机、戴森吹风机、JBL 音箱、宽敞工作区和免费的无线网络。套房将带来更宽敞的私享空间和嘉悦里的特色浴袍、Tara Smith 品牌洗浴品，以及外包装上印有"你出行，我关'罩'"的嘉悦里特色的橙色鞋袜。

　　"花蜜里"餐酒吧兼具咖啡、餐食、酒吧的功能，宾客可享用融合中西特色的美食分享盘，精选小食，精致下午茶和日式串烧等。作为多功能空间及社交场所，不管是工作期间，或是休憩和娱乐时，餐酒吧的餐品都方便宾客即时享用，随时供应的醇香咖啡让宾客一整天都能元气满满。宾客可在"花蜜里"餐酒吧品尝采用本地新鲜食材精心烹制的匠心早餐或在客房享用递送上门的随身早餐包。每晚举办的"悦品鉴"饮品赏鉴会，将提供别具匠心的招牌鸡尾酒、葡萄酒或本地精酿的啤酒品鉴体验，让宾客从美食美酒中了解本地的文化特色。

📹 知识延展

酒店实例欣赏

思考与讨论

1. 阐述建筑景观与园林景观的区别与联系。

2. 阐述建筑景观的美学特性。

3. 阐述中国古典园林的组成要素及美学思想。

4. 分享你眼中最美丽的建筑景观、园林景观。

5. 找寻你眼中的最美酒店,并对其在空间美、装饰美、色彩美三方面进行分析。

阅读材料

1. 纪录片《中国建筑之父:梁思成和他的妻子林徽因》。

2. 梁思成:《中国建筑史》,生活·读书·新知三联书店,2011。

3. 陈波:《挺有意思的中国古典园林史》,中国电力出版社,2019。

参考文献

[1] 刘晖. 旅游美学[M]. 北京:中国人民大学出版社,2018.

[2] 于德珍. 旅游美学[M]. 2 版. 天津:南开大学出版社,2012.

[3] 王柯平. 旅游美学导论[M]. 北京:旅游教育出版社,2011.

[4] 王远坤,蔡文明,刘雪. 酒店设计与布局[M]. 武汉:华中科技大学出版社,2020.

第四章 日常餐饮的美食体验

　　美食之所以被称为美食而不是饮食，是因为中国人对于食物和进餐有着较为苛刻的要求，不仅认为食物应当做到食材本身的新鲜，以及符合地方时令特色，加工的方式也要根据食物特色创造，有蒸、煮、炖、烤、焖、红烧、炒、炸、煎、拌等丰富的烹饪技巧，有盐、白糖、色拉油、酱油、料酒、醋、茴香、辣椒、淀粉、葱、姜、蒜等复杂多变的调味料，甚至还有对餐具的要求和理解，以及为美食取一个美妙的名字，赋予其中国人特有的情怀和期待。更重要的是，人们对于美食本身的依赖和向往，让中国餐饮成为世界上最为多样的餐种，有着世界上最为复杂和多样的菜谱和菜系。中国厨师们出神入化的各种创作，已经成为一种世界文化遗产，而非单独的一种进食必需品。正是在这种意义上，国家各部门和联合国教科文组织都对中国美食有着很高的评价，出台了保护中国美食的各种举措。所以，美食并不仅仅是食物，它之所以是美食，是因为它不仅色香味美，能够在外形上吸引人们的视觉，能够在味道上吸引人们的嗅觉，在吃起来的时候激发人们的味觉，更重要的是，美食创造了一种美学文化，一种坚持向上、向善向美的中国美食文化。

　　美食文化是中华传统文化中的瑰宝，是旅游生活中不可或缺的重要组成部分，也是美学发展中重要的一环。美食文化旅游是由饮食文化带动的旅游，是将饮食文化与旅游活动相结合，以品尝美食、了解中国饮食文化为主要内容。加强对饮食文化、饮食文化美学特性、食物的美学意蕴、茶酒的美学意蕴等知识的了解是提升自身美学鉴赏能力的重要途径；了解饮食文化流变及当今酒店企业在饮食文化传播、传承及创新方面的努力有利于升华自身美学素养和提升职业认同感。

第一节　饮食文化

　　随着人类社会的进步，特别是饮食的社交属性凸显后，饮食的含义早已突破了吃喝的范畴,更多是一种人的自然属性和社会属性的共同体现。就其自然属性而言,饮食本身是人类生存的一种本能活动,是为了生存而必须进行的行为。但在原料的获取与生产阶段、饮食的制作阶段、饮食食用阶段以及饮食禁忌、传统形成阶段都有深刻的文化印记。饮食与文化自然而然地发展出了密切的联系,一个民族的饮食规律能够反映出该民族的文化本质,其文化则承载和映射了该民族饮食习惯。

饮食文化是指人类在饮食生产和消费过程中产生和发展的文化现象。关于饮食文化的含义,有狭义和广义之分。狭义的饮食文化是指人们在长期的饮食消费过程中创造和积累的物质财富和精神财富的总和,是关于人类吃什么、怎么吃、为什么吃的学问,涉及饮食品种、饮食器具、饮食习俗及饮食服务等。广义的饮食文化则是指食物原料开发利用、食品制作和饮食消费过程中的技术、科学、艺术,以及以饮食为基础的习俗、传统、思想和哲学,是人们饮食生产和饮食生活的方式、过程、功能等结构组合而成的全部饮食事项的总和。

一、中国饮食文化的原则和特性

饮食文化包括了物质文化、行为文化、制度文化与精神文化四个层面,其产生的载体是饮食的生产、食用和消费,在此过程中自然产生。饮食文化已广泛渗透于生活的各个领域。所谓物质文化指的是饮食过程中所产生的一系列与食材、烹饪器材、酒店等经济活动相关联的物质性文化。行为文化指的是饮食制作、食用、饮用中的一系列人类行动。制度文化指的是针对饮食的食材、制作流程、制作规范、制作条件等的规范性文化。精神文化指的是针对饮食特有的某种理念、信念,常见在某些针对饮食有着强有力欲望的餐饮工作者身上。要注意的是,物质文化、行为文化、制度文化与精神文化四个层面并不是完全独立的,而是以一定的关系相互联系着的。例如,当我们讨论文旅融合发展下,杭州河坊街景区管理制度提升改造后,河坊街的当地特色小吃小卖部改进自身产品的制作方法,以网络文化和网红卖点为出口,将制作食品和影视文化相结合,充分展示了杭州特殊的饮食文化。

世界各国和民族文化本身具有差异性和独特性,各个国家和民族的饮食文化间也存在许多表象差异和深层差异。中国悠久而深远的历史文化,塑造了中华民族特有的、延续发展的饮食文化和内涵丰富的饮食思想,这种深厚的思想渊源,表现为中国饮食文化基础理论的四大原则以及四大特征。

(一)中国饮食文化的四个原则

1.食医合一

食医作为极具中国特色的一种医疗形式早在远古时代就已产生。食医指古人从中医的角度来研究烹饪和饮食,结合中国传统哲学中的阴阳五行、传统医学性味归经等学说,以药食同源的理念为基础,通过饮食为人们治疗疾病,调理身体。中医很早就认识到食物不仅能提供营养,而且还能治疗疾病。中国古代食医研究饮食疗法,从现有文献考证,在先秦时代就已经具有很完善的理论体系和实践案例。《周礼·天官》记载,周朝时就已把宫廷医生按医疗性质分为多种类型,但食医在宋代以后就基本消失,或者融合到其他医种之中。食医的一些理论如"五味相调""性味相胜""以形补形""所宜所忌"等已被现代医学逐步接纳和运用。从"医食同源"的实践和理论中派生出了中国饮食思想的重要原则——食医合一,获取营养和医治疾病由此成为饮食最重要的双重功能。

2. 饮食养生

饮食养生源于医食同源的认识和食医合一的思想与实践,是旨在通过特定的饮食调理以达到身体健康及长寿目的的理论和实践。中国古代的医学家很早就对饮食养生不断进行探索与实践。东晋人葛洪主张"养生以不伤为本",在饮食方面应当"不欲极饥而食,食不过饱"。唐代著名医药学家孟诜是与孙思邈齐名的唐代四大名医之一,其著作《食疗本草》是世界上现存最早的食疗学专著。他提倡的饮食养生法则与现代营养学的原理相一致,为我国和世界医学的发展做出巨大的贡献,被誉为世界饮食养生学的鼻祖。元明相接之际著名养生家贾铭不仅写出了我国第一部论述饮食禁忌的专著《饮食须知》,而且身体力行。近代医学家张锡纯在《医学衷中参西录》中也指出饮食与养生的关系。饮食与养生都是围绕人的身体健康展开的,饮食不足或不当都会导致身体健康问题;饮食适宜有利于减少疾病的发生,达到健康长寿的目的。

3. 本味主张

"民以食为天,食以味为先,味以本为好"。注重原料的天然味性,讲求食物的自然之味是中华民族饮食文化很早就明确并不断丰富发展的一个原则。在中国历史上"味"的含义是在不断发展变化的。"味"的早期含义为滋味、美味,"滋"具有"美"的意思。触感与味感共同构成了"味"的内涵,也就是说"味"的早期含义中包含着味感和触感两个方面的感觉。中国古人认为性源于味,故对食物原料的天然味性极其重视。"本味"一词,首见于《吕氏春秋》,全书共160篇,"本味"就是其中一篇,是我国第一篇对调味做了系统论述的文章。对本味论阐述最完善的非清代美食家袁枚莫属,他从根本上发展并完善了本味论。袁枚非常重视食物的"本味",指出"凡物各有先天,如人各有禀赋""一物有一物之味,不可混而同之"。他希望制成的菜肴都能"使一物各献一性,一碗各成一味"。

4. 孔孟食道

所谓孔孟食道,即春秋战国时期孔子和孟子的饮食观点。孔、孟两人的思想具有明显的师承关系和高度的一致性,其追求的饮食风格是以养生为宗旨的简单和去奢华。孔子的饮食思想和原则集中地体现在"食不厌精,脍不厌细"这八个字。在孔子生活的时代,无论是食物食品结构、烹调工具和方法还是饮食习惯和风格都是比较简陋和粗糙的。孔子食道中的"八字主张"引申为日常生活中的一般原则就是,食物原料的选择、加工、制作都要严肃认真并重视卫生,充分利用食物的天然物性,发挥技艺水平,使物性美的利用和加工技艺的发挥都达到最佳状态。孟子的饮食观念继承了孔子的理论与思想,他认为进食遵循礼仪是关乎食德的重大原则问题。孔孟食道是中国古代历史上饮食文化的伟大思想,是秦汉以下两千余年中华民族传统饮食思想的主导与主体,同时也是影响至今的中国人饮食生活实践中的重要因素。

二、中国饮食文化的主要特征

(一)历史延续性

中国饮食文化有着悠久而辉煌的历史,它起源于人类早期的觅食,历经石器时代的孕育和萌芽到夏商周的初步形成,秦汉到唐宋蓬勃发展,至明清成熟定型,最终进入近现代繁荣创新时期。每个时期,中国的饮食不论是在物质上还是在精神上都极富特色,尤其是在饮食器具、原料、烹饪技法、产品、著述等方面都有自己的独特之处,并对世界饮食文化产生了巨大影响。中华文明具有悠久的历史延续性,作为中华文明的重要组成部分,中国饮食文化也同样具备该特征,是存在于现实中的最能反映历史延续性的饮食文化。

要注意的是,中国人的饮食在习惯于继承古代传统的同时,更善于结合外来的饮食文化和食物,将外来食物变成中国人的特色餐饮。例如,唐朝时引入的石榴、芝麻、葡萄、核桃、西瓜、芹菜、大葱、大蒜等经过中国历代人的播种和实验,已经广泛存在于中国大地。还有辣椒、玉米、番薯等中国人喜爱的食物都来自国外,但是经过中国人长期的嫁接、培育,这些作物适应了中国的自然条件和农耕习惯,能够在中国进行种植。例如,玉米凭借其较少的需水量成为黄土高原等缺水地区的首选作物,番薯由于其产量大、热量较高等特征在人口众多、耕地较少的江南地区曾经大量种植。

(二)多类型交融性

马克思主义告诉我们,社会存在是指社会物质生活条件的总和,社会物质条件主要包括地理环境、人口因素和物质生活资料的生产方式,其中生产方式起决定性作用。中国饮食文化形成的决定性因素是生产力的提升和生产关系的转变和提升。但是,同时我们也要注意到中国地貌的多样性也在造就中国饮食文化的多类型交融性中起到了重要的作用。

中国西南地区多山多水,所以这个地区的食物较为复杂多样,中原地区多平原适合种植各种经济型作物,在西北地区放牛放羊则更为适合。中华民族的形成经历了从逐渐融合到巩固强化的过程,在这个过程中,生活在不同地理环境、社会环境和民族中的人们的饮食文化也逐渐融合,形成了交融性显著的饮食文化。在有着广袤的草原和草甸的中国东北和西北以及西南的部分区域,人们逐水逐草而居,诞生了游牧文明;在临海而居的东部沿海及台湾地区,民众以海洋渔产为生,属于海洋文明;广阔的内陆则是典型的农耕文明。中国饮食文化就是在这三种类型文明相互交融、相互作用下形成的,呈现出类型众多、包容性强的特征。

(三)工艺技术多样性

中国饮食文化的繁荣与其复杂的烹饪技艺有着密不可分的关系。中国地大物博,生活在不同环境中的人们获取的饮食原料之间差异巨大,山珍、水产、谷物、肉、奶等在不同的生长环境下,也具有了独有的属性。人们因地制宜,根据不同的物产创造出不同的烹饪技艺,并且在长期的饮食生产和生活中不断追求着烹饪技艺的精益求精和复杂多样。例如,东坡肉就有"黄州"、杭州、湖州、徐州、"密州""眉州""儋州"等多种做法;烧的技法就有红烧、白烧、干烧等。有些烹饪技艺是地方所特有的,如川菜的开水、鱼香,江西的瓦罐煨汤,鲁菜的扒,粤菜的焗等。随着快餐的飞速发展和官府、宫廷等贵族饮食的普及,尤其是烹饪工业化和标准化的发展,中国饮食文化工艺技术复杂的特征也逐渐弱化,容易操作、节约时间、规模化成为快节奏生活中各方对饮食烹调的要求。不过,随着人们个性化需求的增加,饮食非物质文化遗产的复兴和美食旅游的发展,一些面临失传的复杂的烹饪技艺得到了保护和新生,中国饮食文化中的工艺技术复杂性特色依然突出。

虽然中国饮食文化的工艺技术具有多样性,各地的烹饪工艺技术相互之间互相学习互相促进,形成了广阔和复杂的各种菜系,每个菜系有着各自的饮食特点、饮食习惯和饮食材料,也更多的只是符合当地民众的口味,过了一个省、一座山、一条河就可能发生饮食不适应,甚至水土不服的情况。但是由于他们基本上都秉持中国饮食文化的一些基本理念,如前文提及的四个原则:食医合一、饮食养生、本味主张、孔孟食道。所以,在广义上,它们依然都属于中国饮食文化的一部分。

(四)模糊性与科学性交织

在中餐的制作过程中,主料、辅料、调料等用量的控制更多来自于烹饪者基于烹饪经验的把握,尤其是火候的控制更是如此。人们在食用和消费过程中对菜肴的评价标准也没有固定的客观标准,更多来自主观喜好和偏见,这铸就了中国饮食文化中的模糊性特色。少许、若干、一些这些词语被广泛运用在中餐饮食制作过程中,说明中国饮食文化并没有对饮食有特别严格的量上的控制,而是更注重一种感觉,即对餐饮的整体性把握。无论是在中餐制作过程中,还是在中餐饮食过程中,中国人都更加注重餐饮的整体性。例如,某个餐品的价值判断要和它所处的环境相互综合,而非单独判断。一个做得再好的豆腐汤也不会轻易放在江南地区的婚宴上,因为豆腐汤在当地是白宴(豆腐饭,江南地区的一种丧葬饮食习俗)上才会用的一种菜肴。这不仅体现在饮食生产与消费上,还体现在饮食与其他领域的边界区分上。这一特征一方面受阴阳五行等朴素哲学观念的影响,另一方面是因为饮食生产和审美的确需要时间的历练。直至今天,尽管食品科学的发展已经可以让饮食生产达到严格量化和程序化,但中国人在饮食生产中依然延续着模糊性这一理念。这不仅是传统的固化作用,而且是模糊性中体现着一定的科学性。饮食生产制作中依靠长期经验对原料和调料进行细微调节,模糊性与科学实践性交织。

当前,随着中餐饮食的发展,特别是在科技发展的情况下,一些生物技术和食品安全的相关知识开始进入到中餐饮食制作过程中,这些带有科学成分的技术手段在一定程度上增加了中餐的安全性。当然,在科技的帮助下,中餐饮食也出现了一些精细化的表现。例如,中国人在注重养生的同时,也开始注重卡路里、维生素、蛋白质等一系列现代科学摄入标准。近年,更加注重不同年龄段人群的饮食需求。

第二节　饮食文化是一种审美文化

"国以民为本,民以食为天"。人类不能没有食物,食物是人类的物质生活基础。人们不仅会吃食物,更会饮食。也就是说,人们在吃食物的时候不仅仅是为了吃饱,更多的是在追求某种视觉、味觉和嗅觉上的感官愉悦,甚至是某种民族性和地方性的文化体验。每个人都会在自己的饮食中多少掺入一些美学的成分。这种美学成分可能是视觉审美上的一些成分,也可能是一些味觉上的组成。任何一个人都不会希望自己所吃的饭是不好吃的。所以,我们能够看到当下的一些大学生每天都在讨论三个问题:早饭吃什么、中饭吃什么、晚饭吃什么。这并非只是一个嘲讽大学生每日的不作为和生活的单调的笑话,换个角度看这恰恰说明了大学生能够认识到食物并不仅仅是吃饱,而是需要具有美学成分才能够让人愉悦的事物。饮食美学即为人类最为根本的生活基础之中的审美意识。

饮食的美为人们的生活增添了色彩、情趣,它是人们对生活美的追求与享受。饮食中的美是具有普适性的,是所有人都能体验和感知到的,但又常常为人所忽视。实际上,美早就孕育在饮食之中。东汉的许慎在《说文解字》中对"美"字的解释就是："美,甘也,从羊从大,羊在六畜主给膳也。"北宋的徐铉对此注解："羊大则美,故从大。"美是从食物中提炼出来的感官愉悦,所以味之美可以说是所有美的基本。此后,关于饮食之美的词汇不断出现,如美酒、美食、鲜美、甜美等,可见,人类的审美意识与饮食密切相关。

现实的饮食活动涉及了食品生产、流通、消费的全过程中发生的经济、管理、技术、科学、艺术、观念、习俗、礼仪等方面的各个环节。在这个过程中,美食作为一种审美产品,它不仅是审美的精神创造物,而且是物质的饮食消费品。一方面,各种美食要在一个庞大的社会文化体制中进行生产,在不同的餐饮文化背景下,不同的饮食美创造者会按照自己对饮食生活的理解、认识和体验,自由创作某个食品,并赋予其具体的社会价值和文化意义;另一方面,通过品尝美食,食客按照自己的审美情趣对饮食美学及其餐饮产品进行理解、把握,实现对应美食的"观念再创作",最终完成饮食审美活动。与此同时,欣赏者和消费者也通过自己实际饮食审美对象的选择,表达了其对饮食美的需求取向,为饮食美创造者的饮食新创造指明了方向。因此,饮食审美活动是在"饮食美创造为饮食审美提供客观的饮食审美对象;而饮食美消费的实际过程产生新的饮食审美需要,驱动饮食审美生产的发展"中形成的一个动态循环、螺旋上升的发展机体。

饮食美学是以美学原理为指导,将美学与烹饪学、服务学、心理学、社会学、管理学以及艺术理论的具体结合和有机统一,专门研究饮食领域的美及其审美规律的新兴交叉学科。饮食美学审美规律涵盖了审美过程中客体的形态美、主体的美感过程及在此基础上形成的范畴美以及在饮食制作过程中饮食美创造者的生存状态美。

一、饮食美学的本质

一个完整的饮食审美活动单元过程可以简述为人们通过其自由自觉的餐饮生产劳动将其本质力量物化到食品中,即按照人的意志改变食物的状态,如它的色、香、味、形等。食物是表现人在餐饮生产劳动时动态过程的载体。对食物的观照、欣赏,实质上是人们在自由的、有意识的餐饮生产实践中,将自己的理想目的向现实方面转化,体现了人们创造的能动性,也是人们力量、智慧和才能的实现,从而产生了喜悦,获得了精神上的满足,进一步获得了勇于创造突破的热情和力量,由此产生了美和美感。以饮食环境美为例,环境美是指就餐环境布置格局所呈现出的美感。优美的餐厅环境、别致的台面设计(如图4-1),会伴随就餐者与饮食活动始终,直接影响就餐全过程中就餐者的情绪,给人以美的享受。在自然环境和优美风光的配合下,美景加美食,风光美和饮食美会调动人的审美器官,使得人们的审美情绪与感受达到更高层次。

图4-1　餐厅环境和台面设计

二、饮食审美的特性

饮食美学是人类饮食生活审美活动的必然产物,是人类在创造实践中的一个独特领域。饮食生活之所以能够进入美学领域,在于它本质上具备审美的要素,是一种独特的集合视觉、听觉、味觉、嗅觉、触觉为中心展开的审美。因此,饮食美学无论从它的审美规律,还是从它的审美性质上来看,与传统的视听审美相比,都有着明显的本质区别。

(一)直觉性

饮食美学的直觉性是一种融理性于感性之中的认识方式,饮食审美者在对饮食美学的欣赏过程中,直观地对饮食审美对象进行赏评。例如,欣赏一道菜肴时,饮食审美者不需要了解菜肴的营养和原料等信息,就能为它的颜色、香味、口感而获得美的感受。饮食美感的直觉性是一种既离不开感觉、直觉等感性内容,又区别于感性认识的理性思维。其根本原因在于饮食审美对象不仅有生动可感的具象,而且还有对应于饮食美感中的理性因素的内在本质和一定的生活内容。它们不是概念和逻辑推理,不是直接外露的,而是潜藏、沉淀在对美的感性形象的品评和体验之中。饮食美感之所以有这样的"寓理性于感性"的直觉性,其深层次的内涵在于饮食审美活动来源于人类长时期从机体需要出发,食用某类食物而逐步形成的对该类食物的饮食美感。长此以往,人的饮食感受形成了适合人类生存和发展的饮食审美系统,并与人的思维功能的逻辑系统相辅相成,组成了思维功能的审美感性系统。此系统使人们在动态的饮食审美中,只需获取直观感受的信息,就能得出跨越理性判断的审美评价。

虽然长期的地方性饮食会让人喜欢上某种特定的饮食特色,如甜、辣、酸等口味,但是这种地方性口味并不会影响人们对于饮食美感的直觉性。好吃的就是好吃的,不好吃的就是不好吃的,它并不会因为地方性饮食特色而发生变化。例如,大学生喜闻乐见的一部餐饮动画——《中华小当家》中的主角厨师小当家刘昴星在一次一次的料理对决比赛中,并非每次都能创作出适合当地人口味的餐饮。特别是作为一名来自四川的厨师,刘昂星更加适合创作川菜而非江南的菜系。但是,刘昂星在一次竞赛中还是发挥出了川菜的特色,在上海评委占多数的情况下,利用川菜打败了上海菜。他表达了好吃的就是好吃的,它并不会因为人的饮食习惯而发生改变。刘昂星的这句话虽然是动画作品中的台词,但是也说出了饮食美感的直觉性特征。好吃的就是好吃的,不好吃的就是不好吃的。

(二)功能性

饮食美感的功能性是指饮食审美活动的社会功能目的,其来源于饮食审美对象的实用性和所表现的社会生活内容。饮食活动既有生理的功能,又有心理的功能,能同时给饮食审美者以维持生命的营养和美感的感知。随着时代的进步,饮食美感在保证实用功能的基础上,会不断增加实现精神功能的饮食美学的表现力、艺术感染力,以充实饮食审美对象的美学内涵。伴随饮食审美实践的长期发展,人们对于饮食需求的层次越来越高,从纯粹的生理需求向心理需求不断上升,使得饮食活动的实用功能性成为饮食美感的潜在内容。

我们在日常生活中能够发现,很多饮食已经脱离了吃饱的范畴,成为了一些具有象征意义符号的食物。例如,星巴克那绿色和白色相间的双尾美人鱼的标志俨然已经成为了资本主义、消费主义、小资情调的一种象征。星巴克将咖啡作为一种带有奢侈品属性的产品进行了价格定位,使喝星巴克成为城市白领的一种象征,甚至是必备品。这种将咖啡和特定人员进行连接定位的方式在很大程度上改变了食物原有的作用,延伸了食物的定义。当然,还有一些饮食带有地方文化的特征。例如,杭州的西湖醋鱼,虽然在一部分人的眼中西湖醋鱼本身并不是一道美味的餐饮,但是往往当他们来杭州旅游时,他们会认为这是一道必须要尝一尝的特色饮食。这是因为西湖醋鱼这个菜名将西湖和鱼合在一起,还使用了江南地区人们常用的调味料——醋进行命名,体现了地方性和文化性的综合,是饮食美感功能性的集中体现。

(三)综合性

饮食审美具有综合性,这是指当我们对事物进行判断的时候往往是一种整体性判断,虽然这种整体性判断中包含了各种已经预设好的前提。例如,我们看到一幅绘画作品描画袁世凯的形态,虽然这幅画画得非常好,将袁世凯的身高、神态、行动画得惟妙惟肖,我们依然会对这幅画具有某种排斥性,因为我们都知道袁世凯是反面人物,是破坏共和,企图称帝的人。但是饮食美感中很少发生这样带有政治价值判断前提的案例,历史传承下来的往往是一些寓意美好,符合主流价值观的餐饮,那些不适合当前政治和社会经济走向的餐饮会被逐步淘汰。例如,端午节吃粽子是为了纪念屈原。当然,还有一些特殊的案例,例如,在民国时期依然还盛行的寒食节,在新中国成立之后由于已经不再适应人民生活条件的改善而被逐步淘汰。

饮食美感的综合性是指在饮食审美活动中需要凭借多种审美感官在整体上对饮食进行审美评价。每道菜肴都有其独特的味、香、色、形、器等方面的美感,对应于人们在味觉、触觉、嗅觉、视觉等方面的感官活动。这是饮食美感的基础构成要素,对于菜肴美感的更深层次的感受,还需要在此基础上形成一系列高级审美心理过程,如想象、理解,以提升饮食美感。因此饮食美感是由各种美的形式、因素综合而成的,其指向人的饮食审美的五官机能,指向感性和理性相一致的精神感受,从而实现多层次、多侧面的饮食审美感受,有助于饮食审美者从整体上把握饮食的美。比如,就餐地点的环境美,就是非直接的由食物激发的美感。温馨的灯光、典雅的家具、精致的观赏品、动听的音乐、独具匠心的设计以及科学的点菜安排与服务节奏,能有效提高味、嗅、触三觉的综合效应,进而达到振奋精神的效果。此时各种感觉所引起的生理、心理活动和周围的情景互相融和,形成饮食审美的最佳境界。

(四)差异性

饮食美感的差异性是指人们对同一个饮食审美对象所产生的审美感受是不同的。造成饮食审美个体差异的原因,第一,不同的审美对象在饮食审美的过程中,会由于自身的生活习惯和偏好等因素影响感觉,从而产生对饮食审美对象的不同审美评价。个人的传统饮食习惯、态度、饮食文化、生活环境、经历、兴趣、修养、个性、气质、潜能等因素,均会对其饮食审美标准产生影响。第二,同一饮食主体的味觉审美标准也会伴随时间和空间的改变而发生变化。随着社会经济发展和文化观念等方面的变化,无论个人,还是民族、地区,其饮食审美的标准都处在变动之中,不会永远停留在凝固不变的标准上,而是始终带有开放的特点。从全人类视角来看,人类的饮食习惯大体上按照以下的趋势在发展:从崇尚浓厚到喜爱清淡,从偏爱肉食到转向素食,从繁复到简单、注重方便,从注重美味到讲究营养等。第三,饮食主体的心境、环境以及生理状况的不同也会影响其饮食审美能力和饮食审美的效果。饮食美感的产生是在饮食主体的生理感觉和心理活动协同配合的结果,任何一个环节的变化,都会给饮食审美带来影响。

在中国历史上有许多著名的具有差异性的餐饮典故。例如,"何不食肉糜",就是一个极端案例。皇帝因为远离百姓,对百姓的饮食习惯和生活环境缺乏一个最基本的了解,所以在灾荒的时候说出了百姓饥饿为什么不喝肉粥的荒唐话。《晋书·惠帝纪》:"帝又尝在华林园,闻虾蟆声,谓左右曰:'此鸣者为官乎,私乎?'或对曰:'在官地为官,在私地为私。'及天下荒乱,百姓饿死,帝曰:'何不食肉糜?'其蒙蔽皆此类也。"后世常以"何不食肉糜"比喻对事物没有全面认知,也指没有亲身经历过的人对别人的困顿处境或行为妄加评论或建议。还有著名的寒食节。寒食节的起源据史籍记载为：春秋时期，晋国公子重耳为躲避祸乱而流亡他国长达十九年，大臣介子推始终追随左右、不离不弃，甚至"割股啖君"。重耳励精图治，成为一代名君晋文公。但介子推不求利禄，与母亲归隐绵山，晋文公为了迫其出山相见而下令放火烧山，介子推坚决不出山，最终被火焚而死。晋文公感念忠臣之志，将其葬于绵山，修祠立庙，并下令在介子推死难之日禁火寒食，以寄哀思，这就是"寒食节"的由来。这两个和肉相关的餐饮典故都告诉我们一个基本事实，人对待同一种食物的心情心态和基本知识内容都有可能是不同的。

三、旅游饮食美学的功用

一门科学的兴起和发展主要是因为它具有实用价值。虽然在中国饮食美学实践发展的过程中，曾出现过一味追求饮食的形式美，造成对食物的浪费和过分加工等非审美化现象，如今已经充分引起了餐饮界的注意和反思。餐饮工作者将美学规律自觉运用于饮食生产过程和社会生活中，使人的饮食美创造和饮食美欣赏达到实用性和规律性统一，而这些正是饮食美学的功用之所在。

（一）弘扬中国饮食文化

中国饮食文化是中华民族灿烂文化的一部分，是我国民族文化的宝贵财产。中华民族在寻求自身发展的历史长河中，不仅以卓绝的智慧创造了世界闻名的物质与精神文化，也创造了体现人类顽强生存力的饮食文化。在中国饮食文化中，蕴含着中华民族的审美趣味、审美心理和审美意识。因此，研究饮食美学，就是对我国饮食文化成就、经验的理论概括，也是对我国传统的民族文化的宏扬、继承和发展，有助于提高国民的民族自信心与自尊心，增强民族自豪感。

目前，遍布世界各地的中餐馆，不仅吸纳了大量的华人就业，而且还是向外国人展示中国传统文化的窗口。据统计，全球目前约有 70 万家中餐馆，主要集中在亚洲、北美和欧洲。第一，亚洲是发展主阵地。全球有 6500 万华侨华人，其中 70% 居住在东南亚。在这里，中餐馆发展比较集中。日本和韩国是中餐在亚洲发展的重要国家，也是国内中餐在亚洲开发的重要市场。日本中餐馆数量约为 8000 家，韩国约有 1 万家。第二，美国中餐发展最为成熟。美国约有 7 万家中餐馆，占美国餐馆总数量的 10.9%，占海外中餐馆数量的 10%；美国从事中餐饮业的人数约为 40 万，占美国餐饮总就业人数的 2.6%。第三，中餐是欧洲华侨华人的支柱型产业。欧洲中餐馆（含外卖店）数量约 6 万家，法国约为 8000 家，其中 3/4 在巴黎；英国有 9000 家中餐馆，1.5 万家中餐外卖店，从事餐饮业为主的华侨华人达到 80% 以上；德国 7000 余家，华人华侨经营的占到 90%；荷兰约为 2400 家，华侨华人经营的占到80%以上。

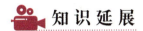 **知识延展**

中餐"西游记"：曾为生计谋，今为生意谋

　　曾几何时，在中餐厅打杂、掌勺、送外卖，成为"北京人在纽约"绕不开的现实。无论是赴美求学的学子，还是出海投资的冒险家，海外的中餐厅似乎是这些漂泊的异乡客最容易站稳脚跟并自力更生的地方。

　　然而，从最初的华工移民在美国经营餐馆以来，一百多年的时间里，中餐始终没能甩掉"低端"和"廉价"的标签。那些为了迎合当地人认知而被改得千篇一律的"左宗棠鸡""芥兰牛肉""蒙古虾"，还有中国人在祖国从未见过的"幸运饼干"，成了美国大多数中餐厅的"标配"。虽然低成本的劳动力、高强度的劳动时间、不太讲究的店面装修和菜式摆盘，支撑起了中餐的低价，但信息的壁垒、经营的低效以及营销的欠缺，同时压减了餐厅可能的利润空间。

　　如今，在美国流行已逾百年的中餐，又呈现出新的发展趋势——当海底捞、香天下、局气、小肥羊、精武鸭脖、贡茶、CoCo都可奶茶等连锁中式餐饮企业来到美国开分店，图的绝不是"混口饭吃"，而是市场拓展、品牌建设的"宏图"。

　　有媒体在分析奶茶如何卷入美国的文章中这样写道，如果你在美国街头问一个年轻人，这几年中国对美国的最大影响是什么，他会回答："Tik Tok，珍珠奶茶和外卖"。前者是互联网时代中国社交产品的全球席卷，后者是新消费浪潮下中餐文化在北美的更新迭代。

　　所谓的品牌餐饮，是指中式餐饮企业到海外后，从餐馆装修到投资规模，到品牌形象再到供应链等整个消费体验的构建，在跨国经营时，都遵循品牌自有文化，并适度因地制宜。让海外消费者通过海底捞来认识中式餐饮品牌，认识中国的美食文化、传统文化，包括中国这么多年发展和变化所产生的好奇、探索都结合在一起了。

　　以前，海外的商务宴请，很少有人选择中式餐饮。它们不被当地人作为高档餐厅、精致料理，而现在中式餐饮已成为海外商务宴请的常见选择。店外排起长龙、名人慕名而来、网红打卡推荐……从"海外谋生"转变为"品牌餐饮"后，海底捞、局气等越来越多的中餐品牌受到海外食客的追捧。

　　据弗洛斯特沙利文，截至2021年，中餐已传播至全球130个国家，海外有超过60万家中式餐厅，2021年海外中式餐饮营收2611亿美元，占国际餐饮市场的9.9%。预计到2026年，海外中式餐饮市场规模有望达4098亿美元。

　　中餐出海不只是品牌塑造，带去的互联网餐饮服务及金融支付配套设施，也改写着北

美餐饮支付格局。"亚裔餐厅占据北美餐饮业 10% 的市场。不过,很多在美国的中餐厅老板能做一手好菜,却不善于利用新技术提高效率。"北美华人餐厅智能 POS 系统市占率最大的 MenuSifu(智能餐饮品牌)创始人王强告诉《每日经济新闻》记者,"疫情期间,我们发现很多餐厅的'自取'业务猛增三倍。于是,决定帮助客户的餐厅全力推行线上订餐和外卖系统,"

不同背景,不同特点,更多的中餐扬帆出海,有的香飘海外,有的水土不服,有的品牌出圈,也有品牌消失。与此同时,海外消费者对中餐的认知在提升,顾客基数也在增加。当多元化的美食融入不同社会的生活方式,文化的景深在中国味道中悄然打开。

弥合偏差,食物无疑是最好的桥梁之一。不同成长背景、持不同意见的人,面对异域的美食,都可以尝试拿起筷子,暂时放下争议,先吃饭吧。

摘自《每日经济新闻》:中餐"西游记":曾为生计谋,今为生意谋(有删改)

(二)促进饮食产业发展

旅游饮食美学通过指导餐饮生产实践,提高餐饮企业产品的综合价值,满足人们物质与精神的双重需求。旅游企业在餐饮产品的生产过程中,能注重将食物内在功能价值和外在美学价值有机结合,将饮食美学与生产科学相互结合、相互渗透,有利于餐饮业的进步与发展。饮食美学一方面能激发人们将积淀在头脑中的审美意识、艺术规律调动出来去创造饮食美,另一方面要求餐饮企业充分运用先进科技作为餐饮产品生产的物质手段,在保证食品营养、卫生等基础功能性的同时,追求饮食活动全过程的审美化。饮食美学使饮食不仅仅是单纯地作为一种满足于人的生存需要的物质而存在,还是能基于其物质外壳下蕴藏丰富的美的内涵,成为一种陶冶人的性情、愉悦人的精神的审美活动。

2021 年,全国 GDP 总额约为 114 万亿,同比 2020 年增长 8.4%。其中社会消费品零售总额约 44 万亿,约占 GDP 的 38.6%,同比增长 12.5%,社会消费品零售总额增速跑赢 GDP。全国餐饮业收入 4.69 万亿元,占 GDP 的 4.1%,占社消零售的 11.3%,同比增长 18.6%,增速也跑赢 GDP。全国餐饮收入比 2019 年下降 1.1%,两年平均下降 0.5%,说明餐饮市场尚未恢复到疫情前水平。2021 年和 2020 年的四季度平均下降 0.5%,降幅比三季度收窄 1.1%,说明餐饮消费恢复速度有所加快。2021 年 1 月至 11 月,餐饮企业注册 301.3 万家,高于 2019、2020 年同期。餐饮企业注销 85 万家,低于 2019、2020 年同期,说明疫情对餐饮创业热情影响不大,餐饮创业者正在加速涌入,餐饮市场将会进一步竞争加剧。2021 年全国餐饮门店突破 930 万家,再创历史新高,但增速已经有所放缓。事实上,在 2020 年末,餐饮门店数量就已超过疫情前的规模。这说明餐饮门店正在经历从"增量"走向"增质"的转变。

（三）普及民众审美教育

饮食美学是对民众进行审美教育,全面建设小康社会,构建和谐社会,实现社会进步的最为普适的有效手段。而自我实现的最高境界又是"超物质"的精神世界。所谓"超物质"是指对物质的精神性超越,但这种超越恰恰又是借助物质形式作为载体的。饮食美学凭借其频繁性、普遍性、基础性,以美的形象感知为手段,以美感心理运动为中介,潜移默化地熏陶和提升人们的审美能力,培养人们的感受力、想象力、理解力,启悟人们的人生价值观,塑造人们的人格境界,最终促使人们成为真正全面而自由发展的人。特别是一些具有中国特色的餐饮美学已经成为当前人们所追求的一些基本需求。例如,中国的茶文化和酒文化已经脱离了单纯的吃饱喝饱功能,成为一种独立的审美体系。茶文化往往体现了中国人的含蓄优雅,酒文化往往体现了中国人的豪放不羁。在网络时代,还出现了一些更为网络化和网红化的餐饮美学,典型代表如李子柒。2015 年,李子柒开始拍摄美食短视频。早期,她的视频虽然创意有余,却质量一般。在拍摄内容的选择上,与奶奶生活在一起的李子柒选择了最熟悉的"农村生活"。其最初设定的话题取自俗语"四季更替,适食而食",后来在编辑的建议下改成了"古香古食"。其间,她曾用了一年多的时间还原文房四宝在古代的制作过程,也用古法制作过手工酱油,甚至以一人之力在院子里用木头和竹子搭了茅草棚和秋千架。2016 年 11 月,她凭借短视频《兰州牛肉面》获得广泛关注。2017 年,她正式组建团队,并创立李子柒个人品牌;6 月 16 日,获得新浪微博超级红人节十大美食红人奖。

知识延展

春宴

总之,饮食美学融科学、美学于一体,构建了人类饮食生活的科学思维和美学思维交叉融合的新思维方式,以此更好地解释饮食美学的基本问题和饮食文化领域许多复杂的审美现象。

第三节　餐品美学

美是一切制品给予人吸引力的原因,饮食餐品也遵循这一规律,美的饮食餐品不仅能

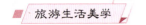
给人带来美好的味觉体验,也能将视觉、嗅觉等感受传递给食者。烹饪艺术融造型、色彩、滋味及实用性于一体,将画家、雕刻家的艺术技巧,通过刀工、调味、烹制、拼盘及雕刻等手段,将菜品的实用性与审美价值融于一体,并予以发扬、传承。

中国传统美学强调真、善、美统一的原则,始终贯穿在烹饪艺术的构思和制作中。饮食美由一定审美要素构成,具有多种不同的类型和档次,继而产生相应的美感效应。饮食美由"饮食真""饮食善"及生动可感的形象所构成。真实是艺术的生命。烹饪中的真,必须是真实的可食用的原料。美学理论认为,"真"是客体对象的认识价值,体现在食物原料之"真"和烹饪工艺之"真"。食物原料之真指食物原料的形状、色泽、气味、味道、质地及营养成分等自然属性及在烹饪过程中的选料规律和变化规律。刀工技艺、配菜方法以及火候控制都体现出烹饪工艺之真,在菜肴制作过程中遵循刀工处理技法的一系列规律,在配菜过程中依循将食物原料相互搭配成菜、成席的营养规律及相关规律,遵循一系列提升食品感官状态的要素搭配的形式美规律,比如均齐与渐次、对称与均衡、比例与匀称、对比与调和、节奏与韵律、多样统一,利用各种食物原料的天然色泽、适宜的形状进行合理搭配,形成和谐统一的菜肴。形式美的规律在烹饪美学中具有普遍意义。整齐、对称、均衡和多样统一等规律的广泛应用,为烹饪艺术的形式美增添了魅力。在餐饮生产过程中做到掌控火候的相关规律,将有利于菜肴色泽、香气形成及品质提高。味道的调和有利于原料提香、增香、去除异味并形成复合味。善就是对人体有利有益,有营养,讲卫生,既讲求对健康有帮助,还要讲究经济实惠。饮食善的三元素体现于营养保健、个人享受及社会交往,从而使人通过饮食达到自我、本我及超我的和谐统一。饮食之美是在虚实之间,通过构思和一系列艺术表现手段,唤起人们的审美情感。食品与饮食过程会通过色、形、声等物质材料及其外在形式表现出来,形成相应的静态和动态形象。静态层面的"色彩动人、造型生动、香气宜人、卫生营养、味道美好、质感极佳"和"优雅适宜的就餐环境、谐调美观的食器搭配"以及动态层面饮食活动所呈现出的"和谐的节奏感、雅致的情绪"综合构成了饮食美学的感知形象。

一、食物美学意蕴

中国饮食文化审美观念蕴含了"天人合一"的思想,以此构建食物的物质形态和精神形态,最终体现为食物的美学意蕴。具体而言,食物的美学意蕴体现于质感美、味道美、触感美、香气美、色泽美、形态美、秩序美和趣味美。

(一)质感美

质感美是指食品良好的营养与卫生状态所呈现出来的功能之美和品质之美,以食品原料和饮食成品的营养丰富、质地精良贯穿于饮食活动全过程,传统的"养助益充""食疗养生"等营养理论所言即是如此。《黄帝内经·素问》中记载了古人"五谷为养,五果为助,五畜为益,五菜为充"的配膳思路,体现了食物多样化及膳食平衡的搭配原则(如图4-2)。

图4-2　泡汁冬瓜(杭州西湖国宾馆)

(二)味道美

味道美是指美食直接作用于人的味觉而带给人的美妙感受。食以味为主,味道美是饮食美的主导因素。味道美是指在进食过程中,食品以纯正的食物本味、单一味及其组合形成的复合味,通过多种调味料与调味手段的运用,达到使原料提鲜、增香、除异味的效果,各种味道在有机配合过程中,符合美学规律,体现出本味、调味、适口、合时的特点(如图4-3)。

图4-3　椒麻藕片(杭州西湖国宾馆)

(三)触感美

触感美是指在进食过程中食品的物质组织结构性能作用于口腔时所呈现出的口感美。

中国烹饪中诞生了诸多经久不衰的烹饪信条,如多用鲜活,少用陈腐;多用鲜嫩,少用老硬的选料;食不厌精、脍不厌细的刀工;酥烂脱骨而不失其形,滑酥爽脆而不失其味的火功;等等,这些都是影响食物触感美的长期经验总结。

(四)香气美

香气美是指食品以香气刺激人的鼻腔上部嗅觉细胞所呈现出的嗅觉美。香气是饮食中带有的挥发性物质,它会带来扑鼻的愉悦感,诱发食欲的产生。袁枚所述"佳肴到目到鼻,色臭便有不同……其芬芳之气,扑鼻而来。不必齿决之,舌尝之,而后知其妙也"。"香气美"既可以分为天然香和烹饪香,也可以分为浓香、清香、芳香、醇香、异香、鲜香、甘香、幽香、干香等。

(五)色泽美

色泽美,即饮食外观色泽的美感,其常常能给人以直观的第一印象,色泽美由食品原料的色泽与调味品增色等构成,色泽会影响人的心理情绪。赏心悦目的配色会给客人带来美好愉悦的第一印象,是构成饮食形式美的首要因素。食品色彩的调配会给就餐者带来不同的就餐体验与审美享受。调和色、对比色及同类色的运用,色彩所具有的冷与暖、明与暗的点缀搭配,能够产生生动、悦目的效果(如图4-4)。

图4-4　清波莲子(杭州西湖国宾馆)

(六)形态美

形态美是指食品在其主、辅料成熟后的外表状态、造型、图案和内在结构等方面所呈现出的视觉美,常常会体现出几何美、意境美。形态美是中国饮食历来关注的焦点,在饮食美中具有特殊魅力。饮食的形态美往往体现为自然形态、有规律的组合形态即几何形态以及象形形态,现代饮食的形态美,往往体现为一种恰到好处的自然之美、和谐之美(如图4-5)。

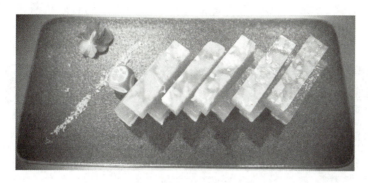

图4-5　桂花山楂糕(杭州西湖国宾馆)

(七)秩序美

秩序美是指一桌菜肴或筵席在原料、温度、色泽、味型、浓淡等方面的合理搭配,上菜的科学顺序、宴饮设计和饮食过程的和谐与节奏化程序所呈现出的美。袁枚曾在《随园食单》中记述:"上菜之法,盐者宜先,淡者宜后;浓者宜先,薄者宜后……且天下原有五味,不可以咸之一味概之……"通过味序、质序、触序、香序、色序、形序及器序等,通过"序"的科学组合,使得秩序美充分体现,使整个宴饮过程或进食过程节奏和谐(如图4-6)。

图4-6　中餐冷碟(杭州西湖国宾馆)

(八)趣味美

趣味美指饮食活动中愉快的情趣和高雅的格调所呈现出的美。丰富多彩的文娱活动

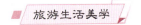

对于增进气氛、调动情绪大有裨益。"趣味美"是饮食美的最高表现,其丰富的内涵给人所带来的享受和哲理高于质感美、味道美、触感美、香气美、色泽美、形态美、秩序美等方面,是其他饮食审美的升华与统一。例如,在宴席过程中使用适宜的音乐佐餐,与就餐气氛相融合,将使宾客产生共鸣,给人带来美好的就餐体验(如图4-7)。

图4-7 精美水果碟(杭州西湖国宾馆)

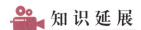 **知识延展**

舌尖上的中国——酒店饮食文化的传播

自纪录片《舌尖上的中国》播出以来,人们对中国美食更多地以轻松快捷的叙述节奏和精巧细腻的画面,向观众,尤其是向海外观众展示中国的日常饮食流变,中国人在饮食中积累的丰富经验,千差万别的饮食习惯和独特的味觉审美,以及上升到生存智慧层面的东方生活价值观。与西方"菜生而鲜,食分而餐"的饮食传统文化相比,中国的菜肴更讲究色、香、味、形、器,崇尚自然之美、象形之美以及几何之美。而在这意境的追逐中,中国的厨师个个都像魔术大师,成为传统饮食文化传承与创新的实现者。

整理自纪录片《舌尖上的中国》第一季——《自然的馈赠》

二、中餐的美学意蕴

民以食为天,世界上任何一个国家都有传统的饮食文化与其他文化共同在历史中轮回。每个地区都有其与众不同的饮食习惯和味觉倾向,而将这些精妙的技艺发展成了一种习俗,一种文化,这使得无数食客流连其中。中国,作为拥有悠久文明历史的国度,这里有令人向往的山珍海味,有令人回味的美味佳肴,来自五湖四海的食材和调味品正在触动着亿万人的神经和味蕾。

在中国饮食文化长期的发展进程中,饮食活动自始至终充满着美学内容、遵循着美的规律。甲骨文时代的"羊大为美"、先秦时期的"强调美善统一",两汉时期的"形成综合性食美",唐宋时期的"善均五味,追求意趣",以及明清时期的"兼容并蓄",到今天的"饮食必意趣"。中国饮食文化有其民族特质和审美情趣,即不但讲究色、香、味、形等菜肴单体美感,还强调其序、境、趣等饮食活动整体美感。

中餐八大菜系各具特色,分别体现出各自的美感与意蕴。鲁菜是中国覆盖面最广的地方风味菜肴,具有鲜、嫩、香、脆等口味特点,口味醇正。胶东沿海生长的比目鱼,通过多种刀工的处理和技法的不同,可烹制为数十道美味佳肴,色、香、味、形各具特色。九转大肠、奶汤蒲菜、葱烧海参等地方名菜,体现出了鲁菜的阳刚之美。川菜尤善用味,自古讲究"五味调和""以味为本",通过调料配比可调出20多种味型,享有"一菜一格,百菜百味"的美誉。四川境内沃野千里,江河纵横,物产富庶,被称为"天府之国",这里烹饪原料多且广。四川饮食讲究滋味,注重对优良调味品的种植和生产酿造出高质量的调味品。与烹饪和宴席关系密切的川茶川酒,优质品质举世公认。基于此,川菜的美学特征可以被概括为粗犷中见丰富多彩,质朴中见灵动秀润。淮扬菜追求本味、清鲜平和,菜品风格雅丽、形制均美,素有"东南佳味"之美誉。淮扬菜用料广泛,江苏为鱼米之乡,物产丰饶,饮食资源丰富,江鲜、河鲜及海鲜产品丰富,优良佳蔬、名特产品及珍禽野味多样,这些都为淮扬菜提供了雄厚的物质基础。淮扬菜重视菜肴本味,强调"鲜"。注重调味变化,巧用淮盐,善用蕈、糟、醇酒、红曲、虾籽调和五味,不离清鲜本色。重视火候,具有鲜、香、脆、嫩等特点。重色泽和形态,要求菜肴和谐悦目、清新多姿、色彩缤纷、浓淡适度。菜肴色泽主要取自主、辅料的自然色。淮扬菜造型精巧美观、生动逼真,通过运用切配、烹调、装盘、点缀等手法,以及卷、包、酿、刻等精湛刀工技法,使菜肴达到色、香、味、形俱佳的效果,滋味与口感俱佳。淮扬菜呈现出形态精致之美,以精湛绝伦之技术,依乎自然、顺乎人意,不雕琢或雕而返璞,显示出精神与物质相统一之境界,可谓中国饮食文化中的"阳春白雪"。粤菜以选料广博、菜肴新颖奇异著称。粤菜烹饪博采众长,配料精巧,在模仿中创新,味重清、鲜、爽、滑、嫩、脆,调味遍及酸、甜、苦、辣、咸、鲜,菜肴有香、酥、脆、肥、浓之别,五滋六味俱全。粤菜注重质和味,口味清淡,力求清中求鲜、淡中求美,随季节时令而变化,一方面粤菜富丽堂皇、华丽奇异,具有浓重的西洋风格和时代感;另一方面,粤菜也深深植根于传统,强调食材的新鲜和本味,追求自然与烹饪艺术的完美融合。在追求创新的同时,粤菜也保留了其深厚的文化底蕴,使得其在全球范围内都享有盛誉,成为中华美食的一张亮丽名片。

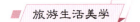

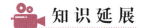

大董意境菜

中国八大菜系及特点

第四节　茶酒美食

中国人对于茶和酒有着特殊的兴趣爱好。在日常生活中,中国人对于茶和酒的热爱更是甚于其他民族。中国的绿茶的产量和质量是全球第一,中国的酒的产量也遥遥领先。在中国,茶酒美食不仅是美食体验,更是一种审美体验。所以,我们能够看到在中国文化中,有"茶仙"陆羽和"酒仙"李白。中国有很多善于饮茶喝酒,能够分辨各种茶叶和酒的专家。茶酒专家也因此在中国各地都有各自的谋生手段和文化追求。所以,在旅游美食体验中,茶酒缺一不可。

一、茶的美学意蕴

中国是茶的故乡,这里孕育了最古老的茶树,也造就了繁花似锦的茶叶品种。茶是从茶树上采摘的鲜叶经过加工制作而成的一种有益于人体健康的饮料。茶是世界上著名的三大饮料之一。"茶之为饮,发乎神农氏,闻于鲁周公"。公元761年茶圣陆羽著《茶经》,将茶的起源、茶的制作、饮茶的茶具、茶的煮法、茶的饮法、茶的产地、饮茶风俗及茶的特点悉数介绍,其诞生是我国茶文化历史上具有划时代意义的大事。

如今茶文化酒店、茶文化民宿及茶文化宴会等的应运而生,无不体现出中国千百年来茶文化厚植的底蕴。中国茶文化的发展历程,不仅能够让人体会到品茶的真味,获得保健养生的效果,还能喝出茶的境界,感悟到人生的智慧,而奉茶或品茶之过程,也蕴藏着无与伦比的美学意蕴。茶艺融合了茶的品质、泡茶的艺术,以及品茶的美学感受,将饮茶的静态美与动态美进行综合,表现在人、茶、水、具、境、艺等诸多方面(如图4-8)。茶艺的美学意蕴,将茶的自然美与人格美兼而并之,延伸到品茶人的情怀、修养,并将泡茶、饮茶活动,融入某种礼法教育思想,实现茶艺精神的升华。

图 4-8　茶具

茶的美学意蕴往往通过感性的外在判断与心理上所具有的情怀所构成。比如,干茶外形、色泽、香气,茶汤汤色、滋味及叶底等元素传递出品评者对于饮茶的直观判断。在茶艺活动中,茶是基本载体。茶艺中的茶,更是表达茶艺意蕴不可或缺的重要因素。

 **知识延展**

十大名茶的感官体验

茶艺是传递茶文化美学意蕴的重要载体,茶器是其中的重要组成部分。茶艺中的茶具承载着泡茶、饮茶的重要使命。茶具的类型多样,不同茶具在色泽、质地、造型等方面也不尽相同。对于茶艺表演而言,简洁、自然、朴素的茶具最具天然美,如紫砂陶器、瓷器等茶具,选材出自泥土,饰以色彩、纹样,茶艺无形的美学意蕴通过有形的茶具传递出来,展现出人与自然和谐统一的亲近感。

茶的美学意蕴也通过茶艺中的境界与礼仪体现,具有多样性,龙井茶香、虎跑水溢,相得益彰,"竹雨松风蕉叶影,茶烟琴韵读书声"。茶艺之境,也体现在人之心境合一。泡茶、饮茶过程中逐渐内化,形成操作技艺和礼节礼仪。茶艺演绎中会涉及茶叶的选择、茶量的控制、水温的调适……再结合恰如其分的茶艺表演,就能够成就一场场意蕴深远的美学体验。

二、酒的美学意蕴

中国是世界上最早酿酒的国家之一,也是世界三大酒系的发源地之一。古籍文献和出土文物中,均体现出中国丰富、独特的酒文化,传达着酒文化所具有的审美意蕴。屈原的《九歌·东皇太一》中便有"蕙肴蒸兮兰藉,奠桂酒兮椒浆"之句。不仅如此,在中国五千年的历史发展历程中,"酒"承载了良久的世俗韵味与礼仪价值,孕育了具有东方特点的酒文化。贾思勰的《齐民要术》记录了多种制曲、酿酒的方法,对麦曲酒、黍米酒、麦曲糯米酒、米酒、神曲黍米酒、神曲粳米醪、高粱米酒等进行了介绍。唐代的李白、杜甫、白居易、杜牧及宋代的苏轼等,都有脍炙人口的关于酒的诗篇流传至今,千百年来被反复吟诵。

酒的美学意蕴主要体现于酒品与酒具之美、酒感与酒意之美以及酒风和酒德之美。饮酒始于选定酒品,好酒需与精美器具相搭配,好的酒具(如图4-9)会为观察酒色、挂杯程度及闻香的过程增色,以酒具为载体,或清淡或馥郁,将带领品评者进入感官的全面体验——这是一种综合的美感。宴席上甘醇的美酒盛满于夜光杯之中,五光十色、琳琅满目、酒香四溢的盛大宴席通过酒器的渲染更加令人动容。令人陶醉的美酒与精巧绝伦的酒杯相映生辉,这是颇为惬意、令人心旷神怡的搭配。王翰诗云"葡萄美酒夜光杯",李贺诗云"琉璃钟,琥珀浓"……酒具的美感对应着不同的心理需求,体现着不同的文化层次。酒具的造型之美是中华酒文化的重要元素。早在商周陶器和甲骨文中已见酒具,《诗经·周南·卷耳》记录了"金罍"和"兕觥"两种材质、样式不同的大容量酒具,"酒"字原型"酉"即为酒坛的象形。秦汉的陶制和青铜酒具大多兼有礼器的功用,造型的端庄高雅体现了中国审美观念中的均衡之美。高雅之士的精觥美壶,平民百姓的粗杯浅盏,隐居高士的随身葫芦,豪杰义士的巨杯海碗甚至持瓶抱坛,酒具在很大程度上成了个性情感和审美标准的象征。

酒感和酒意是"酒"之美的两个境界。酒感是对于酒味的直接感受,酒意是对于酒的心理体验。酒感重在从观酒、闻酒到品酒的感官体验;酒意则是饮酒过程中,通过细品后达到的内心触动,乃至进入对人生哲理的思虑。而酌饮不同的酒,其酒感也大有不同。在中国,最具特色、最有代表性的粮食酒是白酒和黄酒。我国代表性的白酒有茅台、汾酒、五粮液、剑南春、古井贡酒、洋河大曲、董酒和泸州老窖。由于原料和酿造工艺的不同,白酒形成

图4-9　酒具

了不同的香型与风格特点。对白酒的香型鉴赏成为酒类的主要美学意蕴。清香型也称汾香型，表现为酒气清香芬芳，醇厚绵软，甘润爽口，酒味纯净，以山西杏花村的汾酒为代表名品；浓香型的特点为饮时芳香浓郁、甘绵适口，饮后尤香，回味悠长，可以概括为"香、甜、浓、净"，以五粮液、泸州老窖为典型代表；酱香型的特点是香而不艳、低而不淡、香气幽雅、回味绵长，杯空香气犹存，以贵州茅台为典型代表；米香型的特点在于米香清柔、幽雅纯净、入口绵甜、回味怡畅，以桂林三花酒为代表名品；其他还有兼香型、特香型等香型。黄酒则是以糯米、玉米、黍米和大米等粮谷为原料，经酒药、麸曲发酵压榨而成，因其颜色黄亮得名，属于低度发酵的原汁酒。依据制作地、用料、酿造工艺和风味特点的不同，可将黄酒分为三种类型：一是江南糯米黄酒，色泽深黄带红，香气浓郁，味道醇厚鲜美，饮后令人神情怡畅，代表名品是浙江绍兴的加饭酒；二是福建红曲黄酒，酒味芬芳、醇和柔润，以福建老酒和龙岩沉缸酒为代表名品；三是山东黍米黄酒，酒液浓郁、清香爽口，以山东即墨黄酒最负盛名，是中国北方黄酒的主要品种。

酒意如诗意，是饮酒的最高境界。诗意体现在"美酒融合美景"的意境，比如，"花间一壶酒"的花间，"醉翁之意不在酒，在乎山水之间也"的山水之间。诗意也体现在品酒者之间的情感交融，比如，李白"举杯邀明月，对影成三人"中的酒壶、酒杯表达酒具中蕴含的"知音"情谊。白居易诗中描摹的"绿蚁新醅酒，红泥小火炉。晚来天欲雪，能饮一杯无？"体现出闲适的酒中意蕴。而《三国演义》中的青梅煮酒论英雄，则表现出豪迈的味道。《红楼梦》涉及了惠泉酒、绍兴酒、烧酒、屠苏酒等多种酒类，书中的酒令、酒诗使人物形象丰满而生动……文学审美表达中体现出丰富的酒意。

酒风和酒德之美是传统道德礼仪之美在饮酒中的体现。酒在中国文化中，自古与礼仪密不可分。除了敬天祭祖的仪式,日常生活中的酒礼也有具体的规矩。酒风酒德中的美感是中国传统文人士子的人格美的体现,人品、性情和风度之美于一席中展现得淋漓尽致。

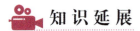 **知识延展**

中国茶文化

中国是茶的故乡,中华茶文化源远流长,博大精深,几千年来,积累了大量关于茶叶种植、生产的物质文化,更积累了丰富的有关茶的精神文化。中国作为茶叶原产地之一,在不同民族、不同地区,仍保留着丰富多样的饮茶习惯和风俗。

茶文化是中国具有代表性的传统文化,中国作为礼仪之邦,茶文化精神通过沏茶、赏茶、闻茶、品茶等程序形成茶艺,和中华民族文化内涵及礼仪相结合,形成一种具有鲜明特征的文化和礼节现象。

作为开门七件事(柴米油盐酱醋茶)之一,饮茶在中国是非常普遍的。中华茶文化源远流长,博大精深,不但包含物质文化层面,还包含深厚的精神文明层次。唐代茶圣陆羽的《茶经》在历史上吹响了中华茶文化的号角。从此茶的精神渗透了宫廷和社会,深入中国的诗词、绘画、书法、宗教、医学。几千年来,中国不但积累了大量关于茶叶种植、生产的物质文化,更积累了丰富的有关茶的精神文化。

茶文化的形成和发展历史非常悠久。武王伐纣时,茶叶已经作为贡品。原始公社后期,茶叶成为货物交换的物品。战国,茶叶已有一定规模。先秦《诗经》中便有茶的记载。

汉朝,茶叶成为佛教"坐禅"的专用滋补品。魏晋南北朝,已有饮茶之风。隋朝,全民普遍饮茶。唐代,茶业昌盛,"人家不可一日无茶",出现茶馆、茶宴、茶会,提倡客来敬茶。宋朝,流行斗茶、贡茶和赐茶。

清朝,曲艺进入茶馆,茶叶对外贸易发展。茶文化是伴随商品经济的出现和城市文化的形成而孕育诞生的。历史上的茶文化注重文化意识形态,以雅为主,着重于表现诗词书画、品茗歌舞。茶文化在形成和发展中,融合了儒家思想,道家和释家的哲学色彩,并演变为各民族的礼俗,成为优秀传统文化的组成部分和独具特色的一种文化模式。

而名茶、名山、名水、名人、名胜共同孕育出各具特色的地区茶文化。中国地区广阔,茶类种类繁多,饮茶习俗各异,加之各地历史、文化、生活及经济差异,形成各具地方特色的茶文化。

西湖龙井茶因产于中国杭州西湖的龙井茶区而得名,是中国十大名茶之一。始产于宋代,明代益盛。在清明前采制的叫"明前茶",谷雨前采制的叫"雨前茶"。"龙井茶,虎跑水"堪称西湖双绝。色绿、香郁、味甘、形美是绿茶品质上乘的绝佳体现,特级西湖龙井茶叶片扁平光滑挺直,色泽嫩绿光润,香气鲜嫩清高,滋味鲜爽甘醇,叶底细嫩呈朵。

龙井位于风篁岭上,三国时东吴曾来这里求雨,龙井因此而得名。北宋时,高僧辩才居住此地,为方便客来客往,整治山林,开通山道,龙井一带方才旺盛起来。辩才好客,每有客来,喜奉一杯自制的香茗待客,龙井茶渐渐有了名气。明、清以后,龙井茶声名鹊起,袁枚的《随园食单》赞道"杭州山茶,处处皆清,不过以龙井为最耳"。乾隆皇帝也来到此地,亲封龙井村狮峰山下胡公庙前18棵茶树为"御茶"。

后来,龙井问茶入选新西湖十景,这里的茶叶和风景更加"身价倍增",每年清明前后,谷雨时节,茶农采茶、炒茶,茶香飘溢,吸引了更多的游人。

中国酒文化

中国是世界上最早酿酒的国家之一,也是世界三大酒系的发源地之一。早在殷商时期的甲骨文里就已经有了酒的象形字,至周朝,我国的酿酒技术已发展到了相当高的水平。《礼记》《周礼》中都记载了酿酒的过程,汉代成书的《黄帝内经·素问》中记述了黄帝与岐伯讨论酿酒的情景,唐代时流传下来的《酒经》中说:"(王绩)追述(焦)革酒法为经,又采杜康、仪狄以来善酒者为谱。"在古籍文献和出土文物中,均体现出中国丰富、独特的"酒文化",传达着酒文化所具有的审美意蕴。

中国酒品种繁多,酒名丰富多彩,地方特色浓郁,是自古至今中国酒文化的特色。中国酒品类齐全,有六大类型:黄酒、白酒、葡萄酒、果酒、露酒(包括药酒)、啤酒。黄酒是中国特有品种,有三千多年历史。《诗经·豳风·七月》中"八月剥枣,十月获稻。为此春酒,以介眉寿"之春酒即黄酒。黄酒含丰富的氨基酸,热量高,有多种糖类,营养成分丰富。中国白酒被列为世界六大蒸馏名酒之一,与白兰地、威士忌、伏特加等齐名。我国白酒首要特色是香型齐全、风格多样。浓香型以四川泸州老窖、宜宾五粮液、安徽古井贡酒为代表;酱香型以茅台酒为代表;米香型以桂林三花酒为代表;清香型以山西汾酒为代表;混合香型以陕西西凤酒、贵州黄酒为代表。我国葡萄酒最早产于新疆,衍至今日盛况,既是少数民族酒文化对汉族酒文化的影响,又是汉族酒文化对少数民族酒文化的发展,是中华民族酒文化融合的产物。

第五节　餐饮器具审美

西方人制作餐食普遍比较重视餐具的搭配。但中国人普遍更加注重餐具的实用性,而非审美性。然而,由于现代酒店的引入和生产力的提升,普通中国人在旅游生活中也越来越注重酒店餐饮器具的美观性,特别是餐饮器具和食物本身的搭配是否相得益彰,更能够获得人们的欣赏。

清代著名诗人、美食家袁枚曾叹曰"古诗云美食不如美器。斯语是也……参错其间,方觉生色……煎炒宜盘,汤羹宜碗;煎炒宜铁锅,煨煮宜砂罐。"而后人有云"餐具是食物的衣裳",这些均是对美食与美器关系的精辟总结。美器之于美食,具有重要的渲染和衬托功能,餐具美学也是饮食文化的重要组成部分。当今,瓷器器皿、水晶酒具及典雅的餐桌布置构成了酒店饮食接待中不可或缺的风韵。

器皿美是指食品与其盛装之器的搭配方式所呈现的美感。器皿在饮食活动中具有举足轻重的地位,中国饮食器具的发展,经过原始陶器阶段、青铜器阶段、漆器阶段,发展到瓷器时代达到鼎盛。饮食器具种类繁多、造型多样、千姿百态,并且,中国饮食讲究"因食施器"——不同的食物配以不同的器具,既方便实用,又相互映衬、相得益彰(如图4-10、图4-11)。

图4-10　中餐宴会器皿(杭州西湖国宾馆)　　　　图4-11　饮食器具搭配

一、瓷器器皿

陶瓷所具有的庄严典雅、潇洒飘逸的气韵,多年来在饮食文化的美感传递中起着至关重要的作用,将陶瓷文化的精髓转化运用到就餐盛器中,是传承传统文化的绝佳方式与载体(如图4-12、图4-13)。

图4-12　中餐展示盘(杭州西湖国宾馆)　　　　图4-13　中餐宴会瓷器(杭州西湖国宾馆)

景德镇的薄胎瓷源远流长,始于北宋的影青瓷,有"滋润透影,薄轻灵巧"之赞誉。青瓷以瓷质细腻,线条明快流畅,造型端庄浑朴,色泽纯洁而斑斓著称于世,"青如玉,明如镜,声如磬"。南方青瓷,一般胎质坚硬细腻,呈淡灰色,釉色晶莹纯净,常用似冰似玉来形容。北方青瓷胎体厚重,玻璃质感强,流动性大,釉面有细密的开片,釉色青中泛黄。

骨质瓷用料考究,制作精细,标准严格,瓷质细腻,光泽柔和,温润如玉,白度柔和,透光性强,呈现出与普通瓷器不一样的质感和亮度,浑身散发着贵族般的高贵气质;器皿形状规整;画面光亮釉面质感更好。它的规整度、洁白度、透明度,为就餐席面带来了极具质感的美学体验(如图4-14)。

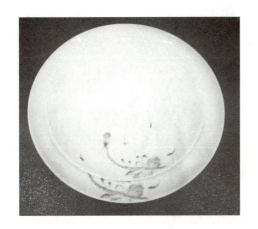

图 4-14　中餐骨瓷餐具(杭州西湖国宾馆)

2016 年二十国集团(G20)领导人峰会在杭州举行,为迎接二十国集团领导人精心准备的国宴中,其餐具的设计灵感来源于水和自然景观。整套餐具体现出"西湖元素、杭州特色、江南韵味、中国气派、世界大国"的 G20 国宴布置基调。国宴餐具的图案,采用富有传统文化审美元素的"青绿山水"工笔带写意的笔触创造,布局含蓄谨严,意境清新。而所有图案设计均取自西湖实景,比如,茶和咖啡瓷器用具系列,设计灵感来源于西湖的荷花、莲蓬造型,壶盖提揪酷似水滴。第一道冷菜拼盘半球形的尊顶盖是最引人注目的器具。尊顶盖顶端提揪设计源自西湖十景之一的三潭印月。提揪高 5.5 厘米,为了真实还原三潭印月的造型,工匠们需要在直径 1.5 厘米的提揪上刻出 6 个窗户。据这套"西湖盛宴"餐具的总设计师赵春阳介绍,匠人们用小刀在泥坯上刻出了 0.3 厘米的小窗。尊顶盖上半部图案创意则来源于"满陇桂雨",以杭州的市花桂花与江南翠竹自然相互依偎展开。尊顶盖下半部分则是以国画写意手法绘制的西湖美景。汤盅采用双层恒温方式,确保热汤能保持温度。汤盅的外形设计灵感来源于海上丝绸之路的宝船,汤盅盖的提揪则是简约的桥孔造型。

二、筷子

在食具方面(如图4-15),中国人饮食习俗的一大特点是使用筷子。筷子,古代称为箸,在中国有悠久的历史。《礼记》中有云:"饭黍无以箸。"筷子是中国传统饮食器具之一,作为中国独特的文化标记,承载着中华民族五千年的悠久历史。筷子的创造体现出中国传统文化"天人合一""以和为贵"的追求。中国的筷子,其创造体现出了对称美,纹理与图案通过对称式呈现,体现出平稳的秩序感。

图4-15　餐具套装

三、玉器酒具

酒泉夜光杯是一种用玉雕琢成的名贵饮酒器皿。当把美酒置于杯中,放在月光下,杯中就会闪闪发亮,夜光杯由此而得名。作为中国甘肃酒泉的特产之一,酒泉玉按颜色可分为墨玉、碧玉、黄玉,这些都可用来制作夜光杯。夜光杯的纹饰乃天然形成,其墨黑如漆、碧绿似翠、白如羊脂。

第六节　酒店饮食美学的传承与创新

纵观我国饮食文化的发展和变化,从古至今,食材不断丰富,烹饪技艺逐渐提升,工具逐步精良。不同区域根据当地的自然环境、食材资源形成了独有的饮食体系，而将这些饮食体系具象化的终端则是街头巷尾的一家家饭店。店面或大或小，口味或淡或咸，菜品或多或寡，都装进了生活的酸甜苦辣。时至今日，餐饮业的发展已经趋于完善，不仅仅局限于在饭店内就餐，更多模式和选择呈现在消费者面前。饭店本身也随之发生变化，从之前的只提供饮食，到如今提供丰富多样的服务，饭店装修和就餐环境也日新月异。传统饮食的传承和新兴菜品的创新推动着我国餐饮业的发展，而餐饮业的发展在一定程度上也反映出我国的经济发展脉络和居民生活水平的提升。

纪录片《舌尖上的中国》和《风味人间》的热播，展现出国人对中华传统文化回归的渴望与共鸣，而在民众日常生活中，当今的酒店企业已成为传播美好生活方式的重要载体，伴随经济发展水平的提升以及人民对美好生活需求的增进，酒店企业餐饮产品在传承地方特色、宏扬历史文化方面的作用日益重要。多年以来，酒店饮食产品一方面保留着对历史文化的传承，这对于解码当地文化基因功不可没，另一方面，开展餐饮产品创新对于吸引顾客、保持酒店企业产品优势有着极为重要的作用（如图4-16）。

图 4-16　白鳖茄条（杭州西湖国宾馆）

传承是基础，创新是发展，一方面，餐饮产品创新发挥主体的创造力与内在驱动力，另一方面，餐饮产品创新客体则通过品尝与审美促进餐饮产品创新。遵循"不忘初心，秉承匠心"的宗旨，高星级酒店的厨师们，挖掘传统菜肴背后的文化内涵，在酒店餐饮产品创新活动中，酒店厨师们从档案典籍中寻觅传统菜式和烹饪技法，以现代方式对传统菜肴进行全新演绎。将经典与创意进行融合，在融合中体现纯粹，西材中用，中菜西制，美食与美器结合，食用性和艺术性兼具，不断对餐饮产品进行创新。遵循"创新不忘本，传统不守旧"的原则，以古法重新演绎经典菜肴，不添加任何调味品，发挥食材本身鲜味，以最传统的手法、最时尚的摆盘,延续传统菜肴的生命力(如图4-17)。

图4-17　醋泡海蜇(杭州西湖国宾馆)

　　传承是以原汁原味再现传统文化精髓,做到"精确传承",创新则是在广泛学习的基础上兼收并蓄地深耕发展。回顾杭州2016年G20国宴接待中的菜品,大多是杭州的历史名菜,但又融入了一些新的烹调技巧,显得更有时代气息。其中,清汤松茸选取了正值采摘季的松茸,这道菜浓香润口,正应了不食不时的中国饮食传统。东坡牛扒采用江南名菜东坡肉的做法,尊重宾客饮食习惯把猪肉替换成牛肉,味醇汁浓,香糯不腻口。宴席餐具以西湖山水为核心设计元素,与主背景和主桌台面融为一体、相得益彰;在器型设计上以西湖十景为原型创作设计,将三潭与葫芦的造型进行艺术融合,地域特色鲜明;画面设计上以浙派水墨山水技法表现雷峰塔、保俶塔、苏堤等西湖景致,突出烟雨西湖的朦胧美感;适当以金边银线作为点缀,营造中国气韵。

　　这里以杭州开元酒店菜品创新为例作展示。早在2016年,浙江开元酒店集团成立了菜肴研发中心,致力于继承和发扬中华美食文化,广泛涉及各地风味特色和烹饪技巧,在菜肴口味、色泽、盘饰造型、食材运用等多方面综合创新,将对美食的独到思考与对酒店文化的深刻理解,创新演变成风格兼收并蓄、个性独特的菜肴体系,在业内独树一帜。

　　近年来,浙江开展"诗画浙江·百县千碗"美食推广活动,各地酒店、餐饮业界在挖掘美食地理、饮食文化的基础上,以传承为基,以创新为先,推广了一大批地方美食,弘扬了地方饮食文化,给当地居民和游客带来了味觉、视觉、嗅觉的绝佳体验。在浙江绍兴新昌,当地有关部门将"百县千碗"与"浙东唐诗之路"深度融合,深入挖掘和传承民间具有浓郁民俗特色、本土气息的农家菜肴,推出了既浸染诗词之美又有新昌特色美食的天姥唐诗宴。天姥唐诗宴用唐诗来赋名,不用高档食材,全部就地取材,让那些曾经或者依然存在于我们生活中的美食,再次呈现在大家的眼前。如回山的茭白、沙溪的鸭、镜岭的螺蛳、长诏的鱼……不仅有诗意的菜名,且每道菜品的做法尽量跟古人的生活靠近,拉近现代食客与唐代诗人们舌尖上的距离,令人有吃完一顿唐诗宴,腹有诗书气自华的感觉。

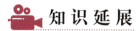 **知识延展**

中国饮食文化的流变

思考与讨论

1.通过本章课程内容的学习,你对饮食文化的美学特性与美学意蕴有何看法?

2.中国饮食文化博大精深,无论是食物,还是茶酒、器皿,均可以升华、凝结为一定的美学符号,对其传承与创新也任重道远,谈谈你对此的想法。

3.谈谈你对哪个地方菜系比较感兴趣,其背后有着怎样的饮食源起与传承?

4.古往今来,与饮食有关的诗词歌赋传递出独具中国特点的美学意蕴,在你心目中,与饮食有关的美好意境是怎样的?

5.美食、茶酒构成了我们平常生活中不可缺少的美学元素,选择你喜欢的一道菜、一款酒或茶,谈谈你对其中涉及的美学意蕴的理解。

阅读材料

1.梁实秋:《雅舍谈吃》,天津人民出版社,2018。

2.汪曾祺:《人间知味》,时代文艺出版社,2018。

3.纪录片《舌尖上的中国》(第1季—第3季)。

4.纪录片《风味人间》(第1季—第3季)。

参考文献

[1] 杨铭铎.饮食美学及其餐饮产品创新[M].北京:科学出版社,2007.

[2] 王南.酒的生活美学意蕴[J].人民周刊,2018(20):74-75.

[3] 王建荣.茶道:从喝茶到懂茶[M].南京:江苏凤凰科学技术出版社,2015.

［4］汪曾祺,汪朗.文人与食事［M］.上海:上海三联书店,2016.

［5］杜莉.吃贯中西［M］.济南:山东画报出版社,2010.

［6］简名敏.餐饮空间氛围营造［M］.南京:江苏凤凰科学技术出版社,2017.

［7］胡小霞.茶艺中的美学意蕴挖掘［J］.度假旅游,2018(10):189-190.

［8］何锐连.顺德饮食文化的传承与创新［J］.扬州大学烹饪学报,2007(4):4-6,10.

［9］李志伟,彭淑清,陈祥军.中国风物特产与饮食［M］.北京:旅游教育出版社,2000.

［10］许宗元.中国酒文化与旅游［J］.江淮论坛,1993(4):79-86.

［11］杨东涛.中国饮食美学［M］.北京:中国轻工业出版社,1997.

［12］赵建军.中国饮食美学史［M］.济南:齐鲁书社,2014.

［13］曹利华.饮食烹饪美学［M］.北京:科学普及出版社,1991.

第五章 在地生活的文化美学

在地生活这个综合性描述并不单纯如其字面意思一样,指"在地上生活"。大地是我们的母亲,也是我们生长的家乡。在大地上,我们出生、成长、成熟、老去、死亡,大地母亲无私地哺育了我们——她的每一个子民。所以,在地生活是具有普遍性的诗意的生活,是美学的生活。

在地生活的"地"可能是故乡,也可能是旅行途经地、出差目的地,是一个暂时经过的地方,重点在于你是否有"地"这个审美情结和审美心境。作为生活在距世界遗产——西湖只有几百米的一些杭州人,总是会说杭州是留给外地人的,自己几年也不去一次西湖。这种人虽然也会去其他地方旅游,感叹其他地区的旅游的美感,但是他本质上已经缺失了对于"地"的审美情结和审美心境,无法在日常生活的"地"中找到和感受到文化美学的魅力。所以,培养一个人的审美情结和审美习惯,有助于让一个人提升对此地和地区的情感,使人更具有感性能力。

第一节 文化美学

关于文化美学,高长江教授作了精细的分析和思辨。按照他的观点,文化美学指的是人所遭际到的与自然风光、人文地理、文学艺术景观完全不同的审美对象——它们或是人文、非遗景观,如宗教文化、民俗文化中的特殊意象;或是独特的工艺品等。由于这类对象大多不在人们普通旅游审美范畴之内,故无论理论美学、旅游美学都很少关注它们,更很少有人将其作为旅游"吸引物"或游人审美体验对象进行研究。其实,在人类旅游尤其是旅游生活中,文化美学景观会不经意间进入游人的审美范畴,并因其独特的美学特征引发游人的特殊感受。通过对诸多旅游体验样本分析,高长江教授还认为,游人对这类意象的审美消费并非仅是一般"观热闹性"的,还具有"人类学"维度,即游人在凝视这类意象时会产生复杂的心理反应,如紧张、欢喜、精巧等。正是这既不同于自然地理景观中崇山峻岭的崇高、小桥流水的优美，亦不同于建筑、绘画、雕塑的经典，以及人文地理景观的"时间深度"和"神圣维度"之特殊意象，为游人敞开了一个新的世界，展现了一个多元价值的"世间"美学。也正是对人世间这一特殊美景的审美，使人体验到世界的多元价值——广泛地享受，从而充实、丰满着旅游生活和游人的心智系统。①

文化美学系近年来崛起的美学新知识。按佩尔尼奥拉的观点，文化美学"设想的目标既可以是文明，也就是实证快乐论中的改善物质文明；也可以是文化，即康德和席勒所提倡的美学教育"，但无论是什么，它都"承认一种人文主义假设，即认为自由与自然、人与愉悦、理性与低等功用之间存在着和谐一致。"②就文化美学的这一维度而言，旅游生活中的文化美学体验确与一般景观审美体验不同。按照高长江教授的观点，作为一种特殊的审美经验，文化美学不同于康德知性美学的"逻辑触觉"，不同于海德格尔"诗性美学"的寥廓玄远，更不同于神学美学的"超验"体验③；其乃一种实在的超生命经验——"文明"界外之在的体验。它所展演的文化主题为游客所耳熟能详、喜闻乐见；它所表现的风格鲜活自由、直白朴实、风趣怪异，给人以喜庆、欢愉甚至惊愕的存在体验。④ 它的人类学意义就在于，使人在"文明"之外体验到人类文化的广博，丰富了人的心智世界。

对于近年来学界对"文化美学"的诠释与定义，高长江教授并不十分认同，而且认为它们的内涵过于稀薄，没有显现出这一新知识的鲜明个性。他分析道：无论是佩尔尼奥拉的"文明"与"文化"之观，还是国内学人所做的"以审美视野对日常生活的关注、对人类审美活动体验意识的强化以及对时代文学艺术实践的解释"，这种把文化美学界定为"以人类创造的文化为观照对象"的观念实质消融了文化美学的特殊性，抹消了文化美学与一般美学的边界。如果说黑格尔美学是一种"与艺术过分亲密的美学"，导致人类生活实践与审美活动的人类学断层，那么，现代美学，如存在主义美学、生命美学、生活美学、环境美学，尤其是主张"生活即审美"的实用主义美学则与文化美学相互交融，相差无几。如此，"文化美学"不过是人们在百花争妍的美学原野里汇集各种意象拼凑出来的一道混合意象。在这个混合意象背后，暴露出文化美学理论的"精华谬误"。特别是文化美学将它的观照与解释的对象设定为"人类创造的文化"这样一种智性动物宏观的生存活动与场景之时，实际等于它在从事一种无意义的概念游戏；或者说它不过是对现代的与后现代的各种美学知识与理论的重新洗牌、重新标签而已。鉴于此，他觉得文化美学应建构其另一审美文化空间和知识节点，这就是文化个性的审美意象与审美体验研究。

---

① 高长江：《人类纪的游牧与救赎：旅游人类学思想与场景》，吉林大学出版社，2021 年，第 298 页。
② 佩尔尼奥拉：《仪式思维》，吕捷译，商务印书馆，2006 年，第 179—180 页。
③ 巴尔塔萨：《神学美学导论》，曹卫东等译，三联书店，2002 年，第 91 页。
④ 高长江：《民间信仰：文化记忆的基石》，《世界宗教研究》2017 年第 4 期。

我们知道，作为人类学家使用的一个专业术语，文化的内涵是一个社团在与环境的长期互动中（生产生活实践）所形成的基本生活经验、所构造的世界意象以及所敞开的生活世界。对于人类学家而言，文化的本质特征在于它的生态性、地方性、社团性。因此，文化也可定义为一个社团成员所共享的集体知识、经验习性与世界意象。文化的这一特质不能用雷德菲尔德的"小传统"来替代。"小传统"是针对"大传统"而言的；或者说是通过"民间文化——精英文化"这一知识框架建构出来的"对象"；而社团性、经验性、习俗性则是文化创造者与享受者真实的文化"意象"。在与环境的交互中，在日常生活实践中，甚至于人们所说的"最高魅力""最生动"的审美活动中，正是社团成员世代积累而成的这些集体共享的知识、经验与意象结构发挥着重要的认知导航与心性调节作用。亦因此，一种文化意象对一个社团成员而言是美的；对另一个社团成员而言则是丑的；或者，它根本就没有进入人们的审美知觉，不过是有机体生存世界纷繁的表象之流在其大脑神经屏幕瞬间掠过的一段插曲而已。如此而言，我们通常所说的"文化"，实质有两种不同的内涵：一种是文化研究者根据对人类存在实践的抽象建构起来的普遍性的"生活经验"理论；一种是由作为文化拥有者的社团成员在文化实践中创造并体验着的个性化的"生活经验"。对于环境动物、对于感性而具体的文化动物而言，正是他们所亲自操作的这一意象系统，无论是婚丧嫁娶、生老病死还是交往礼仪、节日庆典以及手工艺品，虽系日常琐碎，尽管俗气粗陋，但它们却真正属于该社团文化生活与审美活动的"最高魅力""最生动的部分"。[①]

的确，文化美学不同于艺术美学，也不同于自然美学，当然也不同于所谓的科学美学和社会美学，与近年来兴起的生活美学也有差异。可以看到，文化美学具有民间化、民俗化、社团化、生活化的意象特征。如此，也可以将文化美学的另一内涵界定为一个社团的集体知识、生活习性、审美趣味构造而成的美学成果。

 知识延展

文化美学与民俗现象的亲俗之美

---

① 高长江：《人类纪的游牧与救赎：旅游人类学思想与场景》，吉林大学出版社，2021 年，第 299 页。

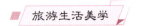

第二节　民俗文化审美

文化美学在精英主义和世俗主义下发展出了两种路径。精英主义的文化美学也被称为"阳春白雪"。阳春白雪原指战国时期楚国的一种较高级的歌曲,后泛指高深的不通俗的文学艺术。在日常生活中,精英主义的文化美学往往都有着较为深刻的文化和历史背景,不进行相对应的、长时期的、深度的学习很难对其有一个基本的了解。

一、民俗与民俗文化

民俗即民族的风俗习惯,是指一个民族在物质文化、精神文化和家庭婚姻等社会生活各方面的传统,是各族人民历代相延积久而形成的风尚、习俗。民俗是广大民众所创造、享用和传承的生活文化,是传统文化的基础和重要组成部分。民俗作为民众习得、传承和积累文化创造成果的一种重要方式,具体反映在各民族的服饰、饮食、居住、生产、婚姻丧葬、文娱活动、岁时节日、道德礼仪、文字等方面。

民俗有良俗和陋俗之分。良俗是在历史上有进步意义并对今天的生产生活、科学文化的发展与社会文明的建设、人们身心的健康有利的民俗,陋俗则相反。从审美创造的角度看,无论良俗事象和陋俗事象都可以成为审美对象。就是说,人们通过对良俗事象和陋俗事象的了解,可以获得美。民俗风情,就是民俗的风光和情调。民俗风情美基本上属于社会美范畴,是极为普遍和重要的旅游生活文化审美的对象。

民俗文化是民间文化的一种民俗事象和民俗活动范围内所反映的文化现象,包括信仰民俗、行为民俗、语言民俗以及日常生活、衣食住行中所表现的多种文化内涵和文化价值。民俗文化具有民族性和地域性,其复杂多样的类型和形式无不表现民族传统与地域特征。

中国地域辽阔,民族众多,正所谓"千里不同风,百里不同俗"。各民族各地区在历史发展中形成了特色鲜明的民俗。我国 56 个民族在居住、服饰、生产、交通、婚姻、节日、礼仪、饮食等各方面的风俗都不相同。这些各具特色的风俗习惯从多方面反映了中华民俗和中华文化的博大精深,其中很多也成为了我国宝贵的非物质文化遗产。

二、民俗的类型

民俗的范围极广,种类繁多,这主要由民间文化的复杂性和多样性所导致。当前的一些民俗学研究甚至将民俗从传统意义上的乡村文化扩展到城市文化,这大大增加了民俗的范围。从现实意义上看,民俗学研究的扩展也说明了民俗是在不断发展和延伸的。特别是对于改革开放之后,中国的城乡一体化进程不断加速,城市和农村的二元化结构不断打破,民间文化的交流逐渐出现各种复杂交织的现实后,民俗的范围和范畴变得更加含混不清。从存在形式上看,大体可以概括为心理、行为和语言三个方面。

(一)心理民俗

心理民俗是以信仰为核心,包括各种禁忌在内的反映在心理上的习俗,它更多的表现为心理活动和信念上的传承。这并非单纯的指宗教传统,也不是单纯的民间信仰,而是指在民间包括各种信仰在内的综合性心理民俗。我们不能否认的是,在这些心理民俗之中存在着许多封建迷信的习俗。但是,我们也不能否认某些心理民俗,例如,对于当地土地爷爷和土地奶奶的地方性崇拜在一定程度上传承了当地特殊的文化特色和宗族传统。特别是在安徽南部的徽州地区,宗族观念非常强的乡村里面,几乎村村都有关于祖先崇拜的图腾和庙宇,这些寄托着对先祖纪念和缅怀的建筑体现了中华民族浓厚的心理民俗。著名人类学学者费孝通在他的著作《乡土中国》中就讲述了中国地方农村存在的灶王信仰的由来,论述了中国地方由于各种军事、政治、经济事件的综合性作用所形成的心理民俗。这些民俗并非完全不变的,而是随着时代不断演变的。但是,无论心理民俗如何变化,它都有一个重要的作用,那就是保护民间的某些生活习惯和维持民间的社会稳定。特别是在民间的宗族信仰传统中,我们能够发现对祖先的崇拜维系了村庄的稳定,维持了村庄的秩序,这不仅有助于村庄维持自身,更有助于村庄在面对外来侵略的时候能够团结起来形成一种强有力的共同体。

(二)行为民俗

行为民俗是心理民俗的反映,但它更多地表现在祭礼、婚议、祈福、驱祟以及岁时节日、纪念、游艺等活动仪式上。它通过各种有形的传承活动表现各种无形的心理民俗事象。行为民俗也叫作有形民俗。这些带有仪式和表演性质的民俗活动有一些已经在现代社会中逐渐失去了自身原有的文化性质,不再带有原有的历史因素。例如,我们在东北的一些剧场和民俗游乐场里面能够看到一些演员身穿萨满的衣服,伴随着萨满的音乐进行各种各样的舞蹈、祈祷和歌唱。然而,这些演员本身并不是真正的萨满,他们对萨满本身的继承式的演出也并非真正的行为民俗,而是一种资本作用下的情境再现。当然,有些情况下,这些演员由于没有真正长时间接触萨满或向民俗大师进行学习,所以根本没有办法模拟好真正的萨满行为民俗。所以,当前的行为民俗存在着民俗内核缺失、民俗文化传承断代等情况。这些情况或多或少地会导致行为民俗的形式和内容发生偏离,现象与本质发生偏差。但是,总体上来看,中国地区性的行为民俗还是保留得相当好的,特别是在一些具有浓厚文化、地方色彩的地区。例如,划龙舟就是一种典型的行为民俗。虽然,当代的划龙舟的目的已经开始逐渐超出传统意义上对屈原的纪念和祭拜,在全国各地范围内有着各种各样的民间自发组织的比赛。但这些比赛也在一定程度上继承了心理民俗对于屈原纪念和祭拜的形式,保留了中国人进行祖先崇拜的一些基本方法。

(三)语言民俗

语言民俗是以语言为手段表现人们的思想、愿望与要求的传承性艺术,内容包括超过不自觉的艺术加工的原始神话、各种叙事体的传说故事、笑话、寓言、韵文体的史话、歌谣、谜语、谚语以及曲艺、戏剧等。此外,还有一些咒语、口诀、韵语、称谓语、名称概念、行话及游戏语等语言形式。在各地的语言民俗中都有着因为各地的文化体系和历史传统而形成的各种文化叙事,这些文化叙事采用拟人、象征、比喻等各种修辞描述了一个心理民俗的世界,在一定程度上利用人们自身的想象力创造和弥补了行为民俗不能完全表现世界的魅力。例如,东北的语言民俗中依然还流传着许多萨满神歌,这些萨满神歌往往伴随着萨满跳神和各种祭祀、治疗、歌舞仪式一起进行。这些萨满神歌往往充满各种特殊的曲调、高昂的歌声、犀利的歌词。特别是在其犀利的歌词中我们能够听到人们对于大地母亲、山川河流、精灵祖先的呼唤和崇拜。这种呼唤和崇拜更多的是人们对于家乡、亲人和文化的真实情感的表达。所以,我们也能够看到语言民俗并非完全都是表演,而是某种情感因素的产物。

此外,还有巫术民俗、信仰民俗、服饰饮食和居住民俗、建筑民俗、制度民俗、生产民俗、岁时节令民俗、人生仪礼民俗、商业贸易民俗、文艺游艺民俗或演艺民俗等。这些民俗的分类并非完全按照一定的定式和学科,而是按照人们的生活习惯和生活习俗,按照人们在日常中的某些惯例和创新性发展而形成,这也是造成当下民俗多样性的一个重要原因。

三、民俗风情的美学特性

(一)有序性

民俗从产生起就随着社会生活的发展而传承演变,其发展的轨迹是不断趋向于与人性完善相一致的为广大民众生活服务的方向。民众的生活无法脱离秩序,也离不开民俗生活秩序的约束,同时它又是有条理的、有层次的。民俗生活是从无序朝向有序,也是从分散趋于整饬的过程。民俗之美是秩序之美,是整饬之美,有序性与整饬性是形成民俗审美的一个基本特性。

"有序"是指具有按规律连接起来的元素。民俗本身也是一个有机联系的系统。乌丙安先生在其《民俗学原理》中指出,"民俗链"(folklorechain)由整个民俗的最基本"要素"(elements)即民俗要素联结并按一定的规律排列组合而成。人们所说的在民间艺术中能融入传统风俗的部分,即民俗艺术,作为依存于民俗生活中的各种艺术形态,其本身就属于艺术的范畴,而艺术作品中的符号系统是由艺术家或创作者依据一定的审美标准而创造的有序结构,这种系统的有序性,自然就是审美的有序性,其宗旨在于对相应思想主题或审美信息的传递。

当民俗以其自身的特点方式显示出一定的审美价值时,就成为一种"文化美学"。民俗文化是重要的审美领域,因为它包含有人生、历史的图景,有老百姓的酸甜苦辣、喜怒哀乐。因此,民俗的有序性与民俗作为审美对象而呈现出的有序性特质是密切关联的。

(二)整饬性

与民俗审美的有序性相辅相成的是民俗审美的整饬性这一特质。整饬,指整齐、完备,有条理。在中国传统的思维体系中,有机整体思维是一个重要的特征。这种思维方式把天、地、人乃至万物之间都看成是一个不可分割、相互影响、有机和谐的整体。

从对立中求统一,从统一中把握对立。民俗是人类社会生活的一种反映形式,其本身也无异于一个复杂的系统。每个民俗活动和民俗事象也都是一个个有机的整体,其背后均蕴含着丰富的传统文化。基于民俗系统自身的要求,整饬性也是其内在规定性之一。

具体而言,民俗系统的整饬性主要由两个因素构成:一是内容上的整体和谐。结构、部分和谐地组成。民俗系统不论大小,都有其内在的结构和逻辑。民俗的主体是人,人把自己的主观意愿、心意信仰、共同追求等融入民俗活动中,呈现出丰富多彩的民俗事象。二是形式上的整齐规范。整齐或称整一、齐一,是构成事物形式美的最简单的要素,在人类的物质生产和社会生活中都有广泛的应用。民俗作为一种生活方式,一种活世态的"生活相",其本身就是人类群居生活的产物。民俗也是一种行为规范,这一"规范"不是个人的,而是群体协调统一的结果,是整一的,为特定族群所共同遵守的,它能给人以有机整体的生命感。

(三)浪漫性

从人的精神世界或是精神张力来看,在"现实性"的前提下,"浪漫性"的精神需求同样是不可或缺的。浪漫,即富有诗意、充满幻想之意。浪漫性,是指从人类主体精神出发,力图摆脱客体对主体的限制,实现对主体现实的和历史的超越。民俗活动、民俗事项一般都具有功利主义的根本主题,通过实现教化、规范、维系和调节等几种社会功能而发挥其客观的现实效用。有满足物质生产和生活的需要,顺利"通过"人生的各个重要阶段以及满足人类生存中不同层次的需求。在满足功利目的的同时,也具有对生命的希冀,对平安、财富的祈祷,对生命之美的享受,等等,这是我国传统民俗文化的基本心理,其中也寄托了人类美好浪漫的情怀。

总之,民俗世界中所表现出的浪漫主义,是广大民众基于日常生活中鲜活的人生体验而自由创造的产物;为了表现感性生命的丰富和"乐生"的需求,在表现形式上以奇妙的幻想、大胆的夸张和离奇的情节,展示中国民俗文化中绚丽的色彩,其浪漫性成为民俗审美的基本特性之一。

(四)愉悦性

民俗审美的愉悦性就是指民俗中大量存在的审美因素具有让人心情愉悦的心理状态。从美学视野上看,美感最基本的特征就在于它的愉悦性。当人们饶有兴致地去欣赏某种自然美景或是一件艺术品时,往往能沉浸到一种非同寻常的审美体验之中,从而体会到某种特殊的快乐。这种"特殊的快乐"是经情感的陶冶、心灵的塑造而产生的审美愉悦。审美的愉悦与味觉、嗅觉、触觉等低级感官有一定关联,但又不是仅停留于低级感官的满足这一层次,而是多来自视觉和听觉。李泽厚先生在论述审美形态时认为,可将审美分为悦耳悦目、悦心悦意和悦志悦神三个方面。

在民俗的审美活动中,"愉悦性"有着相当丰富的内容。例如,民间的各种节庆、游艺、竞技等娱乐活动。这类民俗活动,娱乐性、群众性与竞技性是其基本特质。中国传统节庆民俗活动中的愉悦狂欢自不必说,游艺民俗活动也是广大民众在生产劳作之余愉悦身心的最佳形式,它一般以娱乐为主要目的,并在民间广泛流行。游艺民俗不是凭空产生的,它是人类自古以来在生存的土地上繁衍生息并逐步认识自然、改造自然和修养身心的结果。人们在参与游戏活动时,也把自己的主观精神和价值取向投入其中。

(五)神秘性

民间传承着大量的古老习俗,其中不少就长期笼罩着神秘色彩,如民间信仰、崇拜、祭祀等方面。"神秘"即神妙深奥难知、高深莫测。当对象具有某种不可思议、不可言说、难以把握的性质时,人们便认为它具有神秘性。神秘性的基础,便是人们相信在现实世界之外,还存在一个超验的世界,而且这两个世界是相互沟通的、有神秘感应的。

从美学视野上看,审美中所蕴含的神秘感使审美意象充盈着超现实的象征意蕴,产生模糊朦胧而又神奇的美感,引发人的探究心理。当人们面对自然、社会以及艺术形象中具有神秘性的对象时都可能产生神秘感。在民间生活中,世世代代的民众过着面朝黄土背朝天的生活,体味生活的酸甜苦辣,终日胼手胝足为生计而奔波的劳苦大众却总是惦记着那些冥冥中的神秘力量。民间信仰等宗教行为给民众辛劳的生活增加了期许,给平淡的日子增添了快意,让他们从恐惧中复归安详,在祈祷中获得生机。不论民众对于宗教的信奉是否真挚,他们都希望通过自己所建构的"神圣空间"里的信仰活动来舒展身心、调节生活,获得个人的某种满足感和群体的某些社会效益。在对超凡力量的崇拜和信仰的活动过程中,不论是信仰本身带来的心理抚慰,还是宗教仪式中的艺术活动,都能使他们浸润在身心和谐的审美体验之中。

(六)超越性

在现实性的民俗生活中往往蕴含着超越性的精神追求。超越古今、生死,超越天地、人神,超越个体、庸常,突破现实的局限,实现天人之间的沟通,这种天人贯通之美,远逸超越之美,正是民俗审美超越性的内在特质。其超越性表现在:

一是超越古今。在人类进步的历史长河中,民俗文化是一种动态的累积产物,其超时空的传承以及传承中的变异,具有贯通古今的特征。在民俗生活和民俗文化中,蕴含着民众的生存智慧和生命情感。

二是超越生死。人们在生存实践中观察到越来越多的生离死别,就不可避免地要思索生命的存在与延续的问题。对生命现象的观察、感悟,对生死问题的执着思考是人类精神从"人猿相揖别"的阶段开始便一直延续下来的重要主题,成为从古至今社会、宗教、风俗中的基本内容。

三是超越个体。个体,是指个别、个人或个人独立的人格。一般而言,个体是与集体、群体相对的概念。民俗是一种群体智慧的结晶,即使由个人"创造"或倡导的某一民俗事象,也必须经过集体的不断补充、加工、充实和完善,成为集体的心态、语言和行为模式。

此外,民俗审美的超越性还体现着对现实,对日常生活的超越。不断超越,是人类文明发展的必然趋势。超越现实,超越日常生活,让衣、食、住、行、用等与民俗生活密切相关的事物不断趋向美好、完善,这是人性发展和生活展开的必然要求,对现实和日常生活的超越也是民俗审美的基本倾向。

民俗的审美来自现实生活中的民俗生活体验,但又不停留于表面,只有超越原有的生命活动,才会有审美体验;人类本性所具有的超越倾向,使人的感性生活不断丰富,理性生活不断完善,审美创造也趋向于更高的境界,这是民俗审美超越性的内在依据。

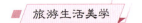 **知识延展**

旅游生活的人类风情审美

第三节 传统民居审美

民居在字面意义上是指民众居住的建筑。然而,在更广泛的意义上,民居不仅仅指提供日常居住作用的建筑,还包括建筑周围的社会环境、装饰物、山水等,更包括民众对于居住环境的整体性记忆和情感。在北京发生过一件有意思的事情。当年因为要对四合院进行改造,方便居民的日常生活,政府为四合院的每一个房间都增设了卫生间,这样既卫生安全又能保障个人隐私。然而,一些居民还是愿意到公共厕所排队进行清洗活动。这是因为在公共厕所排队的时候她们能够相互之间进行交流,了解社区里发生的事,维系彼此之间的情谊,这已经成为她们日常生活中的习惯。所以,我们不能将民居,特别是传统民居看作一个狭义上的建筑,它在广义上包含了民众对于其隐私生活和日常生活能够扩展的场所。这就需要充分考虑民众对于传统民居的心理界限和想象范畴。

当然,我们要注意到传统民居的作用不仅只有心理作用和习惯作用,还有审美的作用。我们能够看到,传统民居在大部分情况下形式是单一的,装饰是简单的,这是出于中国人的实用态度,没有对民居进行太大的形式变动的设计。然而,正是这种单一形式,造就了中国传统民居的统一性,我们能够看到在江南地区白墙黑瓦已经成为当地传统民居的一个基本形式,在黄土高原地区,窑洞木窗也成为当地传统民居的一个典型,在上海,石库门更是能够看到门楣上的各种雕花。这些统一的单一形式创造和形成了地区性的传统民居审美,并且在一定意义上被民众以某种文化心态的方式固定和延续下来,成为了地方特色。特别是对于有着深厚文化底蕴的中华民族而言,丰富的地方文化形成了众多的地方建筑,这些建筑以其傲立的身姿和挺拔的形势维护着地方传统民居的历史,滋养着地方民众的精神文化。

一、传统民居的概念

传统民居是人类在自身发展过程中所创造并遗留下来的,集所在区域人们的生活、文化、习俗、艺术于一体，记录和表达了该区域长期的发展过程，体现了不同地区的历史真实性。中华文明在发展中将其特征逐渐地融合至传统的民居建筑之中，这是传统文化的一种外在物化的形式。我国的古人在经过不断地探索与实践之后，总结出了具有各地特色的民居类型，天南地北的风土人情造就了像北京四合院、南方水乡、蒙古包、客家土楼，以及西北窑洞等具有当地特色的传统民居造型。

　　传统民居最重要的价值是其使用价值，目前大多传统民居仍处于使用状态，与生活密切联系且充满了烟火气息，表现出来的都是自然的生活，而不是做作的表演。民居的美不仅在于其特有的民居造型与周围景观的和谐，建筑本身及其装饰体现出来的人文内涵，更多的是在于其古朴的生活气息。游客所要欣赏的就是民居的"古"，历史的"深"，生活的"真"。中国传统民居文化是一个开放性的文化产物，在新时代的发展背景下，传统民居随着旅游业的兴起而被更多的人所熟知。通过让游客亲身的体验感受不同地区的民俗文化，可以激发游客们内心对于民俗的情感体验，丰富游客的内心世界，从而起到传播我国传统民居和民俗文化的作用。

二、传统民居的类型

　　传统民居在历史上经过不断的演变形成各具特色的建筑美学风格，在一定程度上揭示了不同民族在不同时代和不同环境中生存、发展的规律，也反映了当时地域物质文化、制度文化和意识文化的发展状况。其中比较典型的传统民居类型有四合院、窑洞、石库门、徽派民居和土楼。

（一）四合院

　　四合院是我国的一种标志性传统建筑，四面建有房屋，四方四正，至今已有 3000 多年的历史，以北京四合院为代表。四合院与宫殿、胡同和街巷同时兴起，多年来，北京四合院一直保留着统一的样式。四合院在审美形式上更注重民居的基本形制，如三个开间是民居能够建造的最大开间。当然，在基本形制的基础上，四合院还能在一些雕花和装饰上用成语故事和民俗故事中的形象来加以丰富，如八仙过海就是四合院中常见的木式雕刻花样。随着城市进程的不断加快，四合院住宅越来越少，遍布北京各地的四合院已经逐渐被住宅小区所代替，仅有部分名人故居被保存，只能作为历史被保存在人们的民俗记忆中。但是，正是这些四合院成为了整个北京城共同的文化记忆，与此同时，人们往往对于生活在四合院中的一些民众也充满着丰富的情感。所以，审美并非一种单纯的形式审美，而是包含了以情感为核心的内容审美。

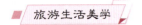

（二）窑洞

在我国的陕西省山区,窑洞是最为常见的民居建筑,西北地区的黄土高原是一种独特的地质,因为地表上覆盖了一层厚重的黄土,当地又缺乏建筑性材料,所以人们因地制宜地创造了窑洞这种古老而又环保的民居形式。民居的主要建筑材料是黄土以及少量的砖石,窑洞的内部呈喇叭形状,洞口有木结构的门。在黄土高原上生活的人们,最大的生活愿望就是能够修建一个宽大而又结实的窑洞,供一家人居住。窑洞建筑冬暖夏凉、绿色环保,值得人们到该地区进行旅游体验,感受当地的民俗风情。当前,黄土高原地区的窑洞建筑也逐渐减少,一方面是因为黄土高原地区存在人口逐渐增加,需要建设更多多层甚至高层建筑缓解用地紧张,另一方面是因为窑洞建筑依赖于山体,更多的人群则更倾向于居住在山谷地区。虽然窑洞建筑在减少,但是还是有很多窑洞得到了保留。例如,1969 年初,尚不满 16 岁的习近平插队过的梁家河村,至今依然保存着窑洞,是当地典型的陕北黄土高原上的传统农耕式小村庄。梁家河村自明代以后,陆续有石姓、王姓、张姓、吕姓等家族迁入,形成了自然村落。村民勤劳善良,朴实热情,热衷于传唱信天游、陕北道情等具有独特魅力的古老民间艺术。当下,梁家河村里有知青窑洞、村史馆、铁业社、民间艺术馆等景观景点和旧址。这些景观景点和旧址集中体现了黄土高原的文化元素,是陕西山区不可或缺的一种风景。

（三）石库门

石库门是上海最为常见的一种居民住宅形式,以石头为门框,门框箍住门扇,因此被称为"石箍门"。在 20 世纪初,上海有很多的宁波人,宁波方言中的"箍"与"库"相同,因此后来就改称其为"石库门"。石库门结合了中西建筑的特色,将江南传统民居和欧洲民居的布局风格结合在一起,在内部的布局上保留了江南民居的特点,能够起到节约土地的作用。石库门的建筑形式一定程度上受到了当时建造条件和能力的影响,大多数石库门通常是两层楼建筑,很少有四层以上的建筑。因此,石库门建筑设计更加偏重平面向,立面设计更注重横向感和重复感,很少有杂乱无章的石库门立面。石库门建筑内部往往采用一层门厅、客厅,二层卧室的方式。有一些临街的石库门建筑可能会采用下商上住的模式,既方便居民居住,也方便居民就地从商,方便搞活当地的经济和产业。

当前,石库门建筑大多数面临着年久失修,建筑材料老化,建筑形式有所落后的情况。但是由于石库门建筑往往在上海市中心,具有地价较贵,建筑房价较高,居民情感较为牢固,社区记忆较为凝固的情况,加之政府没有足够资金进行整体搬迁。所以,石库门建筑现在在上海以更新和整改为主,并没有大幅度的拆迁和重建。这一方面为更多的保留民国时期建筑留下了机会,另一方面也对建筑师提出了更高的要求。因为在石库门中,不同的单体建筑的设计各不相同,建筑师不能像设计现代建筑那样统一绘制,需要针对不同建筑和居民的具体使用情况进行具体分析具体设计。因此,当前石库门建筑的设计和改造依然是一个较大的难题,有待于政府、社区、居民和设计师之间的相互合作和社会治理。

(四)徽派民居

徽派民居是古徽州的标志性建筑,古徽州是指安徽南部与江西北部,自宋代以后一直是中国的文化重地,徽派建筑完整保存下来的非常多,以居民型建筑最具有代表性,曲径回廊、层楼叠院,建筑风格清新典雅。马头墙是徽派传统民居建筑的墙顶,最为壮观。徽派建筑是徽派文化的重要组成部分,而马头墙更是徽派建筑的标志,值得被人们所熟知,让人们感受到徽派文化的民俗风情。但是要注意到,徽派建筑并非只是一种审美建筑形式,它也是一种带有实用功能的建筑形式。例如,马头墙的高大并非单纯的审美功能,而是为了能够防火。特别是在木质建筑群中,马头墙的存在能够有效预防和制止火灾在邻近木质建筑中快速发展。另外,徽派民居中常见的一层高、二层和三层较矮也不仅仅是为了造成下面较为宽敞的审美功能,而是因为一层居住的往往是主人或者是主人的父母,二三层居住的是子女和佣人。从实际运用的角度考虑,主人和主人的父母年龄较大,不适合攀爬楼梯,所以设置在一楼。同时,为了主人和主人父母的居住条件考虑,进一步增高了一层的层高。

最为著名的徽派建筑群有西递、宏村和呈坎等著名的村庄。其中西递村和宏村是明清时期徽派建筑群典型代表,共保留超过 400 幢明清时期古建筑,2000 年联合申报并被列入世界文化遗产名录。呈坎是八卦形村庄,在 2013 年遭遇洪水之后经过整修基本上保持了原貌,以一定程度上的引进商业的模式发展了村庄形式,促进了村庄经济。这三个村庄的新老建筑都在形式上保存和维持着徽派民居的一些基本特色。地方政府也针对一些不符合徽派民居特色,但是又在保护区内的民居进行了拆除和重建,力争在保护历史的原则上达到保持徽派民居的整体性效果。

(五)土楼

土楼建筑规模庞大,不仅是我国的标志性传统民居建筑,而且在世界上也是独一无二的居所。以福建省的土楼为代表,在古代我国的中原地区经历了多次战乱,已经伤痕累累,人们为了抵御侵袭不断向南方迁移,修筑了这种能够供上千人共同居住且封闭式的居民建筑。当时的人们就地取材,采用夯筑的方式建造墙壁,内部采用木材进行支撑,土楼最著名的是圆楼,像从地下深处长出的蘑菇,非常壮观,但是保存至今最多的一种土楼形式是方形的。土楼的内部好似一个独立的社会,能够划分出不同功能的区域,能居住,能娱乐。土楼防火、防震、冬暖夏凉,适合居住,是建筑文化中的璀璨明珠,更是建筑史上的一大奇迹。

土楼的建立在一定程度上是因为外来强盗和盗贼的横行,对于一个缺乏地方掌控能力的县府来说,允许百姓进行一定程度的自卫不仅有利于社会管理和社会稳定,也有利于提高民众的共同体意识,团结更多具有社会良序意识的村民。所以,我们在土楼中不仅能够看到一系列的环形防御设施,还能在土楼中央看到从古代流传下来的带有宗族性质的祭坛。这个祭坛继承了土楼的共同体意识和共同体信仰,是土楼维持其宗族观念的实质性产物。正如海德格尔指出"要是一件作品被安放在博物馆或展览厅,我们会说,作品被建立(aufstellen)。这里的建立不再意味着纯然的设置,乃是奉献和赞美意义上的树立。为什么呢?因为作品本身在其存在中就是有所建立的——突现着,开启一个世界,并且在运作中永远守持这个世界。"土楼在世界的存在有其特殊的宗教、宗族和历史意义,是中国历史上不可多得的著名民俗建筑。

除了以上五种典型类型,各民族地区的民居也具有鲜明的审美特色。如鄂温克族和鄂伦春族的住宅"撮罗子",蒙古、哈萨克、柯尔克孜、塔吉克等民族的蒙古包(毡房),侗族、苗族的吊脚楼、半边楼以及鼓楼,傣族的干栏式竹楼,绍兴、周庄的水乡民居……类型丰富,建筑技艺精湛,是极富特色的建筑艺术,具有很高的旅游欣赏价值。这是中国几千年来留传下来的文化遗产,是各民族人民智慧的结晶,更是一种文化的传承。而要想对这种民俗文化进行发扬与传播,人们需要通过发展旅游业让更多的人们了解传统民居的民俗风情以及地域风采,使游客通过自身最直接的情感体验感知民俗文化。

三、传统民居的美学特性

传统民居有着其特殊的美学特征,这些美学特征主要体现在中国传统文化的浓厚伦理学意蕴中。例如,安徽黄山的呈坎村,整个村庄呈八卦形布局,呈坎整个村落按《易经》中的"阳为呈,阴为坎,二气统一,天人合一"的八卦风水理论选址布局,依山傍水,形成三街九十九巷,宛如迷宫。在村落建设上,按先天八卦图主四卦布局形成:诠释了水火相克生万物,天地容万物的先哲理论。同时呈坎村内古老的龙溪河宛如玉带,呈"S"形从北向南穿村而过,形成八卦阴阳鱼的分界线;村落周边矗立着八座大山,自然形成了八卦的八个方位,共同构成了天然八卦布局。

(一)传统民居的自然美

欣赏传统民居时不能将其与山野、竹林、清溪等这些自然环境因素分隔开,正所谓"天然去雕饰",与自然环境的巧妙结合,对地方气候的适应及地方材料的运用,真实地反映了由于地域、气候、民族风俗甚至人的性格爱好等差异所形成的鲜明特色,并顽强地保持着各自类型的稳定性和延续性。例如,皖南村落就是将村落的整体限定和控制在自然环境特定的环境之中,巧妙地使村落或随坡就势,或依山傍水,掩映在自然山水的环抱之中,造就了众多环境优美又各具特色的村落形态。地处云贵高原的大理周城白族民居,坐落在苍山洱海之间的坡地上,为了争取更多的日照,减少风灾的影响并尽量少占平地,白族人民在吸取汉族民居院落式布局优点的基础上,因地制宜,创造出了著名的民居建筑形式"三坊一照壁"。还有诸如北方平原地区的北京四合院、湖南湘西土家族民居、热带气候的傣族竹楼及江南水乡的"枕河人家",都以其与自然环境的完美结合散发着强烈的乡土气息,给人以新奇生动之感。

自然美并不意味着传统民居不具有人为性,反之正是人为性使得传统民居能够与自然非常好地进行结合。例如,徽州地区的呈坎村,就是当地民众在迁居的时候发现此地的自然地貌有八卦的形状,无论是河流、山川还是平地都有着恰到好处的自然美。所以,当地民众在自然的基础上进行了创作,建造观音庙和关帝庙来代表阴阳鱼眼,在河流的一边聚居,在河流的另一边耕种。再如,徽州地区的宏村,当地民众在自然形成的池塘的基础上进行修整和扩建,引入河水,在池塘周围种植了许多古树,逐步形成了以牛的形象为基础形状的村落形状。这一系列的自然美与人为美相结合的传统民居都是中国祖先的伟大智慧,是中国文化美学的杰出代表。

(二)传统民居的形式美

民居的形式美需同时满足两个条件,一是和谐统一,二是变化多样。皖南各村落地处同一文化圈,地理条件类似,布局思想、具体建筑类型、色彩及材料相近或相同,却创造出极其生动丰富的变化。在同一村落中,单一类型的建筑形式元素间疏密排列的关系、构图的安排、虚实的处理都非常讲究,村中景观十分谐调统一却绝不千篇一律,呈现出高高低低、起起伏伏、大大小小、虚虚实实的情趣和意境。屋顶的交错跌宕、屋顶与墙面色彩的对比、门窗洞口跳跃般间隔排列,如音乐般优美的节奏和韵律。不同的村落中,构成其形态的民居类型大致相同,但由于在空间序列、空间意象上不同的取向,利用自然环境的相对差异等等,使不同村落之间也造成不拘一格、千变万化的空间意趣。

形式美主要体现在比例和造型上。建筑是凝固的音乐,音乐是流动的建筑。建筑能够以音乐的方式进行比喻,很重要的一点就是建筑能够重复地以一定的比例进行建造。我们经常能够在传统民居中看到的一些对称形状,虽然居住的使用内容不同,但是居住环境的对称性是大多数建筑师在传统民居设计中的一个基本原则。也有一些建筑因为其地块的限制,没有办法形成良好的对称性,那就需要具体问题具体分析,形成适合地块特色的民居设计。

（三）传统民居的浪漫美

用现代的眼光对传统民居进行审美时更应注意,传统民居在实用功能上有些是落后的,所以应从整体去审视和把握其特征,以超功利的姿态审视传统民居的内在气韵和空间意境,避免局限于技术条件和功能层面。普通民居或以单体建筑形式出现,或以群体组合出现;或依山傍水、高低错落;或孑然独处、简约空旷;或小院青青、宁静安详。丰富的空间序列、整体的空间意境、优美的环境氛围总是给人以强烈而鲜明的艺术感受。由于饱含情感和审美理想,历来无论是普通百姓,还是诗人、艺术家,皆钟爱这份意韵情趣,并不断对之进行艺术加工,使之具有诗情画意的浪漫美。

人们总说风景如画,是说景物像画一样美,说明经过一定的艺术加工和提炼,加入主体的志趣爱好,民居之美可以得到充分展示和升华。李白的"樵夫与耕者,出入画屏中";刘禹锡的"朱雀桥边野草花,乌衣巷口夕阳斜";杜牧的"千里莺啼绿映红,水村山郭酒旗风";等等,描写的都是普通山村中的寻常民居,即便是现在仍能找到与这些诗句对应的情景。例如,江浙地区的周庄、乌镇及南浔等地依然还保存着"小桥流水人家"的水乡景色。

📽 知识延展

"江南第一家"——郑宅镇

"江南第一家"——郑宅镇坐落于浙江省金华市浦江县。景区以丰富的古代家族文化和明清建筑组合为特色。"青山庭院古镇,小桥流水人家",是一组独具情味的古镇风貌景点。"江南第一家"是国家4A级旅游景区、全国重点文物保护单位、浙江省廉政教育基地、浙江省爱国主义教育基地、浙江省首批中小学生研学实践教育基地。

"江南第一家"又称郑义门,有牌坊群、廉政展馆、郑氏宗祠、白麟溪、"十桥九闸"等主要景点。郑义门历经宋、元、明三朝十五世同居共食,孝义治家名冠天下,景区文化内涵丰富,数百年间家族成员为官无一贪渎,以其清廉家风名扬于世。

一进偏门,一块"江南第一家"的巨大匾额赫然触目,门前两旁书着"耕""读""忠信孝悌""礼义廉耻"十个大字。这每一个字,仿佛都在向人们展示那已久远的年代,仿佛都在向人们昭示那个年代所发生的动人故事。

北宋时候,有一个叫郑淮的人与两位兄弟迁到浦江,人称"浦阳三郑"。郑淮的孙子郑绮就是十五世同居的倡导者和开创人,人称"同居第一世祖"。郑绮善读书,他肩负着振兴家业的重任,开始以"孝义"为宗旨治理家政。郑氏家族在明朝初年,步入顶峰。此时,它已是"阖族殆千余指",家族规模宏大,组织严密,为世人瞩目而誉播八方。其不少族人参与了朱元璋统治时期各项政策的制定,而朱元璋出于治国的需要,也借鉴郑氏家族的治家实践,以便有效地控制政局。

郑氏宗祠全祠下门向西,面向白麟溪,门额"郑氏宗祠"匾。郑氏宗祠扩建于元初,占地六千六百平方米,迄今已有六百五十余年历史。后来经过明清时期数次扩建,虽有破坏,但基本格局尚存,端庄肃穆,古朴厚重,入门后,右侧有一石碑,上书"白麟溪",是元丞相脱脱所书,左边是一排苍劲古柏,据传是宋濂亲手所植;旁边的水池称"洁牲池",里面有两种小池,形成一个"品"字。一行古柏,一个品字,寓意"一品当朝"。整个郑氏宗祠可分为五进。前为师俭厅,次为中庭,三为有序堂,四为孝友堂即拜厅,五为寝室,正位供奉同居列祖神位。拜厅正悬"孝友堂"匾,左悬"会膳钟",右有"听训鼓"。这儿的钟鼓在当时是很有讲究的。"会膳钟"每天早上敲二十四下,全族人员同时起床;接着敲四下,同时梳洗;再敲八下,男女分成两队,到"师俭厅"来听家长训话。敲"听训鼓"即表示家长开始训话。全祠共有屋六十四间二弄,祠内元、明名人碑刻、匾额、楹联达三十多块(对)。"敕旌孝义宗祠"原为明进士张奕槐题;"孝义家"三个大字巨匾是明太祖朱元璋亲书;"师俭"为翰林周伯温书……郑氏一门把大同理想融在家仪中,把有序、师俭列为治家的两大支柱。因为序能解决人与人之间的关系,"有序则不乱,不乱则安";俭能解决人与欲的关系,"俭则无欲,无欲则廉"。

郑宅镇的街道上依然露出丝丝古风,在白麟溪上横跨着十座石桥,这就是"江南第一家"有名的自然景观十桥九闸。桥建于明代,几经修造,每座桥设以水闸,便于人们洗濯。白麟溪水源于风景秀丽的玄麓山,溪水清流荡漾,两岸柳丝飘然,景色绚丽宜人。过桥可见一碑亭,即坐落于白麟溪南岸,建于清乾隆二十三年(1758年)的九世同居碑亭,上面刻有元代翰林学士承旨禄帖木耳手书的"一门尚义　九世同居"八个大字,示以劝诫后世。

"天下第一村"——张谷英村

张谷英村位于湖南省岳阳以东的渭洞笔架山下,是明清时期始建至今保存完好的古代传统村落。村子背倚青山、面朝绿水,往来耕作、鸡犬相闻,是一个山清水秀、民风淳朴的小村庄。村内聚族而居的一组古建筑群,已有600多年的历史。20世纪80年代后,因它独具的建筑风格、优秀的文化传统、优美的田园风光和淳朴的民俗风情,吸引了国内外大批游客,一时成为岳阳市内与岳阳楼、君山岛齐名的旅游胜地。张谷英村以其建筑规模之大,建筑风格之奇,建筑艺术之美而享有"江南第一屋场""天下第一村"之美誉,并于2001年被国务院确定为全国重点文物保护单位,2003年被中华人民共和国建设部、国家文物局授予首批全国"历史文化名村"称号。

张谷英村,是明清时期江西人张谷英迁至岳阳县渭洞时修建的一片古建筑群,总建筑面积达5.1万平方米,大小房屋1732间,天井206个。这么庞大的建筑群由60多条巷道连接成一体,生活在其中"天晴不曝日,雨雪不湿鞋",展现出我国传统民间建筑风格的奇特和民俗风情的淳朴。这一大片的建筑屋脊连屋脊、天井连天井,厅堂要堂,浑然一体,屋宇绵延,檐廊衔接。顺着屋脊望去,张谷英村整个建筑就变成了无数个大小不等的"井"字。张谷英村包含当大门、王家塅、上新屋三栋主体建筑。三栋主体建筑的门庭各自分东、西、南方向设置,主庭高壁厚檐,围屋层层相围,分则自成系统,合则浑然一体。人在其中,好像打开了历史的尘封,进入了古老奇妙的迷宫。规格不等而又相连的每栋门庭都由过厅、会面堂层、祖宗堂屋、后厅等"四进"及其与厢房、耳房等形成的 3 个天井组成。厅堂里廊枋比、天井棋布、工整严谨,格局对称,形式、尺度和粉饰色调都趋于和谐统一。建筑材料以木为主,青砖花岗石为辅。檐内,浑圆的梁柱上刻有太极图,屋下镂雕的是精巧的小鹿,窗棂、间壁以及隔屏大多以雕花板镶嵌,图案有喜鹊、梅花、猛兽之类,栩栩如生。这些精美绝伦的雕梁画栋与大屋的防火巷道、排水系统代表着明清时代的最高水平,被公认为"三绝"。张谷英村古建筑的规模、布局及内在各个细节的雕刻、设计均体现出我国古代人民的智慧和建筑、设计技艺的高超。

第四节 服饰文化审美

服饰是生活中必不可少的一个部分,也是旅游生活中重要的一项审美活动。人之所以不同于动物,很重要的一点就在于人会用服饰来遮挡身体,而不仅仅是为了取暖。因为如果去掉了衣服,人与其他生物之间缺少了直观上的区别。虽然这种遮挡在最初的意义上可能是为了某种取暖,但是在人类不断演化的进程中,服饰具有了越来越多的象征意义。从原始社会开始,我们就能在古墓中发现一些地位较高的人下葬之后不仅有着很多的随葬品,而且有着很多的服饰装饰品。特别是在汉代墓葬中发现的"金缕玉衣",说明了在古代服装就已经是区别人与人之间权力、地位、身份的重要象征。更重要的是,"金缕玉衣"说明服装还具有文化美学的含义。玉衣不仅是穿戴者身份等级的象征,皇帝及部分近臣的玉衣以金线缕结,称为"金缕玉衣",其他贵族则使用银线、铜线编造,称为"银缕玉衣""铜缕玉衣"。之所以穿戴者会采用金子和玉器,根本上还是因为金子和玉器产量少,色泽鲜丽,保存较为完整,做工更为精细,在审美上更符合人们对于美丽图案的追求和向往。

一、服饰的理解

服饰是一种重要的文化现象。服饰既具有器物文化性质,是人类物质劳动的成果,又具有精神文化性质,寄寓着一个民族的政治、伦理、道德、信仰等意识形态方面的内涵。中国有着悠久灿烂的服饰文化。从传说中的"黄帝垂衣裳而天下治"到"汉家威仪",到"魏晋风流",再到"大唐风范",各民族的服饰更是炫丽多姿。苗族、瑶族、侗族各不相同的"花衣"与百褶裙,傣族妇女的花筒裙,藏族的藏袍,维吾尔族的"袷袢"和连衣裙等,这些各具风姿的服饰文化景观,构筑了中国服饰文化史,影响了中国人的现实生活。荀子曰:"入境,观其风俗,其百姓朴,其声乐不流污,其服不挑,甚畏有司而顺,古之民也,"这说明服饰是观风察俗的一项重要标准。

服饰以它的十大民俗性格——民族、性别、年龄、职业、色彩、质料、样式、季节、工艺、体形成为民俗文化中的重要组成部分。它作为一种物质文化,蕴含了地域风貌、社会特点、民俗特征等丰富的审美内容。现如今,服饰民俗也是民俗旅游中一个靓丽的旅游产品,以其鲜明的实用性、审美性、文化性、历史性抓住了人们的注意力,成为一项重要的旅游资源。

二、服饰美学

服饰美学包含在美学范畴之内,是美学中的一个分支,它如美学一样是以审美经验为中心研究美和艺术的学科。服饰美学伴随着人类社会的发生发展,逐步走到了今天,其形成也可以归结为如下三种情况:

首先,人类对服饰的审美产生于对对象的模仿。人与动物的差别之一就是最善于模仿,人类最初的知识就是通过模仿外界对象而感知和体会到的,在模仿的过程中,人同时感受到了快乐。比如,原始人类是由于本能而做出装饰行为,但在选择采用什么样的兽皮、羽毛的过程中,逐渐形成了一种取舍标准,这种取舍标准也就是当时情况下的服饰审美标准。

其次,服饰的审美产生于游戏活动。如果人是为了需要即为了功利目的而活动,那就是工作和劳动;如果人类为了排遣剩余精力而活动,那就是游戏。审美是没有功利目的的,它与游戏一样只是求得自由和快乐,美感便来自所谓的"游戏冲动"。人类在满足了最基本的生活需要以后,就会把精力消耗在游戏活动中,这些剩余的精力也就会更多地被用于对服饰的关注上,由此而产生越来越丰富多彩、千变万化的服饰审美形式。

最后,服饰的审美来源于劳动过程。这是一种历史唯物论的基本表述。历史唯物论认为,生产实践活动是人类的基本活动,是对客观世界的主要把握方式。人类首先要满足自身的物质需要,因此这种生产实践活动主导了其他一切活动,包括审美活动。服饰的审美同原始民族的舞蹈、绘画、装饰、文字等一样,起源于劳动实践,劳动启示了审美对象的形式,审美创作技巧和美感。

三、服饰的美学特性

(一)地域性

服饰民俗作为旅游资源突出表现在地域性特色上。这种地域性包括地理状况、气候条件、自然资源、生产方式、社会生活、植物分布等,它们均能影响服饰的结构、原料、样式和色彩。我国地域范围大,服饰显示出北方和南方、山区和草原的巨大差别,表现出不同的风格和特点。北方严寒多风雪,森林草原宽阔,分布在此地区的北方少数民族多靠狩猎畜牧为生,其服饰的主要特点是厚、长、暖;南方闷热多雨,山地夷陵相间,生活在其间的少数民族多从事农耕,服饰特点则是短、窄、轻、薄。生活在高原草场并从事畜牧业的蒙古、藏、哈萨克、柯尔克孜、塔吉克、裕固、土等民族,穿着多取之于牲畜皮毛,用羊皮缝制的衣、裤多为光板,有的在衣领、袖口、衣襟、下摆镶以色布或细毛皮。藏族和柯尔克孜族人身着用珍贵裘皮镶边的长袍和裙子显得雍容厚实。哈萨克族的"库普"是用驼毛絮里的大衣,十分轻暖。

(二)民族性

服饰民俗受到民族地域、民族经济生活、民族社会结构、民族心理等多方面的制约,表现出明显的民族性特征。我国民族种类繁多,分布广阔,且偏远民族地区长期以来交通不便,互相交流困难,因而民族服饰多姿多彩,服饰文化内涵丰富,有取之不尽的服饰资源。如苗族分为红苗、黑苗、白苗、青苗、花苗五大类,其中的花苗又包括了大头苗、独角苗、蒙纱苗、花脚苗等,皆以不同的服饰划分。这样一来,不但不同的民族具有不同的服饰,仅是同一民族内也因支系的不同而具有不同的服饰,使得我国民族服饰显得格外丰富。2018年10月,首届多彩贵州民族服饰设计大赛决赛在贵州省黔西南布依族苗族自治州兴义市举行,比赛展示了600多套民族服饰,其品种之多、款式之奇、色彩之艳、花样之繁令人惊艳。这种审美标准受到一个民族的语言、文化、文字、风俗、宗教、伦理、生产方式、生活方式的强烈影响。如朝鲜族,自古以来崇尚白色,服装以白为美;汉族尚红,所以古代喜庆服装多红色。

(三)时代性

社会的发展,时代的变迁,必定会给服饰提供更多更新的质料和样式。风俗本身就是时代的产物,不同的时代,人们有不同的心理需求和不同的审美标准,服饰风俗也会随之发生变化。例如,汉族男子曾经长时期穿着的汉服在清军入关之后改成了马褂,虽然曾经代表着压迫和残酷,但是在长时期的民族融合中,马褂也发展出了适合汉族男子的形式,逐渐成为了汉族男子也接受的服装。反之,我们能够看到旗袍在汉族女子中,虽然不是强制穿搭的一种存在,但是民国时期,随着旗袍的走红,越来越多汉族女子也开始穿旗袍,特别是穿着改良旗袍来展示自己开放的思想和美丽的身姿。自秦汉以来的肥衣大袖的汉服早就变成了历史的遗迹,清代的长袍马褂也成为了博物馆里的文物,曾经被称为"时尚"的旗袍现在也只有在特别的场合才能看到。

（四）实用性

服饰首先是"服"，其最基本的功能就是御寒、避暑、防伤。而服饰与服饰民俗本质的一致性，突出表现为服饰民俗的实用性。东北农村的羊皮大衣、厚棉裤，体现出粗犷之韵，但从本质上说，是为了适应在天寒地冻的环境里劳动生产的需要。朝鲜族的短上衣、蒙古族的大长袍，均同水稻插秧、草原牧猎有密切关系。任何民族服装的基本样式，最初设计时都是主要考虑到生产劳动和生活过程的基本需要。还有一些服装，如护膝、护腕、头盔等在骑摩托车或进行某些竞争性比赛的时候，经常进行穿戴，以防止骑行者和运动员受到某种不可预测的伤害。

（五）心理性

在日常生活中，我们经常听到一些有趣的俗语，例如，你要穿秋裤不是因为你冷了，而是因为你妈妈觉得你冷了。这说明了服装不仅具有御寒、避暑和防伤等直接实用功能，还有一些间接心理功能。有的时候并不是真的冷，而是穿上衣服，或是带上衣服会给人某种安全感，这种安全感来自人本身身体的局限性。当然，也有一些服装的间接心理功能是为了加强穿着者的信心，如在面试的时候穿上一套得体的职业装，会增加面试者的信心；在毕业晚会上穿一套美丽的晚礼服，能够让毕业女生敢于向自己平时暗恋的男生表白；患者面对身穿白大褂的医生会萌生强烈的依赖感和信赖感。

（六）文化性

服装还带有明显的文化性。在古代国家中，服装的文化性往往体现在民族服饰、不同阶级穿着服装等上面，然而随着现代主义文化的发展和生产力的提升，标榜着自由的一些设计师款服装逐渐流行，人们越来越追求属于自己的服装品位，带有地域文化、时尚气息的各种文化性服装和服装节开始频繁出现。特别是巴黎时装周、东京时装周与米兰时装周三大世界服装盛会的诞生，为不同文化交流各自的服装，探求现代社会服装文化的多样性和特殊性提供了一个交流的平台，诞生了许多具有文化气息的服装作品。

在当下的后现代主义浪潮中，不同的文化群的服装层出不穷。我们经常能够看到在年轻人中，有一些人会穿着印有文字、标志和图片的T恤和汉服、制服、洛丽塔等服装；在一些动漫展会，角色扮演也已经成为常态。年轻人将自己所处的青年亚文化与服装进行统一，创造了各种具有文化特征的服装。这种潮流还将继续维持下去，并且成为淘宝、拼多多和京东等网络平台上售卖量最大的服装之一。

（七）阶级性

服饰是"无声语言"，在古代中国，它能表达一个人的地位、身份，古时人们可从官员所着官服判断出他是文官、武官，并且知道他属于哪一品级。如清朝，皇帝以下文武百官，均以九个等级来划分，即九品。文官的服饰全以禽类为图案，一品至九品分别为：仙鹤、锦鸡、孔雀、云雁、白鹇、鹭鸶、鸂鶒、鹌鹑、练雀。武官的服饰则以兽为图案，一品至六品分别为麒麟、狮、豹、虎、熊、彪，七品、八品为犀牛，九品为海马。在西方古代，特别是一些大一统时期，如古代罗马、拜占庭、波斯等时期，也存在和我国古代类似的官员等级着装规定。除了这些大一统时期，我们依然可以从平日的着装中看出一个人的阶级。例如，中世纪的农民不会穿着特别华丽的衣服，而中世纪的贵族却会在日常穿着长袍。在现代国家，服装也往往带有某种阶级属性。例如，我们能够看到工人往往不会穿着华丽，而是以工作服为主，美国农民多穿牛仔服，资产阶级则是各式燕尾服。虽然没有明文规定工人一定要穿工作服，农民一定要穿牛仔服，成功人士一定要穿西装，但是作为一种习俗，被作为区分阶级的一种主要直观手段。

（八）性别与年龄特征

这一特点在服饰上的表现是显而易见的，男女由于体形及所从事的劳动不同，服饰上存在着明显的性别差异。拿民族服装来说，传统女装总保留着浓郁的民族和地域特色，不大容易受外界影响而改变。男子装束较易变化，且趋于简便。比如苗、藏、瑶、傣、黎等族，其传统女装千姿百态，而传统男装则不过几种而已。年龄上的特点，如彝族，青年男女服装色泽鲜艳，喜用对比强烈的颜色，纹样繁多；中年妇女的纹样较之青年妇女为少，使用颜色多为天蓝、绿、紫、青等色，素雅庄重；老年服装则更素净，惯用青、蓝等颜色，一般不做花色。朝鲜族的姑娘梳单辫，只穿刚过膝的褶裙，已婚妇女梳髻或留短发，穿长及脚跟的长裙或缠裙。

（九）象征性

我们也要注意到服饰还涉及一些特别的原因，例如，齐王好紫衣，国中无异色；晋公好恶衣，朝中尽褴褛；吴王好剑客，百姓多创瘢；楚王好细腰，宫中多饿死。这些因为统治者个人的爱好而导致全国百姓的服装发生变化的案例比比皆是。法国路易十四世由于较矮发明的高跟鞋，也因其特殊性风靡全国。孙中山为了团结中华民族和实现共和而设计的中山装，在广泛吸收欧美服饰的基础上，综合了日式学生服装（诘襟服）与中式服装的特点，设计出的一种立翻领有袋盖的四贴袋服装。在20世纪50年代由于我国和苏联交往密切，列宁装又曾经风靡一时，每一位青年都以获得一件列宁装而感到骄傲。总之，服装的设计和普及有许多的影响因素,服装本身又会体现出许多特殊的象征性和审美特性。

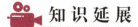

知识延展

黔东南苗族侗族自治州剑河县革东镇苗族服饰赏析

苗族服饰类型、式样多样,已有不少专家根据不同标准对苗族服饰进行分类。例如,杨正文在《苗族服饰文化》中按照苗族的分布由东向西把苗族女装分为14型77式。

苗族头饰有方形花格丝帕、发簪、小梳子、耳环等,其中手工较为精致的是妇女所戴的丝帕和小女孩戴的帽子。妇女的丝帕由丝线织成,颜色一般包括黑、黄、白、紫、红和桃红几种颜色。女孩戴的帽子上有纹饰,一般是绣树枝、花、鸟、蝴蝶、几何等图案。头饰中的银饰,如耳环、发簪等一般由男性来铸造,丝线由妇女养蚕而得,丝帕由妇女织成,绣花也是由妇女来完成的。

苗族男子的衣裳包括上衣和长裤,上衣是对襟短衣,裤子是长裤,无纹饰。苗族女子上身穿对襟斜系中长上衣,衣袖、衣肩、襟边及衣背有纹饰,是衣服的装饰部分;下身穿百褶裙,有三道挑花纹饰。腿上穿裹腿,裹腿一般有10尺长,5至6寸宽,冬天可穿来御寒,夏天不穿,它是织成的,有红、黑、白、紫等颜色。上衣绣有花、蝴蝶、老虎、人、猴子等纹饰,裙子绣有人、马、山岭、河等(如图5-1)。

图5-1 黔东南千户苗寨苗族服饰展示

苗族服饰中制作工序最为复杂的就是衣裳,其原料都是由天然或人工种植、养殖的植物、动物做成的,而这些工作主要是由妇女承担。苗族的线有丝线和棉线,丝线主要用于绣花,棉线用来织布。丝线主要靠养蚕而得,而棉线靠种棉花。在服饰的制作中,如种植原料、纺线、织布、绣花、裁剪衣服、"踩裙"(即把裙子做成百褶的样子),都主要是由苗族妇女来完成。

苗族刺绣技法多样,刺绣工艺精湛,其名声早已传播海内外(如图5-2)。每年都有海内外人士收购苗衣,其中不乏世界级品牌服装设计者。更值得一提的是,苗族妇女创造的、使苗族服饰丰富的多样纹饰(如图5-3)。现在苗乡还流传着苗族妇女创造衣服纹饰的苗歌,她们唱道"有了布就可以做衣服,怎样做才好看?天上的彩虹五彩缤纷,就照它的颜色来绣;树上的鸟儿漂亮,就照它的模样来绣……",苗族妇女就这样从大自然和生活中得到灵感,最终由她们制作的服饰向世界展现出她们的聪明才智以及她们对生活的记忆和美好向往。

图5-2　黔东南非遗传承人手工刺绣的苗族衣裳

图5-3　黔东南非遗传承人手工刺绣的苗族衣饰

第五节　民间演艺审美

演艺是表演艺术的简称,是以演艺产品的创作、生产、表演、销售、消费及经纪代理、艺术表演场所等配套服务机构共同构成的产业体系。演艺产品具体形态包括音乐、歌舞、戏剧、戏曲、芭蕾、曲艺、杂技等各类型演出。民间也有各种以演艺为生的团体,有些团体极具地方特色,如各种地方戏曲的传承人及其团队。也有些团体极具荒诞色彩,如葬礼上的舞者。这些民间演艺者用自己的表演为民间文化提供了具体形式,为民众提供了娱乐消费。不同于精英主义的演艺文化,民间的演艺文化更加强调通俗易懂和地方性原则,所以民间演艺往往复杂多变,一个村子就有一个村子特殊的演艺规则和演艺传统,造就了中华大地上璀璨无比的民俗文化。

一、民间演艺

民俗文化是我国的文化瑰宝,民间演艺是民俗文化的重要组成部分,在各种民俗传承中,民间演艺是民俗文化中最富有活力的一部分。在民俗学研究中,学者一般就把演艺民俗和文艺结合在一起研究,统称为文艺演艺民俗。

文艺演艺民俗包括文艺民俗和演艺民俗两个方面。具体而言,文艺民俗包括民间口头文学、民间美术、民间音乐、民间舞蹈、民间游艺、民间工艺几个方面。演艺民俗,也被称为民间技艺民俗,包括竞技、游艺、体育、工艺等方面的内容,如民间举办的龙舟比赛、龙灯、曲艺民俗、杂技民俗等,都是民间演艺民俗的表现。

演艺民俗的主要产品形式是艺术表演,是人们在生产生活的过程中自创的一种民间艺术表演,热闹、喜庆和具备一定的观赏价值是演艺民俗的主要特征,兼有一定的竞技性、娱乐性、艺术性。随着改革开放的深入,我国演艺市场开始走上机构合理、稳步发展的阶段,许多地方把演艺民俗逐步纳入到文化旅游产业发展规划中。

随着人们生活水平的提高和对文化生活需求的加大,人们对中国民俗的关注重新升温,尤其是民俗中的演艺民俗以其活跃、喜庆、热闹等特性备受人们的青睐,它已成为文化旅游活动中不可或缺的部分。

二、民间演艺的主要类型和美学特性

(一)民间音乐

1. 民间音乐的概念

中国传统音乐在漫长的发展过程中,因不同文化阶层的参与,形成了民间音乐、文人音乐、宫廷音乐、宗教音乐等四个主要组成部分。由于不同的阶层有着截然不同的生活习惯、文化背景、品位情趣,因此中国传统音乐也形成了多样的音乐文化和审美追求。其中民间音乐以它拥有的绝对数量及广泛的覆盖面、优美动听的旋律、鲜明浓郁的特点、真切质朴的情感、蓬勃旺盛的生机,在我国传统音乐中占有绝对的优势地位。可以说民间音乐是其他各类传统音乐的基础,无论是文人音乐、宫廷音乐还是宗教音乐,都在民间音乐中汲取了大量的养分,并与之保持着密切的联系。

中国民族民间音乐,是指长期流行于中国各民族聚居地区,有着本民族优秀文化底蕴和体现民族特色的传统音乐艺术。严格来讲,民族民间音乐的概念应归属于民族音乐范畴。民族音乐是从古至今中华民族地区一切音乐的总称,它包括群众的集体创作与文人的

专业创作。而民间音乐主要是指广大人民群众创造出来的,在民间广泛流传的音乐。民间音乐中还有很多亟待我们去发现并且需要传承的更具民族性更有价值的音乐。

2. 民间音乐的美学特性

由于民间音乐的创造者是劳动人民,因此也形成了具有劳动人民本色的审美特征。民间音乐的审美特征,从形态上看,因各民族、地域、时代等方面的不同而呈现出多彩多姿的风格之美;从内容上看,它体现了各民族、地域、时代的原生态文化特征,有着质朴率真之美。

(1)多样性

中华文化既源远流长,又是多民族、广地域、多朝代的文化,因而具有多彩多姿、气象万千的审美特征与情趣,所谓"骏马秋风冀北,杏花春雨江南"体现的就是审美形态的不同。音乐也是这样,其中尤以民间音乐体现得最为明显,具体表现为:

①地域性,这是形成民间音乐审美特征的一个重要原因。辽阔的华夏大地滋育出语言、旋律、节奏等各具特色的民间之乐。同是一首《绣荷包》,在江浙是委婉、流畅、细腻,在山东则是爽朗、粗犷,而在云南则是娇嗔、乖巧。不同地域的气质在歌中表现得淋漓尽致。

②民族性,中华文化本身就是一个各民族交融的文化,至今已是一个五十六个民族相融的大家庭,可以说,每个民族都有自己的音乐语言。以民歌为例,蒙古族的长调、哈尼族的哩噜、壮族的欢、苗族的飞歌等交汇成一部气势磅礴而又特色鲜明的大合唱。

③时代性,艺术是时代精神的展现。闻一多先生说"民间文化繁荣的时代也就是文化繁荣的时代",从春秋到魏晋南北朝、盛唐、明清等每个时代承传下来的民间音乐都有其独具特色的审美特征。民间音乐的形成有其时代精神的滋养,就如唐诗、宋词、元曲一样,哪怕是到了今天,时代变迁,却依然能让我们感到它们与所产生的那个时代血脉相连。

(2)原生性

民间音乐生长于百姓的劳动生活之中,所以至今我们在民间音乐中还依稀可以看到一些原生态的劳动生活情景。如边舞边唱的《采茶谣》中还保留着原有的采茶动作;川江船夫号子中还能听见船夫们与惊涛骇浪搏斗时发力喊出的"咳"声;在《跑旱船》的道具中也依然保留着船家们的重要劳动工具——船。这些源于劳动生活的细节,映衬出民间音乐与众不同的原生态之美。

闻一多先生在《歌与诗》中说"歌的本质是抒情,诗的本质是叙事",而民间音乐则把这二者巧妙地结合起来,无论是民歌、戏曲还是歌舞、曲艺往往都是既有故事性,又有极强的抒情性,如《兰花花》《天仙配》《凤阳花鼓》《丑末寅初》等多不胜举,这些都与其他几类音乐的美学特性形成了鲜明的对比。长期流传于民间的音乐,它在形式上和内容上并不符合宫廷音乐"中和之音"的要求,也无文人音乐的雅逸之美,更无宗教音乐的超世意境,但它更多一份蓬勃的生机,从而源源不断地为中国传统音乐输送着新鲜的血液。从祖先在劳动中偶尔碰撞出的一个节奏,或是涂山氏之女的一声"候人兮猗",或是先民们出于好奇而模仿自然界的一个声响到现在,民间音乐都以其多样性和原生性的美感,丰富和扩展人们的审美感受,提高人们的审美水平,成为推动传统音乐审美和艺术发展的巨大动力。

(二)民间戏剧

1. 民间戏剧的概念

民间戏剧是民间文学、音乐、舞蹈、美术、杂技等多种艺术因素的有机组合。它融唱、念、做、舞于一炉,以歌舞演故事是其基本的特征。民间戏剧是多元的艺术,民间歌舞、说唱和滑稽表演是其主要来源。各种艺术因素的聚合和向戏剧的转化,是在中国特殊的民间生活环境中完成的。

中国传统戏剧的特点体现在其综合性的艺术形式,同时也是一种行为艺术,通过演员夸张和程式化的肢体动作、表情、对白和舞蹈来讲述故事,具有强烈的娱乐性。民间戏剧的特点表现为演员的非专业性,没有固定的剧本,也没有专业的剧本,创作者大多为即兴表演,传承方式多为口耳相传,极少使用文字。

2. 民间戏剧的类型

(1)傀儡戏(木偶戏)

傀儡戏源自古代丧葬礼俗的俑人,最初的傀儡戏与丧葬习俗密切相关,后来才发展成为一种民间戏剧形式。有些木偶制作不仅精美,而且体型与真人相似,在1979年,山东莱西市院里乡发掘的一具高193厘米的大木偶,肢体由13段木条组成,关节可活动,坐、立、跪皆可。当下,在台湾还发展出了霹雳布袋戏这种年轻人喜闻乐见的新戏种。霹雳布袋戏的特色在于除了传统布袋戏中剑侠戏的武侠剧情,以及文戏中重视诗词文采和诙谐搞笑的特色之外,更发展出许多天马行空的剧情。霹雳布袋戏的木偶制作精良,更加符合年轻人的审美,配合电脑效果和视频剪辑,具有了超强的表现力。

(2)皮影戏

皮影戏是流传于全国各地的传统戏剧,也是国家级非物质文化遗产。皮影戏是一种用兽皮或纸板剪制形象并借灯光照射所剪形象而表演故事的戏曲形式。其流行范围极为广泛,因各地所演的声腔不同而形成多种多样的皮影戏。皮影戏在整体上可以看作一种光影艺术,它依赖于光线的作用,形成良好的艺术氛围。小说《活着》中的徐富贵就是凭借着皮影戏作为谋生的手段,在徐富贵的手下,皮影不仅代表着一种民间艺术,更代表了徐富贵的人生被命运和时代操纵的暗语。所以,我们能够看到皮影戏在当代的复兴不仅仅是因为其表现形式多么新颖,具有多么有趣的变化,而是因为其具有多重表达和内容。

（3）面具戏（傩戏）

面具戏以藏戏、广西的师公戏、土家族的傩戏为代表，大多是在宗教性节日习俗中产生，具有比较浓郁的宗教色彩。古希腊的戏剧演员也全程佩戴面具，不论其饰演的是男性、女性、神、人、长者还是小孩。这种以面具为表现形式的民间戏剧具有一定的难度，因为观赏者无法从演员丰富的表情中吸取情感，而只能凭借剧情、音乐和歌声等投入到戏剧中。所以，中国的面具戏也出现了类似四川变脸这类具有丰富变化性和表演性的变种戏剧。在当前现代社会，面具戏也开始进入到酒店和饭店中，演员通过其夸张的表现力在民间形成了良好的市场，这在一定程度上维系了面具戏作为一种民间戏剧的存在，为面具戏演员提供了生存之路。

（4）其他民间小戏

包括花灯戏、花鼓戏、采茶戏、秧歌戏等。花灯戏广泛流行于中国南方的江西、广西、浙江、湖南、湖北、云南、贵州、重庆、四川，以及北方的陕西等地，是一种戏曲艺术形式，属于汉族传统民间小戏剧种。花灯戏由花灯歌舞发展而来，俗称灯夹戏、花戏等。玉溪花灯戏源于民间花灯歌舞，是清末民初形成的流行于云南的地方戏曲。玉溪花灯戏革新较早，所以被称为"新灯"，其剧目及演出形式受滇剧的影响较大。在演出的艺术形式上，玉溪花灯戏多以两个人的歌舞和两个人以上的群舞为主，载歌载舞，内容丰富。

采茶戏是流行于我国南方赣、粤、鄂、皖、闽、湘等地的本土腔剧种，现存近30种。各路采茶戏的音乐各具特色，又存在着一定共性，传播于以江西为轴心，粤东北、鄂东南、闽西、皖南、湘东连成一片的"采茶文化区"。

秧歌戏是在中国广泛流行的一种传统戏曲艺术，主要分布于山西、河北、陕西及内蒙古、山东等地。它起源于古代中国劳动人民在田间地头劳动时所唱的歌曲，后与中国民间舞蹈、杂技、武术等表演艺术相结合，在每年的正月社火时演唱带有故事情节的节目，逐步形成戏曲形式。

这些民间小戏广泛存在于中国的各个地区，有的从地方文化中产生，有的受到时节影响，有的则和农作物的播种和收成相关联，充分说明和体现了中国民间戏剧的多样性和复杂性。

3. 民间戏剧的美学特性

（1）假定性

戏剧突出提倡假定性，经由节奏、韵律、姿态对生活动作进行加工、抽象、美化之后，通过符号化、象征化、装饰化的表意手段在舞台上创造出带有强烈形式美感的情境，从而传达特定的情感体验。在戏剧理论家看来，任何艺术再现都受约定俗成的惯例的影响，戏剧最大的惯例就是承认舞台上的角色是由演员装扮的，舞台是一个表演场所。所以，无论中国还是西方的民间戏剧，不管什么时期和什么地区，基本上都坚持一个基本原则，那就是时空的假定性。在缺乏真实场景的舞台上,戏剧演员用仅有的一些道具、装饰和灯光,表现民间戏剧的丰富性,运用一系列的歌声、台词和动作来带动观赏者的情感和联想,通过与观赏者之间的互动来共同建构戏剧本身。有的时候,戏剧舞台也是可以多变的,如空荡荡的舞台,被设定为戏剧演员所表演角色的内心,复杂的森林舞台,被设定为戏剧演员的野外生活,精致的家庭舞台,则被用来描述和表征人的日常生活。

（2）写意性

戏剧表现生活不是写实的而是写意的,它不是对生活的描摹模仿和照搬,而是对生活进行加工、抽象和美化。马鞭抽打就表示驰骋千里,船桨摇摆就表示行船万里,几队兵丁就表示千军万马。在莎士比亚的戏剧中,我们经常能够看到两个卫兵代表着国王的所有士兵,他们随着国王全程出现,即使没有一句台词,依然表明了国王具有千军万马。在黄梅戏《女驸马》中对公主府的表现,我们虽然看到的只是一些家具摆设,但是我们依然能够感觉到皇家宫殿的炫丽多彩。在戏剧中,表演者往往采用这种夸张的手法来表达自身的角色的某些特殊形象和动作,或者借用较大幅度的动作来说明自身的情绪和心情的激动。

（3）程式性

程式通常是夸张、放大并经过抽象、美化了的生活动作,它更加强调、突出、集中,更加具备节奏感、韵律感和美感,因而更具表现力和舞台戏剧性。在黄梅戏中,我们经常能够看到女性角色优美的动作和舒展的表情,在京剧中,我们也能看到练家子们对于自身功夫不遗余力地展示,各种跳、转、跑充分展现了表演者的心情,带动了观赏者的心情。当然,程式也不仅仅在民间戏剧中常见,在一些带有精英主义特征的戏剧中也往往采用程式来表达作者的心理形象和心理动态。这是因为戏剧所在的舞台较小,要突出表达戏剧作者的本意,表达戏剧演员角色的特征,就需要用较为夸张的动作来向观众传递更多的动作信息。

（4）虚拟性

戏剧通过虚空舞台、虚拟动作构筑起假定性的世界,依赖观众想象补充完成艺术创造。程式化的虚拟动作是戏曲表演的一个鲜明特点,它通过演员与观众的心理默契,取得物体意象和对其的理解:以鞭代马、双旗为车、持桨为船、筑台为城,使有限的舞台具备了更加宏阔的表现空间。如《文昭关》中伍子胥的几段唱词台上仅十几分钟,而代表的却是漫漫长夜。戏曲的空间更为灵活,演员跑个圆场,已从一个地方到了另一个地方,戏谚云"三五步行遍天下"是也。所有虚拟的事物,都是由演员用动作引导,在观众的想象中出现的。如《打渔杀家》这出戏,萧恩和桂英这父女俩一出场,每人手里只各自拿了一件船具,可是观众立即知道他们是在船上。再如《穆桂英挂帅》戏台上表演骑马只是用一根马鞭子,这种鞭子跟真正的马鞭也差得很远,可是观众却能被它吸引住,把它看成一匹真马。小至骑马、坐轿、行舟、开门、关门、上楼、下楼,大至山岳河流、下雨刮风、千里行军,都可以有意识地化为"符号",象征性地虚拟出来。

(三)民间杂技

1. 民间杂技的概念

杂技是我国传统的民间艺术形式之一,有着 3000 年的发展历史,扎根灿烂的中华文明,有着深厚的文化底蕴,雅俗共赏,深受国内外观众的喜爱。我国传统杂技具有独特的精神风貌和审美趣味,它凭借肢体语言展示人的力量之美或人的形体之美,塑造直观具体的艺术形象,将客观物体抽象化、道具化,表现人与物的对抗,最终实现人与物的统一,传递着一种田园牧歌式的和谐。如抖空竹、转碟、顶碗、蹬板凳等都是对中国几千年农耕文明生产、生活用品和生活情景的演绎,通过对生产生活用具的熟练掌握实现人与物的统一,刚柔并济,动静相宜,显示出农耕文明自给自足的内敛与和谐。

随着社会的进步,民间杂技从撂地表演走上了剧场舞台、从单一的技巧展示到如今的表演形式多样化,不断地借鉴、汲取其他艺术门类之所长,让现代杂技逐渐发展为以技巧为核心,利用各种艺术手段,融合多种艺术风格的综合性艺术表演形式。险、难、奇、谐是杂技审美的基本要素,它的许多节目从道具动作的铺垫,都要向更高的峰巅推进,如椅子顶,一个又一个椅子,以奇难的角度,斜飞般堆叠上去。但在险中却要求稳,动中求静,处处显示演员履险若平,冷静、精确的技巧和千锤百炼的硬功夫。只有产生这种艺术效果,才算完成节目的美学追求。

2. 民间杂技的美学特性

(1)民族性

民族性是一切艺术的生命与灵魂,也是一切艺术最为重要的美学特性。鲁迅先生曾表述:"有地方色彩的,倒容易成为世界的,即为别国所注意。打出世界上去,即于中国之活动有利。"他所说的"地方色彩",指的也是民族特色,因为地域文化是民族文化的重要组成部分,地方色彩愈鲜明,民族色彩也愈强烈。中国的杂技艺术也以中华民族独有的民族性作为重要的审美特征之一。我国民间杂技艺术历史十分悠久,早在春秋战国时期就已有萌芽形式出现,至汉代才初步形成。中华人民共和国成立以后,党和国家十分重视杂技艺术,建立起许多专门的杂技艺术表演团体,并屡屡出访世界各国,在许多重大的国际杂技比赛中屡创佳绩,屡获殊荣。

(2)丰富性

丰富性是杂技艺术另一大美学特性。杂技是在特定的环境中,运用各种道具,以高难度和惊险的技巧为主要手段表演的人体技艺。狭义的杂技包括蹬技、手技、顶技、踩技、车技、柔术（软功）、爬竿、走索（硬钢丝、软钢丝、绳索等）等；广义的杂技，除包含狭义的杂技项目以外，还包括口技、魔术、驯兽、滑稽表演等。杂技的内容丰富，形式多样，种类繁多，美不胜收。按照表演环境与条件的不同还可划分为舞台杂技、高空杂技、水上杂技、冰上杂技等等。有的时候，一种杂技表演可能需要多个人员和多种技术共同表现才能够完成。例如，在一些与驯兽相关的杂技中，杂技演员除了与野兽有着相对的控制能力，也有着较高的杂技水平，能够配合野兽进行相对应的一系列高难度动作，从而吸引观赏者的眼神，获得观赏者的喝彩。还有些杂技演员可能一个人会进行多种杂技表演，如在刚表演完车技之后，马上会走上钢丝，这种变化多端的多技能表演更能够让观众对杂技演员产生钦佩，对杂技演员的技能称赞。

（3）技巧性

技巧性也是杂技艺术重要的美学特性之一。杂技是人体技巧艺术，所谓"技巧"，指的是较高的技能。杂技的技巧性，主要表现在两个方面：一是高难动作技巧，包括走索、柔术（软功）、顶技、蹬技、手技等。如先后打破并创造 5 项走钢丝吉尼斯世界纪录的阿迪力·吾休尔，他被选定为"抢救民间文化遗产工程形象大使"，在"抢救民间文化遗产工程"的大型公益活动"极限之旅——探险天坑"中成功完成高度为 666 米、长度为 661 米的走钢丝表演，在国内外引起轰动。二是惊险动作技巧，如"空中飞人"就是十分惊险的动作技巧，又如柯受良的"飞车跨黄河"，更是惊险万分的动作技巧，震惊了全世界。这种超高的技巧往往需要杂技演员多年的训练经验，我们经常说"台上一分钟，台下十年功"，没有长时间的训练就没有杂技演员高超的杂技技巧。当然，我们也要承认一些高科技在民间杂技中也逐渐有了许多应用之处，如飞车、VR、激光等被民间杂技创新利用，产生了一系列新的民间杂技，代表着杂技的新方向。

知识延展

"天山雄鹰"阿迪力"飞渡"黄河

2018 年"十一"黄金周期间，新疆"达瓦孜"第六代传人阿迪力来到位于宁夏回族自治区青铜峡市的大禹文化园，每天以高难度动作挑战横跨黄河大峡谷，给游客带来惊险刺激的非遗"盛宴"。身着鲜红色民族服饰的阿迪力手持 9 米长 18 公斤重的平衡杆，脚下 3.6 厘米粗的钢丝闪着银光，黄河水流湍急。阿迪力像只火红的飞燕，平稳"飞行"在蓝天白云间。

此次横跨黄河大峡谷，由阿迪力和徒弟共同完成，两人相向行走，并在中点处完成换位。看着阿迪力挑战高空无保护蒙眼走、金鸡独立、高空飞檐、盘腿端坐、高空自拍等一系列高难度动作，观众的心脏也似乎悬在了钢丝上。

2016 年 8 月 26 日，阿迪力成功完成 1800 米无保护高空钢丝行走，横跨黄河大峡谷，刷新了吉尼斯世界纪录。两年后，他带领团队全部成员重游故地，不过此次的惊险指数和难度系数较上次都有增加。据活动主办方介绍，这次钢丝高度降低了 5 米，弧度增加 30 度，人员在上下坡时会更消耗体力。同时，因黄河正处汛期，其中 1000 米长的钢丝无法用斜拉钢索固定，只能悬挂石块保持稳定。而对阿迪力来说，这些都抵不过一睹黄河美景。"我在钢丝上能看到不一样的风景，黄河滚滚，阳光照耀峡谷，非常壮美。"他说。

由于正值"十一"黄金周假期，阿迪力团队的"达瓦孜"表演也为黄河大峡谷景区增加了游客量。据青铜峡黄河大峡谷景区负责人马占福介绍，2016 年阿迪力挑战成功后，大大提升了景区知名度，当年"十一"假期景区游客量就增长了 30%。预计今年国庆节期间，日均游客量将超过五千人次。

"达瓦孜"的意思是高空走大绳，是新疆传统民间体育项目，已有两千多年历史，2006 年被列入首批国家级非物质文化遗产名录。

吴桥杂技

河北省吴桥县一向有"杂技之乡"的称誉。当地人们把杂技叫作"耍玩意儿"，民间流传有"上至九十九，下至才会走，吴桥耍玩意儿，人人有一手。"可见，杂技在吴桥县是十分广泛和普及的。吴桥的杂技艺术有很久远的历史，1958 年，吴桥县小马厂村出土的距今约 1500 年前南北朝东魏时期的古墓壁画上，就描绘着倒立、肚顶、转碟、马术等杂技表演形象。但是，吴桥杂技在全国享有盛誉则是在元朝以后。在这之前，河南的杂技比较有影响，元朝建立后，首都由河南开封迁至北京，河北沧州吴桥杂技开始繁荣起来，影响越来越大，延续至今，已成为国内外公认的著名"杂技之乡"。在吴桥县内，无论是村庄农舍，还是田间地头，或是街头巷尾，到处可以看到演练杂技的场面。劳动工具或生活用具，都可以当作演练杂技的道具。有些杂技世家，从一两岁起就训练小孩子的杂技功底。全县有几十个专业的或业余的杂技团，演员 1000 多人。平时有一两手杂技本领的人不计其数。多年来，这个驰名中外的杂技之乡，培养出了一大批技艺精湛的专业演员。来自北京、沈阳、天津、哈尔滨、重庆、昆明、太原、广州、西安、武汉等地的全国 50 多个杂技马戏艺术团体中，有许多演员来自吴桥。其中，有不少人已成为在国内外享有盛名的杂技表演艺术家。如中国杂技协会副主席、被誉为"杂技艺术之花"的武汉杂技团团长夏菊花，她的家乡就是吴桥。中国人民解放军沈阳军区杂技团的王喜福，他主演的"空中吊子""晃板""椅子顶"等节目，得到国内外观众的好评，并录制成影片播放。著名杂技表演艺术家边云明，1956 年随中国杂技艺术团到印度、印度尼西亚、缅甸访问演出时，他主演的"蹦床飞人""杠杆定车"等节目，为祖国赢得了荣誉。1981 年，河北省杂技团到墨西哥等国演出，主要演员大多数来自吴桥。

他们的精彩表演受到国外朋友的赞扬。扩大一点说,和吴桥毗邻的天津、唐山、聊城等地,都可以称之为杂技之区。聊城杂技的历史,可以追溯到三国时期的曹植。这位建安才子善于"跳丸击剑",并酷爱"斗鸡""跑马"。从那时起,聊城的杂技传统一直延续下来。中华人民共和国成立后,以聊城艺人为主建立的杂技团就有贵州杂技团、云南杂技团、山西长治杂技团和山东杂技团、德州市杂技团等。

第六节　节庆文化审美

节日是人们设置以庆祝、祝福、歌颂、纪念某些重要事件和人物的日子。世界各国人民都有在节日时庆祝的传统习俗,跳舞、唱歌、宴饮、祭祀、点灯、游行、朝圣,各种各样的节日庆祝仪式层出不穷。人们总是习惯为节日的庆祝进行各种装扮,在中国古代的七夕节那天,女孩子会精心打扮后上街游玩;在日本的花火大会那天,女孩子会穿上浴衣前去观赏;在西方的万圣节那天,小孩子会扮作各种鬼怪敲门要糖……人们也总是会为庆祝节日对身边的建筑、环境进行某种装饰,在圣诞节西方国家总是会装点圣诞树;在国庆日每个国家都会对大街进行清洗和装点国旗。人们在节庆的时候对自身和环境的文化审美要求是普遍和广泛的。

一、作为民间文化的民俗节庆

民俗节庆的起源可追溯到原始社会,当时生产力水平低下,巫术观念盛行,人们极其崇尚神灵、崇拜自然,相信世间万物皆由神灵掌管。因此人们会在特定的时间暂时停下日常的劳作,以一种独特的行为方式祈求神灵的庇佑,寄托于所谓的神力希望能与自然万物和谐共处。

节庆也源于古代季节气候,简单地说是由年月日与气候变化相结合排定的节气时令。中国自古以农为本,以农立国,是世界上最早进入农耕社会的国家之一。农业生产有很强的季节性特点:春播、夏耕、秋收、冬藏,周而复始,年复一年。这就要求人们能够掌握比较准确的农事季节。因此,我国的先民在耕作实践中就开始运用天象、物象来决定农时、农事,指导生产与安排生活,并发明和制定了历法。一年四季、十二个月、二十四节气、七十二候,三百六十天(约)构成了岁时节令的计算基础,以后发展起来的民俗传统节日与节庆,便在这种岁时节令中占据了突出位置。随着世事变迁,由历法年月日和节气时令结合构成的岁时,逐渐被一年中的生产、生活、信仰活动所构成,发展成了大大小小的节日、祭日、吉日、忌日等与平常日区分开来。

从上述可知,民俗节庆并不是由单一因素所形成,而是通过多种要素相互融合所构成。

原始信仰、神话传说、古代历法都是孕育民俗节庆的源泉与沃土,人们期望当下生活与未来美好的愿景则是触发节庆发展的内在动因。

如今,旅游逐渐融入人们的日常生活,其中传统民俗节庆旅游成为旅游业不可缺少的一部分。传统民俗节庆之所以能与旅游业融为一体,主要是因为两者的内在要素具有关联性,旅游的六要素是"吃、住、行、游、购、娱"与传统民俗节庆的文化内涵、表现形式相互契合。例如,王维在《九月九日忆山东兄弟》一诗中写道"遥知兄弟登高处,遍插茱萸少一人",从侧面反映出古代在重阳节这天,人们会结伴出游、登高远眺,看景插茱萸。现如今,民俗节庆旅游产业发展势头迅猛。例如,南京秦淮灯会、洛阳牡丹文化节、潍坊国际风筝节、自贡国际恐龙灯会等。这些不仅是成功的民俗节庆品牌,还创造了一条具有自身特色的民俗节庆产业链。不仅受到当地人民的喜爱,同时也获得外地游客的青睐。这说明民俗节庆产业是保障民俗活动顺利开展的关键,是打造民俗节庆品牌的基石之一。

二、民俗节庆的文化功能

传统民俗节庆的功能互补多元,广泛涉及文化、政治、经济和社会等多个领域。随着历史的延续,随着节庆形式的日益多样化,内容的日益多彩化,传统民俗节庆活动具有了不可低估的现实作用。

(一)激发民族自豪感

中华民族生生不息的历史表明,传统优秀节庆文化中有形与无形的内容都是几千年来在无数先哲们精心培育下渐渐形成的。例如,元宵观灯、清明戴柳、中秋赏月、重阳登高、除夕守岁、鞭炮迎春等丰富多彩的娱乐活动,以及汤圆、月饼、粽子、年糕、饺子、馄饨、菊花酒等,这些随节日变化的食品,显然不是人们灵机一动或随遇而安的机械制造,也不是人对自然物的简单模仿,而是人对自然认识和改造的必然结果,是"天人合一"观念的升华,是历代先人创造点化的直接与间接产物。因此,在节日庆祝时,作为中华儿女的自豪感和自信心常常会油然而生。

(二)促进民族认同感

民族认同感不是天然发生的,也不是人类与生俱来的。传统的民俗节庆文化活动,可以通过渲染浓郁的民族文化氛围,潜移默化地通过其自身的价值观念,产生一种积极的民族情感。这种共有的情感心理,展示的正是一种以文化认同为内容的民族认同。正如"海上生明月,天涯共此时"。此外,民俗节庆所承载的浓郁文化色彩和丰富的精神内涵,也是民族发展与文化进步的源头活水。

（三）增强民族向心力

民族向心力是民族凝聚力的一种重要表现形式和一个重要组成部分。传统民俗节庆，以传承民族民俗文化为使命，并以其独特的方式维护了传统文化的尊严，为民族向心力构成了一个民族文化的圆心。围绕着这个圆心，民族向心力得以顺利展开，历经风雨顽强地存在并可持续发展。传统节庆文化弘扬的是一种阖家团圆、普天同庆的精神。在这种精神的感召之下，百折不挠的中华民族，总是能以一种"同心同德"的团队精神以及同甘共苦的血肉亲情，应对一切艰难困苦。

（四）提升民族文化素质

五千年的中华文明孕育了中华传统节庆文化，通过富有浓郁民族特色的娱乐方式和文化载体，展现了丰富多彩的文化观念和习俗信仰，表现了中华民族完善自我和世界的坚强信念历程，其中拥有众多的有待开发和利用的人文素养教育资源，通过传统节庆这一独特、灵活的途径，开展全方位、多层次的人文素养教育，可以促成一个人的世界观、人生观、道德观、审美情趣的全面发展，并且全面地传达出人们心中的乐观和信心。在普天同庆、阖家团圆的喜庆气氛中，人们既可以淋漓尽致地表现自己的乐观心境，同时又与周围人群相互密切感应，交流彼此对生活的信心。如此，心心相印、彼此交融、引起共鸣，生发一种乐观自信的民族情感，一同去分享物质与精神的双重喜悦。不仅如此，通过延续几千载的中华传统节庆文化，也能培养人们尊重历史、追念先人的历史意识。

三、民俗节庆的美学特性

节庆的非强制性说明节庆与人的本性密切相关。这个本性根源于人类特有的生命意识，根源于作为人对生命的自我发现和自我实现的强烈愿望，这种生命的自我实现必然带来精神生命的愉悦感，即审美感受。

（一）愉悦性

人们在日常的节日问候中经常会说到"万事如意""节日快乐"，可见人们在对节日的感受中总是包含了对节日审美愉悦性的感受和预期。也就是说，节庆作为一种体验，最重要的不是对现成的、实际存在的节庆要素的感受，而是在过节后有保留或回味的感受，这种过节前后间的区别感就是审美愉悦感。人们在节日中的愉悦心情可能来自一年的丰收和勤劳，可能来自与长久未见亲人的相聚，可能来自对辛苦劳作的赞美，可能来自美丽壮阔景观的再现。所以，人们在节日中的愉悦心情是多种多样的，正如人们的节日也是多种多样的，有民族性

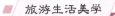

的、宗教性的、文化性的、历史性的节日。因此,不能简单将节日归类为对某种单一情感的寄托。

(二)狂欢性

有人理解为,所谓狂欢似乎就是大吃大喝,其实不然。当然,节庆中总伴随着宴饮,在物质条件匮乏的时期,宴饮体现了对日常拮据状态的超越,但是这种超越并不是精神性的,因此不能说伴随着宴饮,我们获得了一种审美愉悦感,相反,宴饮带给我们是欲望得以满足之后的快感。快感与美感最大的区别是快感具有不可传达的私人性质,而美感则具有可传达性和共享性的特征。因此,节庆中的狂欢主要体现为对现存的社会秩序进行解构所带来的精神满足感。节庆的狂欢性意味着一种生命的自由释放,人类学家维克多·特纳用了"狂喜"这个词汇来表达这种极致般的审美愉悦状态,而只有在这种审美体验中,个体生命才获得真正意义上的"存在"。

(三)神圣性

神圣经验完全不同于日常经验,置身于神圣世界之中,自然就会产生崇敬、战栗、圣洁、超凡等审美感受。而人类之所以需要神圣,是因为神圣总是和秩序密切相关。中华文明经历了漫长的社会变迁,其核心价值依然维系着。1912年元旦,孙中山就任中华民国临时大总统,随即宣布废除春节而改用公历。但民间根本不为所动,仍然在当年的2月18日(壬子年正月初一)过传统新年。我们说节庆不能强制地施行或废除,其根本原因就在于节庆中包含了一个民族、一种文化的核心价值,而且这一核心文化价值是经历了漫长的历史检验的,任何节日的狂欢都不能针对文化的核心价值,因为正是文化的核心价值的神圣性维系了该文化世界中个体的精神生命。清明节、端午节和中秋节等节庆最终成为中国人民的法定节日,就是因为这些节庆中包含了中华文化的核心价值,这些核心价值因其神圣性根本无法消解,也不应该消解,而中国人也正是在其神圣性中才建构起自己独特的精神家园。

 **知识延展**

多姿多彩的各民族节庆赏析

(1)西藏雪顿节(国家级非物质文化遗产)

雪顿意为酸奶宴。在藏语中,雪是"酸"的意思,顿是"吃""宴"的意思,雪顿节按藏语解释就是吃酸的节日。因为在雪顿节期间有隆重热烈的藏戏演出和规模盛大的晒佛仪式,所以有人也称之为"藏戏节""展佛节"(如图5-4)。传统的雪顿节以展佛为序幕,以演藏戏、看藏戏、群众游园为主要内容,同时还有精彩的赛牦牛和马术表演等。

图5-4　西藏雪顿节展佛

（2）凉山彝族火把节

四川省凉山州彝族火把节（如图5-5）是彝族地区的传统节日，流行于云南、贵州、四川等彝族地区。白、纳西、基诺、拉祜等族也过这一节日。火把节多在农历六月二十四日或二十五日举行，节期三天。节庆期间，各族男女青年或点燃松木制成的火把，到村寨田间活动，边走边把松香撒向火把照天祈年，除秽求吉；或唱歌、跳舞、赛马、斗牛、摔跤；或举行盛大的篝火晚会，彻夜狂欢。现在，人们还利用集会欢聚之机，进行社交或情人相会，并在节日开展商贸活动。

图5-5　凉山彝族火把节

（3）恩施"牛王节"

湖北省恩施州来凤县的"牛王节"（如图5-6）是恩施州土家族四大传统节日之一，过去在土家族地区广泛流行，牛王节一般在四月初八这一天开始举行，关于牛王节的传说也是有很多的,但都带着浓厚的农耕文明色彩,不过现在,这个节日更偏向于表演方式,用这种方式将它传承下去。其节日活动以酬谢耕牛的祭祀活动为主,兼有其他如上刀梯、民歌对唱等传统文化表演。

图5-6　恩施牛王节

（4）苗族赶秋节

湖南省湘西州吉首的赶秋节(如图5-7),又称秋社节、交秋节,这是苗族人民的传统节日。在立秋时,当地群众停止干农活,穿上盛装,结伴成群,欢聚在传统的秋坡上,进行打秋千、吹笙、歌舞等娱乐活动。活动完毕时,由众人选出两位有声望的人装扮成"秋老人",向大家预祝丰收和幸福。赶秋节是苗族民间在秋收前或立秋前举行的以娱乐、互市、男女青年交往与庆祝丰收即将到来等为内容的大型民间节日活动。

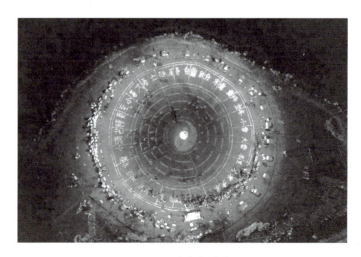

图5-7　苗族赶秋节

（5）傣族泼水节（国家级非物质文化遗产）

云南省西双版纳州的泼水节（如图5-8）一般在傣历六月中旬（即清明前后十天左右）举行，是西双版纳最隆重的传统节日之一。其内容包括民俗活动、艺术表演、经贸交流等类别，具体节日活动有泼水、赶摆、赛龙舟、浴佛、诵经、章哈演唱和孔雀舞、白象舞表演等。节日期间，傣族男女老少都穿上节日盛装，挑着清水，先到佛寺浴佛，然后就开始互相泼水，泼出的清水象征着吉祥、幸福、健康，年轻人还把手里明亮晶莹的水珠，象征甜蜜的爱情。

图5-8　西双版纳傣族泼水节

第七节　地方工艺审美

工匠精神是指手艺人对产品精雕细琢、追求极致的理念，即对生产的每道工序，对产品的每个细节，都精益求精，力求完美。2016年3月5日，李克强总理在作政府工作报告时说，"鼓励企业开展个性化定制、柔性化生产，培育精益求精的工匠精神"。"工匠精神"一词迅速流行开来，成为制造行业的热词。随后，不仅制造行业，各行各业都提倡工匠精神。于是，工匠精神的使用范围逐渐扩展，任何行业、任何人"精益求精，力求完美"的精神，都可称工匠精神。在社会主义核心价值观的二十四个字中，"富强、民主、文明、和谐"是国家层面的价值目标，"自由、平等、公正、法治"是社会层面的价值取向，"爱国、敬业、诚信、友善"是公民个人层面的价值准则。其中，公民个人层面的敬业就是"工匠精神"的体现和要求。

中国的大型国有企业中有着许多杰出的工匠，例如，铁人王进喜、当代雷锋郭明义。这些大型国有企业的工匠，主要体现的是当代工业的工匠精神。民间工艺体现的工匠精神更多是在传统技艺上的传承，并且在传承上进行一定程度的创新。在民间有着许多一生追求某种工艺的老人，他们将自己的一生都投入到工艺生产和实践中。所以，我们现在经常在视频 App 上面能够看到一些惊为天人的工艺作品。这些工艺大师最初只是一些学徒,在长时间的练习下逐步掌握了竹子、木头、玉、金等材料的雕刻、上色、扭转等技巧,并且通过自己的创新创意让这些材料出现了新的形式。很多杰出的民间工艺已经被政府规划和列为非物质文化遗产,甚至是世界非物质文化遗产,例如,南京云锦织造技艺、龙泉青瓷传统烧制技艺、中国雕版印刷技艺、宣纸传统制作技艺、中国传统木结构建筑营造技艺。

非物质文化遗产(Intangible Cultural Heritage),简称"非遗",与"物质文化遗产"相对。在中国,非物质文化遗产是指各族人民世代相传,并视为其文化遗产组成部分的各种传统文化表现形式,以及与传统文化表现形式相关的实物和场所。非物质文化遗产是文化多样性中最富活力的重要组成部分,是人类文明的结晶和最宝贵的共同财富,承载着人类的智慧、人类历史的文明与辉煌。截至 2023 年 12 月,联合国教科文组织非物质文化遗产名录共收录 730 个遗产项目,对应于 145 个国家;其中,中国共计 43 项列入,总数位居世界第一。截至 2023 年,具有中国特色的国家、省、市、县四级非物质文化遗产名录共认定非遗代表性项目 10 万余项。

一、民间工艺

作为一种民俗技艺,民间工艺指采用天然材料制作,具有鲜明的民族风格和地方特色的工艺品种和技艺,一般具有百年以上历史以及完整工艺流程,是历史和文化的载体,也是非物质文化遗产的一部分,包括雕塑、印染、刺绣、编织、陶器、服饰、首饰以及绢花、木版年画、风筝、剪纸、木偶、皮影、绒制工艺品、灯彩、面具、彩扎狮头、铜鼓乐器、民间玩具等。

民间工艺品制作的特点就是以手工为主,这与机器时代的工业化生产形成鲜明对比。手工的特点是不确定性、偶发性、灵感性,如果艺人有意追求这些效果,差异还会更大。因此,每件作品都是独一无二的,绝不会重复出现。当然,手工制作也带来了效率的低下、质量的不稳定、随机性强等弊端。在 19 世纪和 20 世纪的很长一段时间里,中国的手工业(其中也包括民间艺术)遭遇了工业产品的全面冲击,许多民间艺术的创作者都在摸索如何利用机器生产来增强民间艺术的竞争力,试图借助机器自动化流程,将一些简单的重复性的工作安排在流水线上完成,关键部位的加工依然由经验丰富的艺人手工完成。

中国民俗技艺在很大程度上是艺人掌握的手艺,主要是通过家族、师徒、行业协会之间传播。由于过去一门手艺往往决定着一个人、一个家族的生活前景,因此在有限的市场需求下,掌握手工艺的艺人自然将继承者限制在一个较小的范围内,"教会徒弟,饿死师傅"这句俗语的产生正是这种思想的体现。这种思想也限制了民间艺人间相互交流技艺的动力和热情,因此在民间艺术的发展中,各门艺术的工艺特点多呈现垂直的、一代传承发展的特点,缺乏横向的交流。这种方式有利有弊,从技艺发展的角度说,这使得每一门民间艺术的发展历程中缺乏新鲜的刺激和突变。但从保留传统的角度说,这种方式也使得许多民间艺术形式得以保留了自己初始特点,形成了中国民间工艺形式上的多元化和个性化。

二、民俗技艺的特点

(一)就地取材

制作民俗工艺品首选的材料一般都是当地独有的自然资源。如广西大化瑶族自治县生产的传统纱纸就是利用当地的一种纱树(也叫构树)的树皮作为原料进行制造的。凉山漆器的胎骨完全是就地取材,他们猎获的动物的皮角,是皮胎、角胎的来源。广阔的原始森林,是木胎、竹胎的来源。这些原材料都是取自于大自然,因此不会给人的生存环境造成任何的污染,体现了人与自然和谐共生的生态美。当然,还有一些民俗技艺并不一定是制作成固定的产品,更多的是和表现相结合。例如,打铁花是一种大型民间传统表演,是中国古代匠师们在铸造器皿过程中发现的一种民俗文化表演技艺,始于北宋,盛于明清,至今已有千余年历史。打铁花多流传于黄河中下游,以河南、山西最为流行。开封打铁花更被誉为黄河流域十大民间艺术之首。在表演打铁花时,在一处空旷场地搭出六米高的双层花棚,棚上密布新鲜柳枝,上面绑满烟花、鞭炮等。棚中间竖立一根六米高的老杆,使花棚总高度达到十米以上。旁边设一熔炉用来化铁汁,十余名表演者轮番用花棒将千余度高温的铁汁击打到棚上,形成十几米高的铁花,铁花又点燃烟花鞭炮,再配上"龙穿花"的表演,场景蔚为壮观,呈现出惊险刺激、喜庆热闹的特点。

(二)固定的工艺流程

民俗技艺经过长期的发展,代代相传至今,其制作流程是较为固定的。艺人们认为,工艺制作流程的顺序和每一个步骤都是神圣不可变动的,也是保证手艺不失传并获得成功的先决条件。如广西钦州坭兴陶的制作流程包括取土、碎土、制备坯料、成形、修坯、阴干、检验毛坯、装饰、烧制、验收产品、磨光等,每一步都是有讲究的,顺序也不能随意变更。当然,这种固定的工艺流程也是艺人长期实践经验的总结,对于艺人们而言,长期的肌肉训练形成了一定的肌肉记忆,这种肌肉记忆很难进行具体的描述。正如游泳虽然能够描述,但是不会游泳的人就是不会游泳。而且游泳一旦学会之后便很难忘记,而是能够在几十年之后依然保存的一种肌肉记忆。工匠们固定的工艺流程不仅仅是一种知识性记忆,也是一种类似于游泳、骑自行车的肌肉记忆。肌肉记忆的特点就是固定性和持久性,这是民俗技艺具有固定性特征的根本原因。

（三）单一的保护方式

民俗技艺的保护方式是很单一的,大致说来有"传内不传外"的家传式,还有口传心授的师徒式,至于学得怎么样就要看个人的领悟能力了。从事手工业制作的艺人要想达到一定的水平都是靠多年的练习,从中获取丰富的经验,他们一般不善于表达和描述制作工艺的流程,徒弟们一般都是边看边学,有样学样,久而自通。更为重要的是,在中国各地有着各种按照性别进行单一保护的民俗技艺。有些民俗技艺传男不传女,有些民俗技艺传女不传男。各种技艺的定义和流传并不完全受到社会观念的束缚,而是受到民俗技艺传承人内部的设置和设定。例如,在中国古代,刺绣本来是属于女子的工作,而女子从小便要学习女红也证实了这一点。但是在粤绣的行业中,绣工大多数为男性,甚至对女性有较高的门槛。清朝中期,广州刺绣行业内,男性绣工被俗称为"花佬",并且这一时期也是"花佬"的兴盛时期。这并不是性别歧视,而是由于粤绣在绣制的过程中需要工匠站着,并且拿着长针绣制,经常一站便是一整天,男子的体力优势,能够较好地完成这项工作。当然,发展到后期,这项规矩也被打破。由于粤绣的贸易繁荣,人手不足成了最大的困境。因此到了后期,女子也参与了粤绣的刺绣工作。但此时男女工作的种类,也有所不同。

（四）较强的实用功能

民俗技艺与人们的生活息息相关,是人们在生产劳动中的创作,因此具有较强的实用性,也正因为这一特性使很多民俗技艺能够保留至今。彝族漆器是彝族人们日常生活所必需的物品,具有实用与审美的双重特性,许多漆器都有置底,这是为了放置稳当和便于移动,有的酒器附耳设柄,也是为了提携方便,餐具的造型也是依据用途不一而形态各异的。例如,团扇,又称宫扇、纨扇,是中国汉族传统工艺品及艺术品,是一种圆形有柄的扇子,它代表着团圆友善、吉祥如意。扇子最早出现在商代,用五光十色的野鸡毛制成,称之为"障扇"。当时,扇子不是用来扇风取凉,而是作为帝王外出巡视时遮阳挡风避沙之用。西汉以后,扇子开始用来取凉。三国时,诸葛亮轻摇羽毛扇,妙计横生,运筹帷幄。羽毛扇出风缓软,不入腠理。东汉时,大都改羽毛扇为丝、绢、绫罗之类织品,以便点缀绣画。

（五）地域的差异性

同一工艺种类因地域的不同而在取材和操作流程上也会不同。这从一个侧面反映了不同民族、不同地区生活方式和文化的差异。以云南傣族造纸工艺与白族造纸工艺为例,白族取材时不剥构树外皮,蒸煮次数也多,还用纱松树根为纸药,而傣族在取材时剥弃了构树外皮并且在蒸煮构树皮时加入含碱性的灶灰。再如富阳造纸工艺,民国的《浙江之纸业》中写道:"论纸,必论富阳纸"。从五代时期出现竹纸之始,富阳就开始用嫩竹为原料生产土纸,名为"竹纸"。到了宋代,竹纸生产显著发展,以"制作精良、品质精粹、光滑不蠹、洁白莹润"而著称。光绪《富阳县志》载:"竹纸出南乡,以毛竹、石竹二者为之,有元书六千五百扩,昌山、高白、时元、中元、海放、段放、京放、京边、长边、鹿鸣、粗高、花笺、裱心等,名不胜举,为邑中生产第一大宗。总浙江郡各郡邑出纸,以富阳为最良……其中优劣,半系人工,亦半赖水色,他处不能争也。"当时富阳生产的元书、井纸、赤亭纸被誉为三大名纸,成为朝廷锦夹奏章和科举考试的上品用纸,为此历史上就有了"京都状元富阳纸,十件元书考进士""富阳一张纸,行销十八省"之说。竹纸中以元书纸为富阳传统手工纸的代表。虽然都是造纸工艺,但是在其他民族地区的造纸工艺和汉族地区的工艺有着明显的差异。不同时代、不同地区的传统工艺带有不同的时代特色和地区特征,这样的多样性正是传统工艺的魅力所在。

三、民俗技艺的美学特性

(一)原生之美

民俗技术工艺,起源于劳动和生活,是人们在日常生活实践中不断积累和创作的艺术形式,因而它所反映的题材与人民的生活、生产、风俗习惯有着密切联系。创作题材往往根据人的审美感受用象征寓意的手法,对自然生活中最富有表现价值的部分进行造型创作。比如,在古代,人们常常怀揣生活美好、诸事遂心、婚姻美满、子孙满堂和财产丰富的愿望,以此为创作源泉,创作出如印有"天官赐福""一帆风顺"和"车马平安"的木版年画,刻有"鸳鸯双喜"的木质糕点模子、"麒麟送子"的银锁项链、"麻姑献寿"的刺绣挂屏、印有"佛手柑""桃""石榴""葫芦万代"等比喻多子多孙的自然物的蓝花布等。在日常生活中创造美,是中国民俗技艺传承中的重要美学价值观。

(二)写意之美

中国传统艺术以写意为主,追求情景交融、虚实相生的优美意境,手工艺也不例外。艺人们往往在造型上注重意象,既不是简单的客观描摹,也不是主观意念的随意拼合,而是主、客观世界的统一,在自然美、生活美和艺术美三方面所取得的高度和谐,凸显了中国传统的造物文化观和审美意境。拿剪纸为例,民间艺人往往对自然形象进行艺术加工,通过形式表象的感官渲染和符号寓意传达的生动融合,使剪纸在生活中不但具有客观实用价值,而且寓神情于物象之中,由传神、写意构成了生动优美的意境,体现了较高的艺术价值。

(三)技巧之美

巧是工匠一词的基本内涵。"云想衣裳花想容",中国古人认为,最美的衣裳,是天上的彩云。传说只有天上仙女下凡,才能织出云一样的彩锦。古代的能工巧匠将这种幻想变为现实。如何在织机上织出跟画本一样的织物?需要艺人依着图样,按照一种奇特的原理,把丝的经线和棉的纬线,挂在一个巨大的木绷子上,这就叫"挑花结本"。然后,把织机上的丝线与画本相连,这样就能织出画本上的织物了。不是一模一样,是更立体,更华丽,更灵动,更摄人心魄。

(四)生态之美

《考工记》记载"审曲面势,以饬五材,以辨民器,谓之百工",讲究的就是取材应时,因材施艺,材美工巧。民俗技艺设计思想重视工艺材料的自然品质,主张运用天然、环保的材料,备料方式顺应大自然,工法多半是手工或半自动化机械式。更重要的是,传统民艺和工艺的淳朴、谦逊、平和、感性、不去忤逆大自然,呼应中国哲学中追求人与人、人与自然的和谐。人必须服从自然规律,回归自然之境。中国传统工艺设计在造型或装饰上总是尊重材料的规定性,充分表现材料的自身特质。

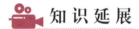 **知识延展**

永不凋谢的冬奥之花

2021年12月31日晚,当2022年新年钟声敲响之际,北京冬奥会和冬残奥会颁奖花束正式揭晓。和以往传统的鲜花花束不同这次冬奥会的颁奖花束采用海派绒线编结技艺钩编而成,是永不凋谢的绒线花(如图5-9)。

图5-9　2022北京冬奥会和冬残奥会颁奖花束——绒线花

北京 2022 年冬奥会和冬残奥会的颁奖花束不仅是非遗手工技艺,更值得一提的是,其制作均出自北京市脊髓损伤者希望之家 150 多名残疾人朋友之手。经过 3 个月的设计、讨论、修改设计稿,到 5 个月的培训、编结和包装,最终制作完成花束 1251 束,累计花材共 1.6731 万支。每支花材上有叶有花,均为纯手工制作。花材经过造型和捆扎成的花束高 34 厘米,胸径 24 厘米,体积上恰到好处,力求精致又不失表现力。花束手柄的蝴蝶结丝带上印有"BEIJING2022"字样,花束整体清新、自然,与北京冬奥会主色调一脉相承,突显出鲜明的冰雪运动的特色。

每个花束的花材共有七类,包括象征友谊的玫瑰,象征坚韧的月季,象征幸福的铃兰,象征团结的绣球,象征胜利的月桂,象征收获的桂花,象征和平的橄榄枝。历经春夏秋冬四季的绒线花花束,盛开在冰天雪地的冬奥会和冬残奥会中,将中国人民对世界各国朋友的祝福和友谊定格成永恒的记忆,同时也向世界展现出我国高超的民俗技艺,让世界感受到中国文化之美。

第八节 城乡景观审美

近年来,城市景观旅游及其历史人类学意义引起广泛关注。从联合国《关于城市历史景观的建议书》(2011)到中国《关于在城乡建设中加强历史文化保护传承的意见》(2021),城市历史景观(historic urban landscape,HUL)不仅表征都市的建筑美学个性,发挥旅游社会学功能,还继承历史文化记忆,是文旅融合的重要建设方向。

但在文旅融合推进中铺天盖地的"城市 IP"和"网红景观",使中国城市历史景观呈现出"大、洋、怪"的"城市历史失忆症"现象——追求"大旅游"的贫困县负债建造"天下第一水司楼"的政绩化行为,癫迷了都市建筑美学;盲目"洋旅游"的日本、德国和俄罗斯风情街的慕洋化行为掏空了景观的历史意蕴。文旅倡导者和建设者们在疾速现代化和彻底世俗化中,简单地将土地、机器和商品等具体化,在贪迷景观艺术表现力的同时,淡忘了城市记忆的承载功能,忽视了历史景观的文化传承特征,忽略了景观的人文地理性质。其虽然振兴了旅游经济,但是缺乏文化记忆的知识连续性,尤其助推了"城市历史失忆症"现象的蔓延。而在理论研究方面,对此问题的关注更是寥寥无几。

正因为如此,设计和提升城市景观的美学要素,有助于建构城市记忆的谱系性知识体系,将文化记忆理论应用到城市景观旅游设计领域,深化文旅融合发展城市旅游的历史人类学意蕴,有利于城市旅游人类学中国话语宏大叙事建构;可以启发地方政府扩张城市旅游传统范式,改善城市文化的治理制度,推进城市管理"以文导旅"战略方向调整,建设葆有文化记忆符号的历史城市,打造富有人文诗意的旅游城市。

一、城市景观审美

城市是人类文化创造的重要成果,也是一个时代审美文化创造的象征之一。城市有许多功能,如政治、经济、社会、文化、军事和日常生活等功能。同时,城市是一部大书,它蕴含着丰富的意义。尤其是近年来,城市的设计和建设越来越重视人文导向,更加追求城市的文化意蕴、区域特色、生态平衡和审美个性。

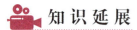 知识延展

上海外滩的缘起

外滩位于上海市中心区的黄浦江畔,即外黄浦滩,为中国历史文化街区。外滩全长1500米,南起延安东路,北至苏州河上的外白渡桥,东面即黄浦江,西面是旧上海金融、外贸机构的集中地。这里沿街的哥特式、罗马式、巴洛克式、中西合璧式等52幢风格各异的大楼,大多建于20世纪初,被称为"万国建筑博览群"。1844年起,外滩这一带被划为英国租界,成为上海十里洋场的真实写照,也是旧上海租界区以及整个上海近代城市开始的起点。

与外滩隔江相对的浦东陆家嘴,有上海标志性建筑上海中心大厦、东方明珠、金茂大厦、上海环球金融中心等,成为中国改革开放的象征和上海现代化建设的缩影。

(一)城市景观的美学形式和审美

从景观美学的角度讲,城市景观主要涉及城市建筑、城市公园、城市雕塑、环境艺术以及城市建筑的各种装饰等物质形态和城市文化氛围、城市精神个性和城市生活方式等非物质形态。当然,这两个方面是结合在一起的,而且,由于城市设施的多功能性,上述各要素之间也常常是相互关联的。一个城市往往是比较大的,面面俱到的观赏既不可能,也不必要。城市景观的美就孕育在城市的特色之中。

因此对待城市景观,要抓住某一个城市最有特色和个性的局部景观进行欣赏,如上海这个城市,从历史角度讲,外滩、城隍庙、石库门是比较有个性特色的,而论现代化城市景观,浦东的"东方明珠"以及风格各异的现代化楼宇群则是有代表性的。所以,以黄浦江两岸——浦东、浦西的城市景观带作为欣赏的切入点,就能紧紧扣住上海这个国际性现代化大都市之美。

(二)网红打卡地审美

1. 网红打卡地

移动互联网时代的到来,用户在社交平台对于视觉信息产生了极大需求。其原因在于社

交媒体如微博、公众号的出现使用户的阅读习惯逐渐趋于碎片化;而短视频平台的流行,更是削弱了文字的存在,进一步强化了短、平、快的观看模式,将短视频作为主要传播形式,通过视觉和听觉的刺激抓住用户。而正是因为图片、视频的强存在感,引发了新型旅游动因的出现。

过去用户展开旅游行为的主要动因是基于朋友推荐或旅行社、电视、报纸的广告宣传等方式。如今还出现了受到新媒体平台中的图片或视频吸引而展开旅游行为的新型动因,该动因对当下热衷于社交平台的用户影响较大,他们的一般行为模式大致表现为:首先,用户受到社交平台中的图像吸引;随后进一步在社交平台或垂直类网站进行相关信息搜索,或者向曾有过该地旅游经历的亲友咨询;然后用户会决定是否展开实地旅行;在实地旅行之后,用户会将拍摄的视频或图片在社交平台进行分享,而他发布的照片可能会对潜在的游客产生视觉刺激,新一批用户将依照前述逻辑展开新一轮旅游行为,由此形成闭环。

可见,视觉冲击感基本上影响着用户旅游行为展开的每一个阶段。也就是说,催生网红打卡地旅游的主要方式是基于移动互联网的视觉冲击带来的消费行为。

2. 审美特征

由于可以带来视觉冲击的信息包括但不限于动物、植物、建筑、机械、食品或人,所以形成网红打卡效应的旅游吸引物可以说空前繁多。但是相关网络统计表明,能最终促成网红打卡地旅游行为的旅游吸引物都具备如下特点:

①具备"新、奇、特",能够激发顾客的好奇心,打破或是重构顾客对旅游目的地的想象,因而使顾客产生旅游冲动,例如,长沙的中国首家辣条博物馆、成都都江堰的中国最大熊猫雕塑等。

②营造沉浸式的氛围感,通过正向激发顾客的视觉、嗅觉、触觉、味觉、听觉这五种感官,让人不由自主地产生美好的联想,从而让人产生强烈的愉悦,例如,夏日氛围感、动画氛围感、电影氛围感等。

③有根据特定场景设定的仪式感,有助于强化顾客印象,增加记忆点,创造体验峰值。例如,在某个活动中更换特定的服装,或者扮演某个特定的人物,等等。

④提升顾客的参与感,融合到与旅游目的地的充分接触中去,最终实现愉悦、深刻的旅游体验。例如,在酒店下午茶时间亲身体验手冲咖啡的制作和学习糕点的制作。

换句话说,如果能做到以上四个环节的效果呈现,那么也就能成为网红打卡地。

 **知识延展**

酒店体验和城市游览

(三)城市夜游的美学体验

夜经济古已有之,最早可追溯至唐代,诗人杜荀鹤有诗曰:"夜市卖菱藕,春船载绮罗。"至宋代,夜经济已繁荣昌盛。《东京梦华录》里记载:"夜市直至三更尽,才五更又复开张。如要闹去处,通晓不绝。"作为一种老而弥新的消费业态发展,夜经济已然成为扩大消费市场、促进消费升级的重要举措。

从 2018 年开始,北京、上海、广州、天津、南京、成都、西安等城市多部门联合,相继出台政策发展夜间经济,上海甚至设立了"夜间区长"统筹夜间经济发展。夜晚灵感涌现,是最具创意的时刻,夜生活在带动城市居民消费的同时也能促进区域旅游方式的创新。

虽然经历了新冠疫情的全面冲击,时至 2023 年,夜间消费需求已全面恢复,夜间旅游供给持续扩容。根据央视财经报道,我国夜游市场规模达 1.57 万亿元(数据来源:中国旅游研究院,见图 5-10)。

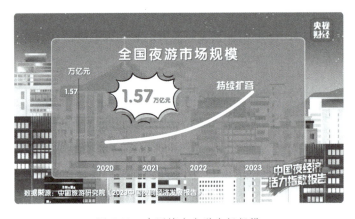

图 5-10　中国城市夜游市场规模

2024 年 3 月,央视财经频道发布首个"中国夜经济活力指数报告",报告显示,2023 年夜间消费最活跃的 10 座城市是分别是:成都、北京、上海、重庆、杭州、深圳、长沙、郑州、武汉、广州。同时,夜游项目作为文化和旅游产业的新鲜血液,已逐渐成为夜间经济发展中的重要组成部分。我国多地旅游市场开启"夜游模式",其中以长沙和西安最具代表性。

从数据看,上海与北京是夜游首选,夜游指数远高于其余一线与新一线城市。北京的夜游景点与夜间演出数量均为全国最多,而上海则为艺术爱好者们提供了数量最多的夜间文博展览场所。成都、重庆与杭州是夜游指数最高的新一线城市。杭州在夜间大型演出活动与赛事的总量上甚至超过了广州和深圳。

北京的夜游景点数量最多,超过 1000 个,包括 61 个主题乐园和水世界、12 个森林公园,以及温泉、滑冰场等多样的游乐场所。不少文化景点如司马台长城、古北水镇也提供夜游服务。重庆的夜游景点则多与山有关,如鸿恩寺、尖刀山森林公园、市驿登山步道、横山镇逸峰山庄等。夜游景点数量在 400 个以上的城市仅有 7 个,大部分城市仍缺乏夜间多样的游玩选择。深圳作为年轻人比例最高的一线城市仅有 341 个夜游景点,整体的城市夜游指数也仅位列第 7。因此,深圳在为市民提供更多夜间游玩场所上还有较大发展空间。

主题乐园和水上游览是最能拉动夜间人气的景点类型。根据携程提供的夜游景点门票销售数据,北京欢乐谷、深圳欢乐谷、西安乐华城都是当地夜场门票销量最高的景点;而在依江傍水的城市,乘船夜游则更受欢迎,广州珠江夜游、杭州钱塘江夜游、武汉两江夜游分别在当地夜游门票销量中排名第一。

除了夜游景点,博物馆、美术馆、酒吧等也给人们提供了不同属性的夜游空间。

各个城市的夜间展览场所总体偏少,仅 11 个城市的夜间展览场所多于 10 家。其中,上海是夜间展览场所最多的城市,共有 33 家博物馆与美术馆夜场展览试点。

综合来看城市夜游的火爆程度,很大程度上取决于旅游消费者的结构性变化。

数据显示,早在 2017 年,90 后和 00 后的人口数量达到 3.3 亿,在旅游消费的各年龄段中占据优势。2020 年 8 月,同程旅行发布了《2020 暑期夜间旅游消费趋势报告》(以下简称《报告》)显示,夜间旅游消费核心人群的年龄结构主要集中在 25 至 34 岁之间,占比 44.7%,其次是 35 至 44 岁,占比 26.8%,整体 45 岁以下人群占比 90% 以上。总体而言,夜间旅游消费主要以"80 后"和"90 后"年轻人群为主。性别结构方面,女性比男性更喜欢夜间旅游,在夜间旅游的性别抽样统计中,女性占比 56.3%,男性占比 43.7%。消费人群的年轻化趋势正在重塑夜间旅游业态,从现代化的灯光秀、音乐晚会到蕴含传统文化元素的游园、曲艺表演等,在产品形式上都需要更加迎合年轻人的口味。在文旅融合的时代,夜间旅游消费的边界正在快速延伸,超出了传统的旅游景点范畴,对城市的夜间经济起到了重要的支撑作用。

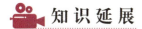

知识延展

姑苏八点半

二、乡村景观的美学形式和审美趋向

人们容易把景观理解为静态的对象,其实人文景观还可以是动态的。例如,一个村落,

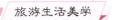
作为景观,不仅是指那些固定的建筑物或其他人造物,而且包含着鲜活的劳作方式、生活方式、风俗习惯等,活动着的人群甚至还包括村落里的牲畜与静态的建筑物一起构成了动态与静态结合的人文景观。

从景观美学的角度,乡村景观同样包含了物质形态和非物质形态两方面,物质形态包括民居建筑、果园耕地、环境艺术以及建筑的各种装饰,非物质形态则包括乡土文化氛围、村民精神个性和乡村特有的风俗习惯。由于人类对生态保护意识的不断发展,人们对景观审美价值的确认也是发展变化的,大量以前不受关注的景观如今深受人们的喜爱。例如,随着城市现代建筑的普及,人们转而对传统的民居越来越感兴趣,那渗透着民俗文化、体现了传统建筑风格和质朴之美的乡间民居,在许多整日生活在高楼大厦的现代人眼里,是那么的温馨而有灵趣。又如,许多动植物以前并不特别引人注目,如今却深得人们的喜爱,在这方面,生态意识起着重要作用。

 **知识延展**

皖南名村——西递和宏村

地处安徽省黄山市黟县的西递和宏村(如图5-11),是国家5A级旅游景区,被誉为"画中的村庄"。西递、宏村始建于宋朝年间,是安徽南部民居中最具有代表性的两座古村落,它们以世外桃源般的田园风光、保存完好的村落形态、工艺精湛的徽派民居和丰富多彩的历史文化内涵而闻名天下(如图5-12)。

图5-11　西递街景(《新华网》2019-04-25)

图 5-12　宏村街景（《新华网》2019-04-25）

2000 年 11 月 30 日在澳大利亚凯恩斯召开的联合国教科文组织第 24 届世界遗产委员会会议作出决定，将中国安徽古村落西递、宏村列入世界文化遗产名录。

这是黄山风景区内的自然与文化景观第二次登录世界文化遗产目录，也使黄山市成为中国继北京后第二个同时拥有两处以上世界遗产的城市，同时也是教科文组织第一次把民居列入《世界遗产名录》。

浙江下姜村

如果说皖南的西递、宏村的景观之美是对传统的保护和继承，那么浙江省杭州市淳安县枫树岭镇的下姜村则是通过把握时代脉搏，创造出符合时代的乡村之美。

枫树岭镇下姜村位于淳安县西南部（如图 5-13），是有着 800 年历史的古老乡村，悠久的历史传承了淳朴的民风。下姜在古时就是一处拥抱青山绿水、绝美佳境的雅墅峡间，但由于人多田少，土地贫瘠，曾长时间在饥饿中煎熬、在苦涩中奋争，是一个典型的"穷苦村"。当地曾流传着"土墙房，烧木炭，半年粮，有女莫嫁下姜郎"的民谣。从 2001 年开始，下姜村先后成为习近平等六任浙江省委书记的基层工作联系点。时任浙江省委书记的习近平四次莅临下姜村调研指导工作，5 次书信往来。2006 年 5 月 25 日，习近平在下姜村调研时对全体党员干部提出了要做"生产发展的带头人，新风的示范人，和谐的引领人，群众的贴心人"的要求。2017 年 11 月 9 日，习总书记专门给下姜村寄来亲笔签名的十九大首日封，全村干部群众深受鼓舞、倍感激励，总结出"心怀感恩，励志奋进"的下姜精神，村民自发将每年 11 月 9 日作为"感恩日"。近年来，下姜村党总支始终按照习总书记"四种人"要求，坚持党建引领，带领全体党员群众心往一处想、劲往一处使，探索共同富裕新路径，全力争当全国乡村振兴示范（如图 5-14）。下姜村的乡村旅游得到了长足发展，2020 年累计接待游客 76.86 万人次，其中住宿人口 4.12 万人次，实现旅游收入 4626 万元，村集体经济总收入 151.33 万元，人均可支配收入达 4.2 万余元。下姜村党总支先后被评为全国先进基层党组织、全国脱贫攻坚先进集体、全国创先争优先进基层党组织等，下姜村被评为全国文明村、全国民主法治示范村、中国美丽休闲乡村、全国乡村旅游重点村落等,2015年成功创建国家3A级旅游景区,2020年顺利通过国家4A级旅游景区验收(如图5-15)。村内现有乡村民宿36家639个床位,村集体成立景区公司实施"五统一"运作模式。同时,由党员干部带头发起,建立以村民"人口、资源、现金"入股的下姜实业发展公司成立,探索"均衡发展、共同致富"的农村发展新模式,成为浙江省红色旅游基地之一。

图5-13　下姜村民居(下姜村委2022-03)

图5-14　下姜村水上民俗表演(下姜村委2022-03)

图5-15　下姜村沿河景色(下姜村委2022-03)

参考新农村建设视频:下姜村的蜕变(央视新闻频道)

第九节 地方历史审美(博物馆、展览馆)

博物馆、展览馆的发展是城市文明发展的必然产物,也是社会经济发展的必然需求。随着更多的历史遗存被发现和发掘,更多的商业展品被使用,策展事业会越来越繁荣。各种类型的博物馆、展览馆,无论是公益性质的还是商业性质的,作为展品的收藏和社会服务机构,都肩负着收藏、保护、展示、教育和研究的重要职责,更肩负着审美教育的责任。当前,中国教育部正在全国重点大学支持博物馆专业的建设,地方各级政府在各地积极推动地方特色博物馆的建设,民间人士在自主自发建设特色藏品博物馆。在中央政府、地方政府和民间的三方推动下,博物馆、展览馆的建设日益增多,越来越多的人在休闲的时候选择去博物馆和展览馆进行精神洗礼和文化教育。这是因为在满足物质需求的前提下,人们对精神文化的渴求日益强烈,人们越来越关注各种文化活动,更乐意花时间走进博物馆、展览馆等文化场所。所以,当前以策展和规划为核心的专业的教学和研究中,更应当关注博物馆和展览馆的地方历史审美特征,充分挖掘地方富有特色的文化品质,丰富当地人民的日常精神生活。

一、藏品审美

博物馆、展览馆展示的藏品都是经过精心筛选的,具有某个时期特点,具有历史价值、艺术价值和研究价值的代表性作品,所以,展出的场所应成为能让人感受藏品之美和人类智慧结晶的殿堂。如今,让人眼花缭乱、目不暇接的堆砌式展示方式已然被摒弃。有的展览在一个展厅只放置一件文物,目的就是将所有的目光聚焦到重要文物身上,利用空间来突出文物的地位。然而,通过减少展厅单位面积内藏品数量来达到展示效果仍然属于被动吸引观众的方式;通过展厅内的气氛营造和灯光运用来突出藏品的美感,以达到提升观众对藏品的关注度,则是一种更为主动的呈现方式。在当今展陈设施日趋完备的条件下,呈现方式体现出多样化、智能化的特征,例如:全息投影技术、AR(增强现实)技术和VR(虚拟现实)技术的应用,不仅让观众能产生身临其境之感,甚至可以与藏品进行虚拟互动,更加直接和主动的去获取藏品背后的历史文化信息。不论是空间环境,还是展示技术的提升,其宗旨都是要将藏品承载的信息传播给观众,其本质是引起观众的感动,然后再从感性关注到理性认知,从而让观众对藏品及其携带的信息记忆深刻。这一切能自然的发生完全依赖着美好的展示。因此,如何呈现藏品,让人记住其传递的信息,是博物馆、展览馆的陈列设计中最关键的问题。这也是博物馆走向人性化的必然要求——对物与人的双向尊重,不但要讲究展示技术和氛围烘托,还要考虑到观众的心理视角和情感因素。

知识延展

中国考古的当代故事

当然,我们也要注意到,并不是所有地方都具有充分的历史藏品,有些地区因为地处偏僻,不是中华文化的核心区域,或者因为长期作为经济重镇,缺乏文化建设和历史文化、名胜古迹、名人轶事,所以在历史上缺乏足够的文化地位,缺乏建构地方历史审美的良好素材。这种情况就需要当地的历史文化工作者充分挖掘当地的其他特色。例如,山东省荣成市地处胶东半岛最东端,在历史长河中不仅人口稀少,而且缺乏著名的史实人物。虽然有曾担任国务院副总理的谷牧和两弹一星著名科学家郭永怀,但是总体来看当地还是缺乏较为深刻的历史和久远的史实记载。较为典型的表现就是当地博物馆的四层楼没有完全开放,有几个展厅至今没有任何展品。但是,荣成博物馆充分发挥地方历史中的军事要素,较好地弥补了地方文化记载较为薄弱的缺陷。荣成人民在解放战争中踊跃参军,出现了多位将军和上百位军官,在抗美援朝中这些将军和军官乃至上万名荣成战士为了国家付出了生命。荣成博物馆不仅将这段历史作为一个重点,而且有专门展厅展示地方军事特色,充分弥补和展示了当地的地方军事历史。

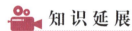

知识延展

戎马生涯

二、建筑审美

在中国经济不断发展,政府资金越来越雄厚的前提下,文化建设事业也得到了重视和资金的投入。特别是在习近平总书记提出文化自信之后,更多的地方财力投入到文化保护事业中。特别是博物馆和展览馆的建设成为了文化建设的基础工程和标志性工程,得到了地方各级政府的重视。博物馆和展览馆的编制不断增加,博物馆学专业的硕士博士等专业型人才不断加入,《博物馆》等专业期刊的建设不断加强。这些硬件和软件的建设使当前中国博物馆和展览馆的展出水平和展出数量达到了新的高度,为中华民族伟大复兴打下了坚实的文化基础。

博物馆、展览馆的建筑日渐成为吸引观众的一项软指标,反映了这座博物馆的自身定位。许多博物馆在建筑设计上颇下了一番功夫。以苏州博物馆为例,设计大师贝聿铭设计的苏州博物馆新馆亮点为:建筑造型与所处环境自然融合,空间处理独具匠心;建筑材料考究和内部构思的精巧,最大限度地把自然光线引入到室内;在简洁的现代主义建筑基础上充分运用中国江南古建筑的元素,既有中国建筑园林的意趣,又具备现代建筑的功能性与通透感。苏州博物馆的建筑本身成为了该博物馆的一大特色与亮点,也成为了苏州的地标和名片。

成都金沙遗址博物馆(如图5-16)的建筑设计也是别有用心,将金沙出土的文物与建筑相联系,遗迹馆外观为圆形,象征出土的玉璧,陈列馆呈方形,象征刚出土的玉琮,设计灵感就来源于中国古人"天圆地方"的宇宙观;内部设计与结构注重功能性和服务性,每个展厅的装潢与该展厅展示的文物特点和背景相辅相成,叙事性强,也很好地避免了文物繁多和观看线路较长所引起的视觉疲劳。成都博物馆新馆建筑大量采用钢结构,玻璃和铜质外观,线条流畅,极富现代感,几何结构的建筑形制也成为该博物馆的标志。

图 5-16　成都金沙遗址博物馆

新修博物馆建筑越来越倾向于独特的造型、新颖的外观,用建筑的新、奇、美来吸引观众。虽然,博物馆中展示的都是古物,但博物馆的建筑可以是现代的、前卫的、新颖的,正如博物馆大量利用新兴科技来展示文物一样。古老与创新,过去与现在都在博物馆中得以体现,这样,博物馆才具有了连接古今的意义。建筑可以说是美学的集中体现,涉及与周围环境的和谐,其造型的独特和功能的完备,布局与内部空间的合理利用等。作为城市的一部分,建筑还肩负着美化城市景观的职责,所以,博物馆、展览馆对自身建筑的日趋重视也体现出对建筑美学和所担负的社会审美导向的责任越来越看重。博物馆、展览馆要实现自身可持续发展和良好运营,就必须摆脱过去给人的刻板印象,而体现建筑之美正是博物馆重新定位的外在条件。

地处杭州的中国丝绸博物馆的造型奇特,从总平面上看,它是几段丝绸组成,非常好地展现了丝绸的特征。中国丝绸博物馆,位于浙江省杭州市玉皇山路 73-1 号,是全国性的丝绸专业博物馆,也是世界上最大的丝绸博物馆,为浙江省省属副厅级事业单位。中国丝绸博物馆的主要职能是进行丝绸文物收藏、研究、鉴定、修复和保护;丝绸文化宣传、教育;丝绸文化旅游纪念品经营。占地面积 42286 平方米,建筑面积 22999 平方米,陈列面积 5000 平方米。1992 年 2 月 26 日,中国丝绸博物馆正式对外开放。时任国家主席江泽民为该馆题词:"弘扬古蚕绢文化,开拓新丝绸之路。"中国丝绸博物馆展示了中国五千年的丝绸历史及文化,其基本陈列包括序厅、历史文物厅、蚕丝厅、染织厅、现代成就厅等五部分。中国丝绸博物馆的重要藏品有战国对龙对凤纹锦、汉代长葆子孙锦、北朝绞缬绢衣、唐代锦袖花卉纹绫袍、唐代花鸟纹刺绣夹缬罗、辽代盘金绣团窠卷草对雁罗、宋代杂宝花罗裙裤、元代印金罗短袖衫、清代黑缎地彩绣花卉女褂。截至 2019 年末,中国丝绸博物馆共计馆藏文物有 67866 件(套),珍贵文物有 4642 件(套)。

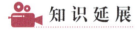 **知 识 延 展**

博物馆建筑案例

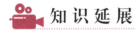 **知 识 延 展**

寻找藏着的中国——博物馆游成新晋旅游热门主题

随着文旅融合的持续推进,文化旅游持续走热。《国家宝藏》《我在故宫修文物》等综艺节目的热播,也让博物馆进入更多大众的视野。博物馆成为"新晋网红",博物馆主题游产品逐渐增多,吸引了大量游客关注。"博物馆＋旅游"作为体验式文化教育与旅游跨界融合的新业态,逐渐成为文旅市场的新蓝海。

某知名在线旅游平台近年来的数据统计显示,文博游的地位提升显著。仅以2023年1月1日至2023年5月15日的数据为例,该平台上预订量最高的景区类目中,博物馆、展览馆超过动物园、主题公园,从去年第四名跃升至第一,订单量较2019年同期相比增长2.9倍,较2021年同期增长1.8倍。根据博物馆预订人次,结合线上搜索热度及馆藏数量,该平台发布了"国内博物馆20佳",包括故宫博物院、中国国家博物馆、陕西历史博物馆、上海博物馆、秦始皇陵博物院、南京博物院、浙江自然博物院、成都金沙遗址博物馆等。

在全球新冠疫情结束、旅游全面开放的今天,旅游者文博游的步伐迈得更远。该平台数据显示,2023年以来,预订长线目的地博物馆、展览馆的订单,以43%的占比高于本地"逛博物馆"8个百分点。而2022年上半年,本地预订博物馆的订单比例占据了"半壁江山"高达53%。

3D打印、全息投影等新技术手段的应用,使博物馆从单一的看展之地转变为集体验感、沉浸感和趣味性于一体的文化场所。数字化的尝试不仅让文物得以永久保存,更突破了人们观赏文物的时间和地域限制。博物馆的这些改变与创新正不断吸引着八方来客。

随着"特种兵式旅游""Citywalk"的兴起,文博市场也将迎来更年轻的客群。数据显示,预订博物馆门票的客群年龄中,00后仅次于80、90后排名第三。各年龄段人群,00后同比增长最为显著,00后文博游订单数同比增长8.2倍,而90后群体仅增长4.4倍,80后客群则增长近5倍。

年轻群体的加入为文博游注入新鲜动能,文博看展、文化演艺、国风国潮逐渐成为旅游新风尚,"旅行＋看展""旅行＋刷博物馆"受到市场青睐,各地博物馆相继推出看展式社交、博物馆＋音乐雅集、看展＋演艺等活动。

摘自央视网《"博物馆游"不断升温成热潮 激发文旅业新需求》(有删改)

思考与讨论

1.谈谈自然景观和人文景观的差异。

2.举例说明中国乡村旅游的美学特征。

3.城市景观的美学特征有哪些? 你是如何理解的?

4.举例说明你所在城市的著名的人文景观。

5.分析网红打卡地得以形成的条件。

6.以你熟悉的博物馆为例,说说其建筑的美学特征反映了什么样的审美趋势。

7.为什么好的照片会成为网红打卡地的最佳广告?

8.参观一家网红酒店,了解它是如何激发顾客的五种感官知觉的,体会它们的效果如何。

阅读材料

1.赵学娜:《上海石库门生活习俗》,中州古籍出版社,2017年。

2.孙海:《街巷里的四季——成都》,商务印书馆,2020年。

3.费孝通:《乡土重建》,华东师范大学出版社,2019年。

4.王国平:《杭州运河旅游》,杭州出版社,2013年。

5.绿妖:《我在故宫修文物》,广西师范大学出版社,2017年。

6.杭州市旅游委员会:《杭州精品酒店赏鉴》,商务印书馆,2017年。

7.王烨:《中国古代碑刻》,中国商业出版社,2015年。

8.彭晓、吴轩:《摄影艺术解读与欣赏》,西南师范大学出版社,2014年。

参考文献

[1] 吴荻.旅游景观审美[M].北京:中国旅游出版社,2018.

[2] 高曾伟,易向阳.旅游美学[M].2版.上海:上海交通大学出版社,2011.

[3] 潘文焰.旅游文化与传播[M].北京:北京大学出版社,2011.

[4] 亓元,陈琳,屈凯.旅游审美概论[M].哈尔滨:哈尔滨工程大学出版社,2011.

第六章 时间飞地的休闲之美

　　飞地是指一种特殊的人文地理现象，指隶属于某一行政区管辖但不与本区毗连的土地。较为著名的飞地有俄罗斯的加里宁格勒，这是第二次世界大战遗留下的产物。所以，在一般意义上，飞地是一个空间概念，它往往涉及复杂的政治、军事和经济因素。然而，在某些情况下，我们也能看到时间似乎也有这种飞地的特征，就是说有一段时间脱离了人生正常的轨迹之外。例如，我们经常能够看到一些东部发达地区的同志去中西部地区援建，或者有一些年轻的大学毕业生在西部地区援教，这些同志和毕业生将自己的汗水和青春洒在了一个遥远的并不熟悉的地方。也有一些年轻人在本科毕业之后选择去国外深造。虽然他们当中的一些人回到了家乡继续工作或回到了熟悉的亲人身边，但是他们在中西部地区工作的经历，在国外留学的经历，一定会成为他们美好的人生回忆，是他们人生经历中不可或缺的一部分。这些阶段往往和飞地一样，在文化、地域、民族、经济、政治等各方面都完全不同于主体在长时间段所处的地区，旅游也具有时间飞地的特征，在旅游中，我们短时间离开了家乡，离开了熟悉的场所，在一个陌生的飞地展开一段知识的学习，经验的体会，历史的遨游。这样的旅游在当下流行的各种研学旅游中体现得尤为突出。作为一种寓教于游的教学新业态，研学旅游是一种走出校门开展研究性学习和旅行体验相结合的校外实践活动，重在开阔学生视野，并培养学生的生活技能、集体观念以及实践能力等。这种具备飞地特征的休闲之行，也被我们称为旅游。我们这里研究旅游生活美学使用"时间飞地"这一概念，更主要指在团体旅游规划时间之外的个体所支配的游乐时间，或者可称为"旅游业余生活"时间。

第一节　旅游休闲

　　旅游是不是一种休闲，大多数人都会承认一个基本事实，那就是旅游是以休闲为基础的。但是实际上我们也能看到有些人的旅游似乎又不全是休闲,特别是在一些单位和企业组织的活动中,会安排一些强制参加的旅游项目,即使是单位和企业付钱,员工也对旅游项目提不起兴趣。所以,并不是所有旅游一定都是休闲的。那么反过来,所有休闲一定是旅游吗?也并不定然。在日常生活中,辛苦工作了一天的晚上,对着夜晚的窗户,就着小酒,听着舒缓的音乐,相信每一个工作回到家的人们都会得到一丝惬意和放松。这种休闲并没有去实地旅游,但是也同时好像是一种心灵的旅游。所以,我们也可以这么说,狭义上的旅游休闲指的是在异地能够放松身心的旅游,广义上的旅游休闲不仅包括异地旅游,也包括在任何一个时空都能进行的休闲活动。

一、何谓休闲

所谓休闲之事,古已有之,无论中外。休闲不仅仅是人类重要的生活方式,而且涉及人类思想的状态、人生旨趣的转变,甚至成为衡量人生境界的重要标志。随着生产力的发展和科技的进步,人们的相对时间日益增多,休闲越来越受到社会的广泛关注。有学者预测,休闲、娱乐活动、旅游业将成为下一个经济大潮,并席卷世界各地,人们的休闲观念也将发生本质的变化。休闲显然已成为我们这个时代重要的特征之一,也是社会文化活动的重要组成部分。休闲在产生之初,就显露了它的独特魅力,休闲的必要性、多样性、哲理性也决定了现代休闲发展的持续性和综合性。简单地说,休闲已经超越了其单纯意义上的时间、活动的概念,而更倾向于实现人的全面发展和促进社会整体进步,从休闲的产生和发展历史便可以看得出来。

(一)休闲的艺术

从时间的角度来定义休闲是对休闲最初的理解,休闲是从劳作中解脱出来的自由时间。休闲是扣除用于工作、履行义务与工作相关的职责以及从事其他形式的必要劳动之后个人所拥有的那部分时间,是满足工作和生活的基本需要之后的剩余时间。马克思认为休闲是"个人用来受教育的时间,发展智力的时间,履行社会职能的时间,进行社交活动的时间,自由运用体力和智力的时间"。

中国人历来讲究生活的艺术,注重追求生活的韵味和乐趣,正如喝茶不是为了解渴而叫"品茗",种植不是为了苗木花卉的正常生长而称为"园艺"。同样不是为了比赛、竞技等原因而哼唱曲调、手舞足蹈等都是休闲的重要方式。简而言之,休闲是不需要观众的生活艺术的享受,包括物质享受和精神享受。正如清人张潮在《幽梦影》中所言"人莫乐于闲,非无所事事之谓也。闲则能读书,闲则能游名胜,闲则能交益友,闲则能饮酒,闲则能著书。天下之乐,孰大于是"。可见,休闲所能之事,不胜枚举。

（二）休闲的哲学

我国休闲思想的产生可以追溯到先秦以前，先贤们对"休"与"闲"都有自己独特的见解。休闲既是一种生活方式，也是一种人生境界，本质上是一个关于人生的哲学命题。

从亚里士多德的观点中，我们能够发现休闲是有产者的专属品，无产者总是忙碌于工作中，特别是总是工作的奴隶是没有休闲的。更进一步地，哲学就是休闲的时候才能进行发问、反思、讨论的产物。所以，亚里士多德认为，休闲不仅仅是一种精神上的放松，更是精神追求的基础，任何带有哲学性特征的思考，无论是自然科学、社会科学还是人文科学都必须建立在休闲的基础上。任何带有功利性的，以生存、生产和声誉等为目标的思考都不是真正的哲学性思考，也很难涉及人性最深的问题。所以，我们经常说野心是思想的死亡。

与西方世界的各种休闲方式存在明显的不同，中国人对于休闲有着一种天人合一的观念，并且在具体的休闲实践中更加强调休闲的生活特征，而非一种不涉及日常生活的哲学思考。这种对于休闲的实践考量更多的是基于中国古代以儒家为核心的入世文化情境而形成。孔子说过"天下有道则见，无道则隐"（《论语·泰伯》），怀着积极入世的精神，将自我实现的自由之境建立在人与人的交往，建立在对群体的社会责任感基础之上。强调在"修身、齐家、治国、平天下"的过程中努力创造生命价值。还提出了"知者乐水，仁者乐山。知者动，仁者静。知者乐，仁者寿。"（《论语·雍也》），把"乐山乐水"，自然与精神境界合一的心灵体验作为完善自身道德修养的手段。休闲已经成为一种"自我养成、修行品德"的重要途径。

在《浮生六记》中，作者和妻子的生活休闲也展现了我国古代人特有的休闲思想，特别是卷二的《闲情记趣》叙述了作者在生活穷困中，曲尽文酒流连之乐，赏玩花卉虫鱼，布置各种赏心悦性之具，凭着爱美的心性，领略无处不在的一种真趣，阐发了作者不同凡俗的美学观。李渔的《闲情偶寄》更是中国古代一部代表着休闲思想的大成之作，它共包括"词曲部""演习部""声容部""居室部""器玩部""饮馔部""种植部""颐养部"等8个部分，论述了戏曲、歌舞、服饰、修容、园林、建筑、花卉、器玩、颐养、饮食等艺术和生活中的各种现象，并阐述了自己的主张，内容极为丰富。

二、旅游休闲

旅游休闲活动可划分为消遣类休闲、文化娱乐类休闲、体育健身类休闲、怡情养性类休闲、社会交往类休闲和其他休闲等。随着休闲产业的迅速发展和人们旅游需求的转变，休闲旅游更强调人在旅游时空中利用时间飞地获得的精神享受，更注重个人自我价值的实现和人生境界的提升。

关于旅游休闲的定义,不同研究者给出了不同的解释。具体来说,利用休闲是指以旅游活动为依托,利用旅游计划中的时间飞地自由安排休闲活动的旅游生活。它以旅游设施为条件,以特定的休闲文化为内容,离开固定的旅行生活而从事的娱乐、游戏和休息。它更注重旅游者的精神享受,更强调游客在某一时段内的文化创造、文化欣赏、文化建构。它通过游人闲散性行为、思想创造文化艺术,传递文化信息,构筑生活意境,从而达到个体身心和意志的全面和完整的发展。旅游休闲与其他活动不同之处在于,由"动"到"静",由"行"到"居",由"忙"到"闲"的生活方式转换。

一般来说,从休闲的功能、目的以及需求层次理论等角度,可以将休闲划分为四种类型,即文化娱乐休闲、运动康体休闲、餐饮休闲以及学习、体验休闲。休闲旅游具有经济性和非经济性双重属性,而休闲旅游作为旅游业发展的重要内容,具备了旅游业作为国民经济产业的经济属性。

从旅游休闲体验产品方面,主要分为观赏休闲类、亲水休闲类、郊野运动休闲类、消遣娱乐类等。

(一)观赏休闲类产品

指观光农业园、乡村建筑小品园、乡村娱乐、乡村集贸、现代农业示范园、盆景花卉奇葩园、蔬菜瓜果观赏园、珍稀树木观赏园、科普植物观赏园、食用菌养殖园、珍稀树种观赏园等。这些由树木、花草、小品、建筑相互配合组成的各种观光休闲类产品主要集中在具有较强旅游产业的地区,一些文旅开发较好的地区。当然,由于当前城市化进程的快速发展,出现了一些以农业、蔬菜瓜果观赏园为主的休闲类地区,能够结合种植、生长、采摘为一体的各种综合性休闲场所。这些休闲场所在一定程度上为城市居民的乡村休闲提供了合适的场所。在不同的季节,城市居民可以去不同的农业类休闲场所体验不同的种植,如草莓的采摘、水稻的种植、玉米的施肥等。这些农业观赏休闲类产品丰富了传统的观赏类休闲类产品的单一功能,结合农家乐、地方风景、地方文化等特殊产业,有望成为将来文旅融合下沉的新开发点。

(二)亲水休闲类产品

指具有康复疗养保健的温泉休闲产品;具有洗浴、游泳、健身功能的冷泉休闲产品;具有娱乐功能的亲水乐园产品;具有城市时尚气息的山水酒吧;等等,将传统的休闲项目与沐浴、桑拿、按摩、药浴、游泳、娱乐等结合起来,形成以休闲产业链与康复疗养产业链双链结构为核心,以会议、会展、体育、娱乐、购物、观光为辅的大型亲水休闲产业聚集区。当前一些亲水休闲类产品结合网红文化在一些特定的暑假等日期,充分展开景区宣传,在自媒体上获得了较好的宣传效果,引来了足够多的人流量,形成了一定的产业效应,盘活了当地经济。典型的代表有位于杭州富阳富春江支流壶源溪中段的龙鳞坝。龙鳞坝全长约118米,其形似抽象的"鱼尾"呈"V"字型,整个堰坝由上下两部分构成,上部为一级级水泥石板铺设而成的台阶,逐级而下共计8级,人可以在上面自由行走,下部为鳞片状的小蓄水池。当江水缓的时候,上面的水如镜面样,倒映蓝天白云、两岸青山及屋舍,将村庄的纯粹和宁静展现得淋漓尽致。当江水较大时,水通过上部石阶顺流而下,沿鳞片状蓄水池冲击而下,形成一个个错落有致的小瀑布,十分好看。

(三)郊野运动休闲类产品

指生态乐园、景观迷宫、动植物标本采集制作、综合性公园、娱乐性公园、动物园、植物园、景观浓缩园、科普园等。这些以郊野运动为主的休闲类产品往往具有较大的场所,产品内部道路纵横,植物多样性丰富,很适合进行定向活动。在当前的一些此类休闲类产品中,定向活动的展开丰富。定向运动就是利用地图和指北针依次到达地图上所示的各个地点,以最短时间到达所有地点者为胜。定向运动通常在森林、郊区和城市公园里进行,也可以在大学校园里进行。定向运动起源于瑞典,最初只是一项军事体育活动。"orientation"(定向)这个词在1886年首次使用,意思是在地图和指北针的帮助下,越过不被人所知的地带。真正的定向运动比赛于1895年在瑞典首都斯德哥尔摩和挪威首都奥斯陆的军营区举行,它标志着定向运动作为一种体育比赛项目的诞生。定向运动在中国的展开与郊野运动休闲类产品的诞生和发展是分不开的。

(四)消遣娱乐类产品

指原生态歌舞表演、民俗文化表演、野外实景戏表演(以山水为舞台,使用实景道具)等。在杭州较为典型的消遣娱乐休闲产品包括杭州的音乐喷泉和《印象·西湖》。其中《印象·西湖》是继《印象·刘三姐》《印象·丽江》后又一部"印象"系列实景演出,音乐由日本音乐家喜多郎担纲,张靓颖主唱。《印象·西湖》是由杭州市委、市政府、浙江广播电视集团及浙江凯恩集团共同组建的"印象西湖文化发展有限公司"打造的一台大型山水实景演出。由著名导演张艺谋、王潮歌、樊跃"铁三角"导演团队联手打造的山水实景演出。整个演出气势宏大,音乐优美,色彩靓丽,演员在湖边上进行演出,充分展现了西湖的柔美和柔情,将西湖的千年文化故事,关于白娘子、许仙、苏东坡、白居易、法海、济公等多个人物和故事集中体现在一个消遣娱乐类产品中,是一部较为成功的艺术表演作品。

第二节　插花与香道艺术

插花与香道是我们日常生活中常见的两种休闲艺术,它们为我们的生活添加了色彩和味道,使我们单调的生活具有了多重色彩。因此,插花与香道的结合似乎是一件顺理成章的事情,因为花一般都伴随着香味,然而香道却不仅仅只包括花,香药、香草、香炉等都属于香道的一部分。所以,插花和香道要分开进行论述。

一、插花艺术

插花是指在旅游或旅居生活中,人们利用"游"之外的闲暇时间,用几株植物,几个花瓶,神闲气定,巧夺天工,创造出一个艺术世界。不仅填充了旅游生活余暇,主体也在插花活动中受到美的陶冶。就非职业的角度而言,插花作为一种休闲活动由来已久。它以剪切植物为素材,经过艺术加工,赋予其文化内涵,形成了一门独特的艺术。

插花艺术作为不同于书法、绘画等平面艺术的立体艺术;和雕塑、建筑等立体艺术也不同,它是一门有生命的立体艺术。

(一)插花之美

中国插花受古代"天人合一"哲学思想影响,崇尚自然,表现生命;受古代书画影响,重视线条,表现生动;受古代文人插花影响,注重内涵,讲究意境。中国插花主要有以下几个特点。

1. 崇尚自然

中国插花力求把美好的大自然,浓缩到插花作品之中,追求人与自然的和谐相处。(如图6-1)

插花手法模仿自然,表现生命,对花材经过高低、长短、粗细、曲直、疏密、虚实、开合等处理和组合,把自然界最美好的局部,融合到一个作品之中。每朵花、每片叶神态生动,不露人工雕琢的痕迹,达到"虽由人作,宛自天开"的艺术效果,进而追求"源于自然、高于自然"的境界。

插花构图主要采用不对称均衡构图。因为自然界很多景物具有不对称的美韵,如起伏的山峦、蜿蜒的河流、高低的林木、栖息的动物……种种形态的不规则,带来无穷无尽的变化,但它们在总体上又是和谐统一的。运用不对称均衡构图,可以创作无穷无尽、变化万千的插花造型。

花材选用讲究枝叶清新、充满生气,忌用萎蔫的花材,除非是表现特殊题材。同一作品中,花材、品种、数量、颜色宜少不宜多。采用某种花材时,往往枝、叶、花、果、藤同时采用;未绽的花蕾、含苞的花、盛开的花并用,以表现植物生长的自然进程。

花的姿态要求自然生动,枝条要枝枝生韵,花朵要朵朵舒立,叶片要叶叶舒展,处处表现出植物的生命之美、律动之美。

2. 线条丰满

中国画以线条表现为主要发展方向。与绘画一样,中国插花也以线条造型为主要发展方向,线条为中国插花造型之骨,所以中国插花又被称为"线条插花"。(如图6-2)

线条的表现力极为丰富,不同线条给人们不同的视觉印象,从而产生不同的联想。直线可以表示上升、刚强、激昂、生机、力量、正直、稳定、秩序等。曲线可以表示自然、飘逸、温柔、圆润、潇洒、幽雅、抒情等。斜线可以表示散射、突破、奔驰、冒险等。折线可以表示坚强、勇敢、曲折、起伏、百折不挠等。水平线可表示平静、安稳、流动、沉重等。如此丰富的线条含义,为插花的创作,提供了广阔的题材。

图6-1 崇尚自然

图6-2 重视线条

3. 意境优美

中国插花艺术主要是继承古代文人插花发展而来。古代有些文人既是诗文名家与书画大家,又精通插花之艺。他们渊博的学识和过人的才气,体现在不但为插花造型注入了美学法则,更为其内涵增添了丰富的意蕴理念,从而使插花艺术大大提高了文化附加值和艺术感染力。久而久之,追求作品意蕴的含蓄深邃,成为中国插花艺术创作的重要方面。(如图6-3)

图 6-3 讲究意境

中国插花除了上述三个基本特点外,还有许多其他的特点,比如在造型上重视器具,在用材上以少胜多,并以木本花材为主等。

(二)审美原理

对插花者来说,需要掌握构图、色彩、花卉、植物、文学甚至材料、光学、力学等知识,并能加以综合应用,才能创作出美的插花作品。

1.构图

插花艺术是一种艺术创作,为了表现作品的主题思想和造型效果,首先要进行构图。构图实际上是一个思维过程像是从自然存在的纷杂事物之中找出秩序;构图也是一个组织过程,把散乱的构图元素组织成一个统一的整体。花艺家把不同品种、形状、颜色、质感的花材和花器,按空间位置把它们组织起来,这就叫构图。

(1)统一

自然界的植物材料极其丰富,千姿百态的花、枝、茎、叶、果、芽,为创造插花作品提供了多样性变化的条件。没有变化,就没有艺术。然而,变化需要在统一的前提下变化,没有统一,就会显得松散、凌乱。反之,只有统一,没有变化,又会显得单调、刻板。要做到多而不杂,变而不乱,就需要把握好作品整体的统一。(如图6-4)

图 6-4　统一

（2）均衡

中国插花以自然造型为主,运用不对称均衡手法较多,是从观察自然中得来的。因为自然界山峦的起伏、河流的曲折、植物的群落、云霞的飘逸、村庄的坐落、动物的栖息,都很少是几何规则性,大都是自然、不对称却美妙和谐的整体。可以说不对称的构图,更利于表现自然,更富于变化。（如图 6-5）

图 6-5　均衡

（3）对比

插花创作中处处是对比手法,如疏密、聚散、大小、曲直、长短、虚实、俯仰、枯荣等,但对比中又必须注意整体协调。（如图 6-6）

（4）韵律

插花通过花材的高低、长短、曲折、横竖、前后、虚实、疏密、聚散、深浅等有节奏的变化,来表现韵律。（如图 6-7）

图 6-6　对比

图 6-7　韵律

（5）比例

在插花构图中,具有和谐的比例关系,是插花形式美的主要特性。插花比例普遍采用"黄金分割"原理。其比例尺度主要涉及外形整体的比例、花材与花器的比例、三主枝的比例、焦点的比例、作品与环境的比例这五个方面。（如图 6-8）

图 6-8　比例

2. 造型

中国插花崇尚自然,花材布局通常采取不对称手法,一般有以下六项构图法则。

（1）高低错落

插制中国插花,必须养成高低错落的习惯。自然界的山峦起伏、河流曲折、植物群落、动物栖息等,很少见到规则几何形,呈现出来的基本都是自然错落的美妙和谐。插花中的花材布局,应该是有高有低、有前有后地自然错落,尽量避免插在同一水平线或垂直线上。如果在作品中出现由花朵或枝干形成明显的规则直线、横线、斜线时,就会破坏作品的整体协调性,需要加以调整。(如图6-9)

图6-9 高低错落

(2)疏密有致

通常插花作品的焦点部位较密集,框架部位较稀疏。在不对称造型中,一侧略为密集,另一侧略为稀疏。单面观作品,正面略为密集,背面略为稀疏。即使同一部位的花材,无论是处于框架、补充还是焦点部位,都应有疏有密,尽量避免等距离排列,如同公园里的树木,除了行道树以外,大多不等距离栽植,或是三三两两有聚有散,或是群植或孤植,这样显得自然而有韵味。(如图6-10)

图6-10 疏密有致

(3)虚实结合

在插花创作中,虚实对比、虚实结合的手法比比皆是。掌握好虚实结合的手法,会带给插花创作自然生动、变化万千的效果,也会使插花作品均衡谐调、尽善尽美。(如图6-11)

图 6-11　虚实结合

（4）俯仰呼应

花朵有朝向，枝叶有弯势，在插花中要运用花材的朝向和弯势，处理好花材的俯仰联系。通常是以焦点为中心，上下左右的花材围绕焦点顾盼呼应，形成一个整体，既使花的生命得到生动的体现，也利于将观者视线引向焦点，增强作品的稳定感。（如图 6-12）

图 6-12　俯仰呼应

（5）上轻下重

为了求得插花作品的稳定性和安全感,在花材布局上通常采取上轻下重手法。如花苞在上,盛花在下;小花在上,大花在下;穗状花在上,块状花在下;浅色花在上,深色花在下。若是悬崖式或平卧式作品,同样,焦点花最大,距离焦点越远的花朵越小。也就是说,从框架到焦点的花朵,顺序一般由小到大;而由焦点到框架的花朵,顺序则由大到小。

上轻下重是插花中最常采用的手法,但并不绝对,只要作品的整体均衡性处理得当,也可以大花在上,小花在下;深花在上,浅花在下。（如图6-13）

（6）上散下聚

插花作品在外形上要求线条流畅、多姿多彩,但花材基部要求紧密聚拢,似同生于一根。中国插花追求自然,特别注重上散下聚。插花时,无论用什么器具,无论用什么固定工具,都要注意有散有聚,上散下聚。散是放,聚是收;散是开,聚是合。当作品做到收放自如、开合适度,造型就会比较自然和完满。（如图6-14）

图6-13　上轻下重

图6-14　上散下聚

3. 色彩

中国插花崇尚自然,古典插花的色彩通常由所选用的花材本色写实表现,如粉红的桃花、大红的石榴、洁白的梨花、姹紫嫣红的牡丹等。作品使用何种花材,就由何种花色表现。

由于色彩在插花作品的形式美中起重要作用,中国插花要求源于自然、高于自然,就需要按照美学原理设计色彩,通常有以下几点要求。

(1)符合主题

如果主题是表现春景的,色彩以淡粉色为主,如粉红、淡黄、淡紫、淡绿等。如果主题是表现秋景的,色彩以黄、橙、褐色为主。

如果主题表现热烈奔放的,色彩以红、橙为主。如果主题表现幽静淡泊的,色彩以淡蓝、淡紫、淡绿、白色为主。

(2)整体协调

插花作品的色彩配置包含许多方面,如花材与花材之间、花材与花器之间、作品与环境之间等,都需要注意整体谐调。

(3)注重平衡

色彩的深浅会产生视觉上的轻重感。插花时,通常是浅色在上,深色在下,求得作品的稳定感。若深色在上,浅色在下,浅色就需增加数量取得平衡,或浅色依托深色叶片、花器、树段等加以平衡。作品左右的色彩搭配也要注意平衡,不能一边都是浅色,一边都是深色,这样会失去平衡。深浅色需在左右或斜角有所呼应,才能达到整体平衡。

4. 形意

中国插花在素材的取舍上甚为广泛,凡是带有生命力的暗示,寓意进取,可以助长完成审美功能的静物,均为考虑的对象。因此,除花木之外,尚包括干燥的植物,动物的躯壳及矿物,如灵芝、贝壳、蔬果、文玩等,这些花材除其本身具有的原始外观形色之美外,另有赋予的美意与象征意义。

就原始材料而言,造型艺术以"形"与"色"为其特色,插花艺术亦然。所不同的是,中国人品赏花木除赏其形色之美外,尚注意花的香味、光彩、质量、神气、性格等。

形色指的是以多变而优美的点、线、块、面、体及繁复的色彩组合造型所形成的美,换言之即花的形状与色彩。

香味于花材中不仅来自花朵,也来自枝叶,如松柏等;而对泥土芬芳的联想更耐人寻味。在花的香味中,各花间均有不同,高品质的花木如梅、兰、牡丹等更是香远溢清,令人心旷神怡,爱不释手。

光彩是指花叶因色彩及颜色互调下所形成的光润色泽与精神美意而言,神气是指草木的生命意志与精神气韵,性格则是指花材的天生习性与格调品味。插花就是将具有不同形色、香味、光彩、质量、神气、性格的草木之美,作意味深远的巧妙搭配。

在历代的插花配材中,文人插花配材较为朴实简约,而宫廷插花尚繁复,年节喜庆多至十余种的配材是常见的。因此一件作品有时候被视为含生命意味的色与块,或点与面,乃至线与光彩的有机组合,既可将之视为一首曲子,也可视为一阙好的诗篇,直接或间接向观赏者传出浓郁的美的讯息。这些讯息则是或田园,或山水;或宫廷,或民间;或简朴,或壮丽;或交响,或独奏。

二、旅游休闲的香道艺术

旅游休闲的香道艺术指的是利用旅游活动的公共时间之外的时间,在酒店及其他场所从事的以香药或香品体验为核心的旅游生活。无论是香药品味、香品体味还是香具观赏都不单是一种感官刺激,也是一种审美体验。从美学人类学的原理出发而言,它使人的生命具有快乐性,并令生命进入一种"迷醉"状态。这是一种极妙的审美体验。

(一)香药

1. 香药

香药指以取于天然植物芳香部位为主的香材,也有少部分是取于动物的芳香部分。香药在我国历史上是人们生活中不可或缺的重要物品。从历史的痕迹来看,香药的身影在中国人生活中无处不在,有防腐、驱赶蚊虫、清洁空气、改善环境、腌制食物、熏衣熏被、建筑添香防虫、制作配饰、制作香品、祭祀等各种用途。所以,香药数千年来深受国人青睐,有着至少六千年的辉煌发展历程。

在历史上,香药既与中药相掺使用,又有别于中药,成为独立的体系。《山海经》中描述,大禹时期,某些地域的市场上香药与中药已是分别经营。香药在管理和使用方面有着较中药更加严格的规范和制度,历代以来皆由国家控制,与盐铁一样实行专卖。

有史以来,人类生活中用到的香药有四百余种,和香常用的有一百多种。从早期使用的兰、薰、椒、桂,到被誉为四大名香的沉、檀、龙、麝,绝大部分香药在我国都有出产或曾经出产。仅海南一地就出产香药 326 种,而且有多种香药是质地最佳者,如海南黎母山"一片万钱"的沉香,唐宋时期产于海南的龙脑、梅檀以及降真香等。

现存最早的本草专著《神农本草经》将所收 365 种药材分列三品:"上药","养命以应天","轻身益气,不老延年",可"多服久服";"中药",须斟酌服用;"下药","治病",不可久服。传统香的很多常用香药都在上品之列,如麝香、木香(青木香)、柏实、榆皮、白蒿、甘草、兰草、菊花、松脂、丹砂、菌桂、辛夷、雄黄、硝石等。以榆皮为例,"榆皮,除邪气,久服轻身不饥",所以传统香始终喜用榆皮粉作黏合剂,偶尔也会使用白芨等为黏合剂,现在的线香、盘香等仍然如此。

历代以来,香药不仅是制作香品所需的原料,而且贯穿在生活中的方方面面。如治病疗疾的香、保健养生的香、佩戴的香、把玩的香、收藏的香、沐浴的香、腌制食物的香、腌制水果的香、喝的香、吃的香、装饰的香、建筑的香、防腐的香、焚烧的香等。因此,香药在古代的用途十分广泛,是居家、传家的宝贝,礼送宾客的高贵礼品,情侣的定情之物,番邦的进贡上品。由于香药的珍贵以及在生活中的重要用途和意义,使其成为人们日常生活中不可或缺的物品。

唐宋时期香药在我国达到了使用高峰,不仅形成了与陆上丝绸之路并驾齐驱的海上香药之路,甚至也曾经是国家经济收入的重要支柱之一。

香药,门类众多,涉及植物的根、枝、干、叶、皮、花、果实、种子、树脂以及部分动物的分泌物等,由于篇幅有限仅做部分介绍。

2. 我国早期四大名香

(1)兰

兰花以高贵芬芳的品格被孔子赞为"兰为王者香",《孔子家语·在厄》:"芝兰生于深林,不以无人而不芳;君子修道立德,不谓(通'为',因为)穷困而改节。"历代以来,兰花之香已成为文人气节道德的模范,"芝兰之室"成为良好环境的代名词。兰花的品质也是我国和香所追求的根本境界。

古代和香所用兰花,主要是用其根茎部位。许多兰花品种都可以入香,但以幽兰最佳。幽兰又名春兰,根为肉质、白色,叶为线形、狭长,约20厘米,边缘具有细锐锯齿,叶脉明显。每茎1—2朵花,黄绿色,香味清幽,早春开花。秋兰、墨兰、蜘蛛兰等的根茎也可作为和香的原料选择。

(2)蕙

蕙,即蕙兰,又称蕙草、香草、芳草,是兰科兰属的地生多年生草本植物,叶瘦长,丛生,初夏开淡黄绿色花,气味馨香,一茎可开十几朵,色、香都比兰清淡,可供观赏。其根皮芳香,可和香,亦可做药材。

(3)椒

椒,是指花椒的种子和种皮,是人类使用较早的香药之一,其浓郁的香气被认为与兰花的芬芳同属道德的芬芳。所以古代对道德高尚的人,会有"椒兰之德"的美誉。由于椒在古代比较稀有珍贵,从而成为重要的馈赠礼品和年轻人的恋爱定情之物。川椒气味纯正,为花椒中的佼佼者,古代和香多选川椒入药。

(4)桂

桂,是指桂皮,学名柴桂,又称香桂,为樟科樟属植物天竺桂、细叶香桂或川桂等树皮的通称。桂皮是古代和香的重要香药之一,古代以桂皮之气韵誉贤人素德之风。

3. 唐宋后的四大名香

唐宋后,人们公认的十分珍贵难求的四大名香是沉香、檀香、龙脑和麝香,简称沉檀龙麝,其中龙脑又称冰片。

(1)沉香

沉香,是一种特殊的树木受伤或因极特殊的原因而产生的树脂,在自然环境的长期作用下,逐步生成气味芬芳的凝聚物。能形成沉香的植物,主要是瑞香科沉香属的白木香、蜜香树、鹰木香等几种香树。这些树木受伤后,自身产生的树胶、树脂、挥发油与木质混合凝结,在内外环境的作用下生成香味。所以,它是一种混合了树胶、树脂、挥发油、木材等成分的固态凝聚物,而不是木材。由于沉香成因复杂,受多种因素制约,因此优质沉香比较珍贵。

(2)檀香

檀香取自檀香科檀香属树种。檀香树的根、茎、枝、果实等都含油脂,但以木质心材为主,越靠近树心或树根的材质越好,含油量也越高。檀香是和香的常用香药,也是重要的中药材,是制作工艺品、配饰的优良材质。

檀香树是生长最缓慢的树种之一,通常要数十年才能成材,也是一种"娇贵"的半寄生性植物。虽然其树根也能从土壤中吸取少量营养,但主要是靠根状吸盘吸附在寄主植物的树根上获取营养,没有了寄主植物,檀香树也无法成活。所以,种檀香树时还需种植它的寄生植物,如豆科的印度黄檀、凤凰树、红豆树等,且寄主树不能长得比檀香树更高、更旺,否则檀香树便会枯死。

从传统香看来,檀香能安神开窍,与其他香药搭配使用时还有增强、优化香气的作用,"引芳香之物,上至极高之分",所以传统香中的很多和香(多种香药配制的香,与"单品香"相对)都会用到檀香。

(3)龙脑香

龙脑香取自龙脑香属树种的树脂,该科的其他属种也有可产龙脑香者。全世界龙脑树种约16属500多种,主产于热带、亚热带地区。我国海南、两广等地区也多有龙脑树种,约5属20余种,如坡垒、青梅、望天树(擎天树)等树种。近年国内有龙脑樟种植,并通过蒸馏法提取龙脑,但与天然龙脑在香气方面有很大区别,龙脑樟中提取的龙脑中混杂有樟脑的气味。

(4)麝香

中国使用麝香的历史悠久,也是麝香的原产地和主产地,麝香的质量与产量一直居世界首位。三千多年前的甲骨文里已经有了"麝"字,《山海经》也有关于麝鹿的记载。

麝香的气息浓郁且经久不散,但并无芳香之感。若以微量麝香与其他香药(香料)搭配使用,则能使香气更为稳定持久,并能产生一种特殊的灵动感和动情效果。麝香是传统香的重要香药,也是最早被使用的香药之一。古人很早就认识到麝香虽然奇妙,但用量须微,"麝本多忌,过分必害"。陆游还有诗写用麝香和制熏香:"小斫海沉非弄水,旋开山麝取当门。""当门"即指麝香;"海沉"指海南沉香。

(二)香品

1.香品的种类

香品可从不同角度划分为不同的种类。

①据原料的天然属性划分,可分为天然香料类香品(天然香)、合成香料类香品(和成香)。

②据形态特征划分,可分为固态香品和液态香品。

③根据工艺特征,可划分为传统工艺香品、现代工艺香品。

④根据香方划分,大多数传统香品都有特定的配方与炮制方法,有相应的特点与功效,也有相应的名称,大致是"一种配方"对应"一种香",故香品种类甚多,如"六味熏衣香""宣和御制香""三神香""伴月香""寿阳公主梅花香"等。香方是划分香品的一个重要依据,一般来说,同一香方下的香品,即使形态不同,也有相同的功效。

⑤根据主体原料划分。以某一天然香料为主要成分的香品,也常将此主体原料的名称用作香品名称,如沉香、檀香、柏子香、玫瑰香等。其香气特征与主体香料基本一致,例如,用天然香料沉香制作的名为"沉香"的香品,"沉香"既是其香气特征,也是其主体香料。不过,有些不含天然香料(如檀香木)而只使用有近似香气特征的合成香料(化学合成的檀香香精)的香品,也会使用天然香料的名称(檀香),应注意区分。

⑥根据香气特征划分,可分为沉香型、檀香型、柏香型、桂花香型等。

天然香料和化学合成香料都可以调和、模拟出各种香气类型,名为"檀香型""沉香型"的香品未必采用了天然的檀香或沉香。有些传统香的名称也是指其香气特征,而不是指所用原料,例如,"某某龙涎香""某某梅花香"未必使用了龙涎香或梅花花瓣。

⑦根据香品自身的基本功能特点,可分为美饰类、怡情类、修炼类、祭祀类、药用类、综合类等。

⑧根据香品在使用中的具体用途,又可分为多种,如礼佛香、熏香等。

2.香品的使用

(1)印香

印香,形如"连笔"的图案或篆字,点燃后可顺序燃尽,大多是用模具将香粉框范、压印而成。制印香的模具常称香印。印香约始于唐代,宋时尤为盛行并深得文人雅士的青睐。

其大致方法是:备好所需物品如香粉(依据香方,研磨香药,制成较细的香粉)、香印(印香模)、装有香灰的香盘(或专用的印香炉,或炉口足够大的普通香炉)等;将香盘中的香灰压实;将印香模平放在香灰上;将香粉铺入印香模(其镂空处),再用平板压紧;除去印香模上方多余的香粉;将印香模提起,便制出了"印香"。从一端点燃即可。

(2)隔火熏香

隔火熏香是一种很考究的用香方法,该法不直接点燃香品,而是以炭块为燃料,通过"隔片"炙烤香品,此法可免于烟气,也可使香气释放得更加舒缓。隔火熏香在唐代已经出现,宋之后较为流行。

(3)祭祀用香

不同的宗教、民族,敬奉不同的神明,祭祀用香的方式也各不相同。

(4)修炼用香

身心修炼(如静心、打坐、诵经、瑜伽等)用香有多重含义:一曰泰,创造安泰、正定的环境;二曰幽,营造幽美、馨香的气氛;三曰净,辅助修炼者达到清净、放松、身心和悦;四曰聚,辅助修炼者积聚能量,冲关开窍;五曰敬,培扶恭敬郑重之心;六曰圣,持宗教信仰者,有沟通凡圣之意。

(5)药用香品

药用香品(如祛秽、防疫、疗疾)在使用时应注意:选择有特定配方的、针对性强的天然香;达到足够的数量和频率,使香气保持足够浓度;把握空气流通程度,不宜太快,也不宜长时间封闭;用香时注意身心放松,使呼吸深入,能静坐则更好;选择恰当的时机,如睡眠时、初醒时、安静时等。

(三)香具

典雅精美的香具,既便利了用香,又能增添情趣,装点居室,堪称生活中的一种妙物。香具的种类很多,除了香炉(包括卧炉、印香炉、柄炉、提炉、熏香手炉等),还有香筒、熏球、熏笼、香插、香盘、香盒、香匙、香箸、火箸、火匙、香瓶、香囊、熏香冠架、玉琼熏炉等,以下作简单介绍。

1. 香炉

炉,指"贮火之器",香炉可释为承纳、熏烧香品的器具。

香炉的种类繁多,可从不同角度做出划分。从炉器整体样式来看,可分为:拟礼器类,模拟古代礼器,如鼎、鬲、簋、豆等;拟动植物类,模拟灵禽瑞兽、吉祥花卉等动植物造型,如龙、麒麟、狻猊、象、鹤、雁、凤、孔雀、鸭、莲花、橘瓣、海棠、竹节等;拟器物类,模拟各种器物,如奁、钵盂、盏、杯、鼓、台几等;拟景观类,模拟自然景观或建筑物,如山、塔等;拟几何体类,如长方体、球体等;综合类,不宜归入上述类别的香炉。

从炉器的局部样式来看,可根据腹、耳、纹饰、口、足、盖、钮、座、盘、提链、提梁等分为多种样式,例如,腹,有圆腹、敛腹、筒腹、花式腹等;耳,有朝天耳、桥耳、蚰龙耳、象耳、狮头耳等;纹饰,有弦纹、云纹、雷纹、夔龙纹、莲纹、火焰纹等;足,有多足、圈足、乳足、戈足、象鼻足、马蹄足、如意足等;盖,有平顶盖、梯形盖、子母口盖、穿顶盖等;座,有三足座、方座、莲花座、须弥座等。

附属部,有些香炉带有附属功能,例如,可以放置香箸、印香模等辅助工具,其可列入炉器的"附属部"。

从材质特点来看,有金、银、铜、铁、锡、陶、瓷、石(玉)、竹、木、象牙等。每一类中又可分为多种,如瓷炉可分青瓷、白瓷、黑瓷、青花、釉里红、粉彩等;铜炉可分红铜、黄铜、青铜、白铜等。

从装饰工艺来看,有錾花、鎏金、铄金、渗金、点金、镶嵌、珐琅等。

从功能与使用特点来看,可从不同角度列出一些较有特点的类型,例如,适用于线香的"卧炉"和"香筒",能自由旋转的"熏球",适于熏衣物的"熏笼",适于同时熏烧多种香品的"多穴炉",适用于印香的"印香炉",适于手持的"柄炉"等。

2. 熏炉

"熏炉"一词历史久远,其出现早于"香炉",西汉时已将博山炉称为"熏炉"。其含义似有广义与狭义之分:广义的熏炉,指"熏香的炉具",与"香炉"基本相同。狭义的熏炉,指一些特殊的香炉,大致有三类。

(1)便于"闷熏"的香炉。

炉身有一定的封闭性,利于"闷熏"炉内的香品,也能防止火灰溢出。大都设有炉盖,且炉腹及炉盖上设有较多"壁孔"。例如,熏烧盘香时,可用普通香炉,也可用设有炉盖的"熏炉"。

(2)便于"熏烤香品"的香炉。

此种熏炉不直接点燃香品,而是用热源(木炭、炭饼、电热装置等)间接地"熏烤香品",催发香气。或有盖,或无盖。炉腹容积不宜太小,也可设置壁孔。

(3)便于"熏染其他物品"的香炉。

此种熏炉使炉外物品如衣物、被褥等浸染香气。或有盖,或无盖,熏香时大都不用炉盖。例如,汉晋时期即有许多此类熏炉,常用于熏衣。

汉唐之前用香,大都是借助燃料如木炭、炭饼等易燃物熏烧香品,如配制的香丸、香饼或香草、香木等香材,"火"气较重,所用炉具也是典型的"熏炉",大多设有炉盖(也有无盖者),且炉盖、炉腹及炉底有较多孔洞以助燃、散香。炉盖能防止火灰溢出,便于使用(可置于衣物下熏衣、熏被),也可控制燃烧的速度,使香气的混合更为均匀。

3.承(香)炉

自宋代开始尤其是元代之后,较多使用能独立燃烧的香品,如印香、线香、签香、塔香等。焚烧这些香品的香炉大致有两类。

一类是有炉盖的"熏炉",形状近似汉唐时期的熏炉,但体积较小(有的炉具炉盖简易,焚线香时便于取下);另一类是无炉盖、无壁孔的香炉,其主要功能是"承托、容纳"香品及香灰,而不是"贮火"和"闷熏"。例如,可插焚线香和签香的小香炉,无盖的印香炉和印香盘,焚塔香的无盖香炉,等等。

4.卧炉

用于熏烧水平放置的线香。炉身多为狭长形,有多种造型。有盖或无盖均有。

也有类似香筒的"横式香熏",形如卧倒的、镂空的长方体。以长方体的整个上平面作"炉盖",或将"炉盖"设在一端。

5.印香炉

又称"篆香炉",用于焚烧印香。炉面平展开阔,炉腹较浅,下部铺垫香灰,用印香模具在香灰上框范出印香。或有盖,或无盖。也有条几形的"篆香几",以及多层结构的印香炉,可将印香模、香粉等放在下层。口径较大的普通香炉以及平展的"香盘"也可用于焚烧印香。

6.印香模

又称"香印""篆香模",指制作印香的模具,形如"镂空的印章"。大小不等,造型各异。多以木材、银等制成。

7.多穴炉

多个熏炉连接在一起,炉腹互不连通,可同时熏烧多种香品。此类香炉数量很少,曾见于广州南越王墓。

8.提炉

又称提梁香炉。是带有提梁,便于提带的香炉。

9.柄炉

柄炉,又称"长柄香炉""香斗"。带有较长的握柄,一端供持握,另一端有一个小香炉。熏烧的香品多为香丸、香饼、香粉等。此种香炉可在站立或出行时使用;可手持炉柄,炉头在前;也可一手持柄,一手托炉。此类香炉在佛教中使用较多,魏晋至唐代尤其流行。

"柄炉"有时也称"手炉",由于"手炉"也常指"暖手炉",容易引起误解,应尽量不采用这种称法。

10. 手炉

主要用于取暖,也可熏香。炉盖镂空成各式纹样,炉身常雕刻各种图案。外形圆润,呈圆形、方形、六角形、花瓣形等。可握在手中、置于衣袖间或有提梁供随身提带。炉内可放炭块或有余热的炭灰。也有较大的暖脚的脚炉。手炉盛行于明清,制作工艺十分精湛。

11. 熏球

又称"香球"。多以银、铜等金属制成,球壁镂空,球内依次套有三层小球,每个小球都挂在一个转轴上,最内层悬挂着焚香的小钵盂。熏球旋转或滚动时,在钵盂的重力作用下,三层转轴相应旋转调整,钵盂则始终能保持水平,香品不会倾出,因此即使在床上和被褥中也能使用,亦称"被中香炉"。常设有提链,可供出行时使用或悬挂于厅堂、车轿中;可加设底座,便于平放。也有较为简单的熏球,仅套一层或两层小球,也只能作一维或二维旋转。

据《西京杂记》记载,西汉时已有"熏球",巧匠丁缓曾制出"被中香炉":"丁缓……作卧褥香炉,一名被中香炉……设机环,转运四周,而炉体常平。"

唐代也曾将熏球称为"香囊"。法门寺地宫出土的《衣物帐》(文物名册)即把熏球记为"香囊",唐代的王建也有诗"香囊火死香气少"。现在考古发掘已出土多件极为精美的唐代银熏球。

12. 熏笼

在香炉外面罩以"笼"形器物,大小不一,常用于熏手巾、熏衣、熏被,也可用于取暖。"笼"的材质有竹、木、陶瓷等。

13. 香筒

又称"香笼"。用于熏烧线香或签香,常直立使用,也可纳于怀袖或衣被中。多为圆筒形,带有炉盖,炉壁镂空呈各种纹样,以通气散香,筒内设有安插线香的插座。质材有竹、木、石、玉、象牙等多种。明清时多用线香,香筒也广为流行。

14. 香插

带有插孔的基座,用于插放线香。基座的造型、高度、插孔大小、插孔数量有多种样式,可适用于不同粗细、长度的线香。香插的流行较晚,多见于清代。

15. 香盒

又称"香盛"。用于盛放香品,如香丸、线香、香木片等。材质多为木、陶瓷等。

16. 香几

焚香的台状几案,可放置香炉、香盒和香瓶等物。高者可过腰,矮者不过几寸。四周有低矮的围挡。几面多为石料或木料。制作考究者则造型、用料、雕镂纹饰都颇具匠心。

17.香囊

又称"香包",古代也称"容臭"。用于装填香品如和制的香粉、干花、中药材等的织袋,也可再罩以镂空的小盒,材质常为木、玉、银等。随身佩戴的香囊也称"佩帏""佩香"。悬挂于车轿、居室、帷帐内的香囊,也称"帷香"。

香囊可香身、辟秽。早在西周时,少年拜见长辈时就需佩戴香囊,如《礼记·内则》:"男女未冠笄者……衿缨,皆佩容臭昧爽。"汉乐府诗《孔雀东南飞》也言及香囊:"红罗复斗帐,四角垂香囊。"香囊也常用作爱情信物,如繁钦《定情诗》:"何以致叩叩,香囊系肘后。"

第三节　旅游产品美学

设计往往体现了设计师的审美意识,在建筑、雕塑、绘画,甚至是旅游所售卖的一系列设计产品中都有所体现。这些审美取向来源于人对于秩序美感的追求,所以即使是最为实用的一些科学物质结构设计也往往因为其结构性、连贯性、韵律性而存在一定的美感。

一、旅游产品

旅游产品,又称旅游购物品,是旅游目的地向旅游者提供的富有特色,对旅游者具有强烈吸引力,具有纪念性、艺术性、实用性的物质产品。我国的旅游产品品种繁多,有旅游食品、轻工业品、纺织工业品、手工业品、工艺美术品、文物、土特产、旅游纪念品等。其中许多商品驰名中外,如烹调技术高超、风格独特的各种美味佳肴,技艺精湛的工艺美术品,独具一格的金石字画、文房四宝,以及丝绸刺绣、文物古玩、名贵的中药材,反映传统特色的日用小商品和纪念品等。

旅游产品不是单纯的一个旅游购物中介,它是旅游地的媒介,是旅游信息的传播者,是地方形象的塑造者,也是旅游休闲的一种主要媒介。旅游者通过购买旅游产品将旅游地的印象主观化、情感化,无论是珍藏还是展示,分享还是赠送,它都被赋予了旅游者旅游时的情感。在旅游地的展示售卖,旅游产品潜移默化地强化着旅游者的旅游意识,提升着地域文化氛围。旅游产品的符号象征了某个景点、某个地域、某种文化,甚至包含了游客的情感,而这种地域特质、文化特色和情感认知与地方感有一定程度的契合度。

(一)旅游文创产品

随着我国旅游业的蓬勃发展,人们对文化旅游热情的上涨,使旅游产品不再仅限于旅游纪念品和土特产等固有形式,融入各地域文化的旅游产品更受人们的喜爱,使得人们对于旅游产品的消费意愿也不断提高,促进各地域的经济发展。通过以旅游产品为载体,也使各地域的文化传承和发展看到了更多的可能性,因此通过文创设计,设计出更具吸引力和生命力的旅游产品,不仅可以让游客购买到更具纪念性的旅游产品,给予人们旅游后的收获感,满足某些游客想将其当作礼品赠送的需求,同时让人们意识到普及各地域文化知识和传承的重要性。

所谓文创产品就是指文化创意产品,其显著的特点就是既具有文化性,又具有创意性。从字面意思来看,文创产品分为文化力和创意力。在文化底蕴基础上富有创意是优秀文创设计师首先需要把握的。文创产品首先展现的是文化的产品,是文化创意在文化研究、多元文化、相关学科和不同载体的文化元素上的理念。

与旅游纪念品和文创产品不同,旅游文创产品体现出更多的地域特色和纪念意义。旅游文创产品体现出的要么是当地的地理环境,要么是当地的自然景观,要么展现出的是当地的文化特色,浓郁的特色性、地域性成为当地旅游文创产品明显的标识。运用先进的设计理念将现代的流行元素融入当地特色文化中,所研发出来的创新产品,不仅满足了传承文化的需要,还践行了流行适用的价值理念。

旅游文创产品组合的概念是文创产品和旅游纪念品,在强调旅游产品产品性的同时,强调产品中要有地域性、民族性的植入。但是作为既有文化性,又有创意性的旅游产品,一定要注重研究文化和产品的联系,文化和创意的关系,不能单单靠对一个传统名字的回忆体现它的文化性,要重视文化性和功能性的统一,才能在市场上畅销,也才能真正传播文化价值观,真正传承文化遗产。

(二)旅游文创产品与旅游生活的满足

旅游文创设计不仅可以提高旅游产品的吸引力,吸引到更多的游客,满足游客的购物欲望,还在于其可以满足游客旅游休闲生活需求,并通过产品设计审美提升游客的审美品位。因此,旅游文创艺术进行产品设计,要从工艺美学或设计美学的角度构思。

文创设计更具独特性。要使旅游产品独具特色,与各地域文化的融合就是最好的选择。因各地域经济发展水平和人们生活方式的不同,各地域文化都会有自身个性化的特点。文创设计所要做的就是在保证旅游产品合理性和科学性的基础上,对各地域文化中具象化的著名景观、传统图腾纹样、本地工艺品、材料以及抽象化的历史故事、文人诗词等先进行大量调研,对隐含其中的个性化文化元素进行提取,如天津著名地标天津之眼的整体造型元素及杨柳青剪纸中胖娃娃的形象元素、延安地区红色文化中的色彩元素、胶东半岛的本地特色海草材料元素等。将这些提取出来的储存了大量地域历史文化信息的个性化文化元素,体现在旅游产品的功能、造型、材料、色彩、使用状态等多个方面,实现将虚无缥缈、复杂难懂的文化转变成为实实在在、简单易懂的设计语言,达到与游人进行有效地交流。

文创设计更具收藏性。旅游产品籍由文创设计的思路能够使其自身的收藏价值提升,而拉开与现有市场上产品的差距主要可以从以下两个方面出发。

首先,要让旅游产品的设计理念与各地域文化内涵相吻合,使游客在使用旅游产品时可以经历与其他地域不同的情感体验,结合游客在旅游时的经历及所见所闻,带给游客美好的记忆,游客购买旅游产品就是在购买这份独一无二的记忆,旅游产品也会因有着游客美好的记忆而具有了收藏意义。

其次,不少游客在外购买旅游产品的目的除了留作纪念和收藏以外,还有就是将旅游产品当作礼物送给他人。因此,首先要确定该旅游产品的定位人群在年龄、性格等方面的特点,再运用不同的设计语言去设计不同风格的旅游产品供游客挑选。例如,敦煌博物馆所开发售卖的定位人群为青少年的滑板,在滑板的整体造型上融入了敦煌独特的文化元素,因此与市场上已有滑板不同,具有纪念性,同时使更多的年轻人了解到了敦煌的传统文化与艺术,体现出游客的良好品位,因此该系列滑板一经售卖就取得了商业上的成功,也使本地域的文化元素得以向外界持续地输出,为文化的可持续传承作出贡献。

文创设计产品更具趣味性。旅游产品要想更加符合现代大众的"口味",并进一步引导游客对旅游产品中所蕴含的文化产生兴趣,可以从现代潮流文化中寻求突破口,让旅游产品借助新时代潮流文化的推动"出圈"。一方面,通过文创设计将旅游产品中的传统文化元素与"盲盒热""剧本杀""密室逃脱"等潮流相结合,可以打破旅游产品缺乏可玩性的僵局;另一方面,将潮流文化中现代"潮""萌""搞笑"等流行元素和更加大胆及多元的色彩、造型、材质融入旅游产品之中,可以打破旅游产品不够新颖的僵局。

(三)旅游产品文创设计的审美性

文创设计要提高旅游产品的生命力,即通过加强实用性、展示生动性、营造良好的营销环境并树立鲜明独特的品牌形象这三个方面提高旅游产品的生命周期,增强游客的审美体验。

实用与生命的结合。文创设计除了要使旅游产品更美观,还要注重让产品本身的功能更实用,以达到提高旅游产品生命力的目的。首先,就要先了解人们需要的这款旅游产品应该具备哪些针对性的功能,并在此基础上设计出衍生的外观。其次,文创设计应使旅游产品的功能融入外观之中,不能使两者只是独立发挥作用的个体,外观设计应当向游客传达出产品的功能以及如何使用等信息。譬如,为了达到使旅游产品中活态化的文化更清晰地展现在游客面前,就可以通过色彩、材料和表面处理等给游客带来不同层次的视觉欣赏和情感体验,加强旅游产品中文化符号的运用,为文化元素的展现及产品功能的发挥提供更多的支持,实现实用性与美观性的结合。

产品更具生动性。要使旅游产品中的文化能够更加清晰、生动地展示在游客眼前,文创设计需要借助新时代下的新技术、新工艺和新材料,以新型现代化的信息传播工具作为辅助元素,打破传统的固有的文化传播形式,使文化的传承方式更丰富多彩,使游客以更加新颖和有趣的方式感受到旅游产品中所蕴含的各地域文化的魅力。目前作为连接真实世界和虚拟世界的桥梁的先进信息传播手段——AR技术,即增强现实技术,可以通过线上小程序或者App与线下旅游产品相结合的新形式让旅游产品中蕴含的文化"活"起来,提高旅游产品的生动性,让游客可以从更多维度体验到旅游产品传递出的精神文化内涵与价值观念,丰富游客对旅游产品中各地域文化的理解,达到更好地传播地域文化的效果,而人人都有的智能手机正是实现这一技术的最佳设备。如爱宇奇所设计的地球主题AR文创笔记本,采用了高品质的浮雕工艺和AR技术,模拟并还原真实地貌的凹凸质感,只需要下载相应的App,扫描笔记本内页的Gaea插画,就能将整个世界微缩在用户眼前,使用户像拥有了"上帝视角"一样,近距离感受地球之美,可以身临其境般看到和触摸到世界各地的奇观地貌,包括珠穆朗玛峰、格雷冰川、大峡谷、国家公园、火山等景观。

产品更具品牌化。旅游产品投入市场之后,在建立完整的销售渠道的基础上,营造与文化氛围相同的营销环境,可以让更多的人体验到不同地域所带来的文化特色。在前期,线下平台可以使产品与游客有更为直接的接触,同时因为身处在当地的环境之中,更能领略到产品中所蕴含的本地域文化的魅力。之后通过线上平台的开放,就可以收集到游客使用产品后反馈比较集中的问题,并进行设计改良,可以增强游客体验感,提高游客满意度,也是对本地之后推出新的产品打下基础。在后期,各地域就需要逐渐树立起产品的品牌意识,建立起品牌文化和品牌战略。应当将能够激发游客对本地域旅游产品产生正确认知与丰富联想的文化元素作为品牌标识,使旅游产品在游客心中建立起深刻的印象,而一旦建立起旅游产品品牌和游客之间的联系,就可以通过文创设计和高品质制作,继续确立产品在游客心目中外观美和高标准的良好形象。譬如,故宫博物院线上和线下就采用了统一的品牌标志,即都取宫字形,在它的文创产品包装、网站等地方都可以看到这一标志,因此只要看到宫字形,人们就会第一时间想到故宫博物院,同时对此文创产品在质量、安全性等方面都更加放心,提高销售量和游客忠诚度,这就是品牌标志的力量。同时对旅游产品进行适当的广告推广及宣传,在宣传中也要运用到品牌标识,拥有相应的粉丝团体,也是对提高旅游产品的生命力,以及传承和发展产品中所蕴含的地域文化具有非常正面的影响。

专题一　拈花入瓶——中国花道审美

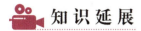 **知识延展**

中国传统插花教程　　　香道在中国的产生与发展　　　灵隐十八籽

专题二　诗画入梦——乡村旅游产品审美

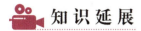 **知识延展**

诗画浙江

 思考与讨论

1. 谈谈休闲旅游的艺术与哲学。

2. 举例说明旅游产品文创设计如何提升吸引力？

3. 结合浙江省百县千碗活动,谈谈你的家乡有哪些菜肴能够被开发与推广。

阅读材料

1. 闫红霞:《休闲旅游:文化·审美·体验》,中央编译出版社,2016年。

2. 文化和旅游部资源开发司:《中国度假休闲旅游发展示范案例精编》,中国旅游出版社,2020年。

参考文献

[1] 王亦敏,刘璎珞.更具吸引力和生命力的旅游产品文创设计研究[J].设计,2021,

34(17):66.

　　［2］高春玲.基于地域文化特色的文创产品设计［J］.湖北工程学院学报,2021,41(2):65.

　　［3］陈丽.旅游产品发展现状及对策探究［J］.吉林农业,2019(9):56-57.

　　［4］宋佳,康米.新文创背景下传统文化的创新设计与传播路径［J］.现代营销,2021(11):132-133.

　　［5］王维,毛芳怡.基于文化消费需求的文创设计研究［J］.设计,2020,33(5):104-106.

　　［6］诺曼.设计心理学·设计未来［M］.北京:中信出版社,2015:58-59.

　　［7］王蔚.山东省休闲旅游发展研究［D］.山东:山东大学,2010.

第七章 旅游生活审美体验原理

旅游生活审美并非一件功利性的事件，我们能够看到在旅游生活中出现了很多我们期待和向往的爱情故事。在一些爱情之都，如大理、厦门，很多人在那边游玩的时候相恋，在那边旅游的时候求婚，整个人生都在旅游生活中得到了升华和新的开启。在日常生活中，虽然不是每一个人都能在旅游生活中感受这种较高层次的审美体验，但是我们依然能够在旅游生活中将自己的旅游生活体验进行审美升华，并且我们能够对这种升华有所反思。

相信旅行者们也遇到过多次这样的体会：你的朋友和你说苏州园林、杭州西湖、桂林山水是如何的美丽，可是当你来到了苏州、杭州和桂林的时候，你却没有感受到一点美丽。这可能是因为你的审美偏向于崇高而不是优美，可能是因为你对当地的文化缺乏了解，或者对当地的文化不感兴趣，也有可能是因为你没有到达当地文化美学真正最为美妙的地方，而只是被当地的导游拉到了购物场所进行了购物，又或者你可能是到了当地文化美学场所，但是你体验的时间不长，或者天气不好，你没有看到最适合当地气候的美景。以上种种都会影响旅行者的旅游生活审美体验，这些体验不仅仅是暂时的，也有可能是终身的，会让旅行者对某地产生不适的感觉。所以，为了保证好的旅游体验感，我们要对这种造成旅行者不适应的旅游生活审美体验的发生进行思考和学习。

第一节 旅游生活的审美空间

旅游生活具有丰富的审美空间，为具有不同审美倾向的人提供了选择的可能。有的人因为他在旅游的时候更加注重视觉的审美，所以经常会照相，还有一些人在旅游生活的时候更加注重听觉的感受，所以经常会在一些城市的角落坐下来静听雨声，还有一些人在旅游生活的时候更注重文化审美，所以会去一些著名的博物馆和历史纪念馆，对文化记忆进行单独的审美体验。每个人进行审美体验的多样性说明了主体行为方式的多样性，这些多样性创造了旅游生活中每个人不同的审美感受。具体来看,我们可以将旅游生活的审美空间看作动态与静态相互融合、移情与距离相互促进、时机与位置相互交融的一个状态。因此,我们可以把旅游生活审美体验的基本方式分为:动态与静态、移情与距离、时机与位置。

一、动态与静态

在旅游生活审美活动中,动态观赏和静态观赏是两种最为普遍的观赏方法。这两种观赏方法各有长处,互为补充。根据景观特征和游客个体需求来灵活地运用这两种观赏方法,是丰富旅游经验的可靠途径。

(一)动态观赏

动态观赏是指旅游者在游览过程中,沿着一定的风景线,选择步行、乘车、乘船、骑马等,进行风景观赏的方式。动态观赏时,视点与景物相对位移,物我皆有变化。如同看 3D 电影中的风景片,一景又一景地呈现在游人眼前,成为一种动态的连续景观。

不同游览方式的动态观赏,移动速度不同,景物变化方式不同,游人观景感受、效果也不同。乘车观赏时,物我双方的空间位移的移动速度快,空间跨度大,景物向一定方向聚集,给人的视知觉以强烈的幻觉性运动感,使人得到一种生机盎然的审美感受。李白在《早发白帝城》中写道:"两岸猿声啼不住,轻舟已过万重山。"写出了李白直下江陵时沿途的所见所闻。湖上泛舟时,视线的选择也较自由,效果比乘车要好;至于缓步漫游,步移景异,既能注意前方,又能左顾右盼,视线的选择更为自由。一般园林绿地规划应从动与静两方面要求来考虑,园林绿地平面总图设计主要是为了满足动态观赏的要求,应该安排一定的风景路线,每一条风景路线的分景安排应达到步移景异的效果,一景又一景,形成一个循序渐进的连续观赏过程。

(二)静态观赏

静态观赏是指旅游者在一定的位置上,面对风景,缓慢地移动视线,进行风景欣赏的一种方式。静态观赏时,视点与景物位置相对不变,即物我保持不变。如看一幅风景立体画,整个画面是一幅静态构图,所观景物结构、层次固定不变。所以静态观赏的地方往往也是摄影和绘画写生的地方。由于在静态观赏时,头部往往要转动。因此,除主要方向的景物外,还要考虑其他方向的景物,以满足观景需要。静态观赏需要的时间较长,感受量较大,便于体察感悟或想象理解对象的审美价值或内涵。游客在静态观赏时有时对一些情节特别感兴趣,要进行细节观赏,为了满足这种观赏要求,可以在分景中穿插配置一些能激发人们进行细致鉴赏,具有特殊风格的近景、特写景等,如某些特殊风格的植物和某些碑、亭、假山、窗景等。

二、移情与距离

在旅游生活审美体验中，人们自身的情感体验往往和审美主体与审美客体之间的距离相关联。例如，当我们看到《蒙娜丽莎的微笑》的时候，我们往往不了解达·芬奇作画时的时代背景，也许也会忽视达·芬奇在创作《蒙娜丽莎的微笑》的过程中的颠沛流离，他对于创作的多层次、多年龄、多时代的丰富理解。反之，当我们看到《步辇图》的时候，却由于我们了解中国文化背景，所以能够立刻明白这是以贞观十五年（641年）吐蕃首领松赞干布与文成公主联姻的历史事件为题材，描绘唐太宗接见来迎娶文成公主的吐蕃使臣禄东赞的情景。所以，审美主体的情感体验与审美主客体距离有着非常大的关联。

（一）移情观赏

"移情"作为美学术语，首先由德国美学家费肖尔用来表示人可以通过自己的意识活动，将自己的思想和感情加诸对象，使对象具有一定的情感和审美色彩。"我们把自己完全沉没到事物中去，并且也把事物沉没到自我中去：我们与高榆一起昂然挺立，同大风一起狂吼，和波浪一起拍打岸石"，这说的是由我及物和由物及我两个方面的统一。移情说的主要代表人物是德国美学家立普斯。其代表作为《空间美学和几何学·视觉的错觉》（1897年）和《论移情作用》（1903年）。他认为，美感的产生是由于审美时，我们把自己的情感投射到审美对象上去，将自身的情感与审美对象融为一体。

在中国传统美学思想中，"寓情于景""情景交融"和西方的移情说有着异曲同工之处。唐朝诗人崔护在其诗《题都城南庄》中，写道："去年今日此门中，人面桃花相映红。人面不知何处去，桃花依旧笑春风。""桃花"何以"笑春风"？"颠狂柳絮随风舞，轻薄桃花逐水流。"（杜甫《绝句漫兴九首·其五》）"柳絮"何以"颠狂"而"桃花"又何以"轻薄"？"泪眼问花花不语，乱红飞过秋千去。"（欧阳修《蝶恋花》），"把酒送春春不语，黄昏却下潇潇雨。"（朱淑真《蝶恋花》），"问花"而"花不语"，"送春"而"春不语"。正如近代贤哲王国维在《人间词话》中所说的那样，"有我之境，以我观物，故物我皆著我之色彩。"总之，在旅游审美活动中，运用移情原理，游人观赏旅游景观时，展开丰富的想象力，将自己的思想感情投射到眼前的景物上去，"一切景语皆情语"，景中有情，情中有景，情景交融，达到了移情观赏的审美效果。

（二）距离观赏

英国心理学家布洛认为，距离是一种审美原理，是审美悟性的一种特征。他认为在审美活动中,主客体之间应保持一定的距离,距离产生了美。距离一般包括心理距离和空间距离这两种。

1. 心理距离

为了形象地说明"心理距离"的含义,布洛举了一个例子,说的是在海上航行遇上大雾的情形。对于一般人而言,这是一件头疼的事。因为海雾不仅令人呼吸不畅、耽误行程,而且还会使置身于无边的未知的恐惧之中的人感到惊慌无助。可是,一旦你抛开海雾可能给你带来的危险及焦躁情绪,如果你能聚精会神地去欣赏周围的景观,心无旁骛,我们就能够欣赏到海上无比美妙的美。

我国美学家朱光潜先生吸收和发展了布洛的"心理距离"说。他认为,心理距离其实不过是由于暂时脱开实用生活的约束,把事物摆在适当的'距离'之外去观赏罢了。我们在游历时最容易见出事物的美。东方人陡然站在西方的环境中,或是西方人陡然站在东方的环境中,都觉得面前的事物光怪陆离,别有一种美妙的风味。这就是因为那个新环境还没有变成实用的工具……比如,北方人第一次下江南,看到西湖。南方人第一次去内蒙古呼伦贝尔大草原,在青青草地上打滚,嬉戏。对他们来说,西湖、大草原都是奇景,妙不可言。但对于常年生长在西湖边或草原上的人来说,除了以居近名胜感到自豪外,也不过是正常地欣赏美景罢了。外出散步时,河边有一棵树,看它的正身,极其平凡。但是,当你走到树下,你却被它在河面的倒影吸引住了:红黄青的颜色搭配,疏影横斜的枝条……小时候,家在农村,目力所及:村子周围绵延的几排青山、几畦稻田、几间土房、几缕炊烟。当时觉得单调无趣得很。可是,现在回忆起来,却是清景无限,留恋不已。看熟悉或新奇的风景,看正身或倒影的风景,看现在或过去的风景,为什么给人的审美感受、效果有着天差地别?朱光潜先生认为,看正身,看现在,看自己的境遇,看习见的景物,都好比乘海船遇着海雾,只知它妨碍呼吸,只嫌它耽误程期,预兆危险,没有心思去玩味它的美妙,而看倒影,看过去,看旁人的境遇,看稀奇的景物,都好比站在陆地上远看海雾,不受实际的切身的利害牵绊,能安闲自在地玩味目前美妙的景致。所以,想要见到事物本身的美,从实用世界跳出去,抛下实用性,克服功利性,把它摆在适当的距离之外去看。

2. 空间距离

空间距离,指人与物之间远近长短间隔。"横看成岭侧成峰"的美是由空间距离造成的。

体量大的景观,一般适合远距离观赏,距离太近就领会不到事物的整体性。古往今来,无数文人墨客歌咏月亮,赞叹它的美。"明月出天山,苍茫云海间。""明月松间照,清泉石上流。""春江潮水连海平,海上明月共潮生。""海上生明月,天涯共此时。"……人们喜欢月亮,是因为它高高地挂在夜空,配以皎洁的月光,给人一种可望不可即的神秘感。地球难道就不美丽吗? 近些年,人类离开地球,飞向外太空,从外太空拍下的地球照片来看,其实我们居住的地球是如此美丽多姿。居住在地球上的人,离地球实在太近了,对地球太熟悉了,总习惯带着功利性去看待身边的一切,诚如苏轼所作:"不识庐山真面目,只缘身在此山中。"

有些景观适宜近距离观赏,如果距离太远,就会看不清事物的细微之处,也难以欣赏到事物的美。如湖面嬉戏的鸳鸯、锦鲤,含苞待放的花朵,亭台楼阁的名人题字、楹联等,只有近距离观赏这些景致,才能感受到它们细微的美。

根据观赏对象的特征,选择合适的观赏空间距离,尤为重要。比如,自驾前往莫干山风景区游览,从几公里开外的远距离望去,轻雾缭绕的山色峰影就像一幅朦胧淡雅的写意水墨画,再靠近一些,景象变得清晰多了,层峦叠嶂,满山遍野的翠竹修林,绿意盎然,让人心旷神怡。可当你钻进山里,穿过竹林,来到剑池,看三叠泉飞流直下,鸟鸣凸显出山更清幽。……这些体现了"远望之,以取其势;近看之,以取其质"的距离原理。

三、时机与位置

(一)观赏时机

人文景观的美,一般不随着时间的变化而变化。比如,寺庙、博物馆、文化遗址等,不论季节如何变换,以一张老面孔示人。但有些景观,只有在某一个季节或者某一个特定的时间出现,才能展现别具特色的美。比如,江西婺源的油菜花田,洛阳的牡丹花会,农历八月十八的钱塘江大潮,香上红叶,吉林雾凇,哈尔滨冰雕节,这些说明不同景观有明显的季节性。选择一个恰当的观赏时机,有助于得到好的审美效果。

同一景观,在一年的不同的季节、不同的天气、一天中的不同时段,往往呈现出不同的色彩和形象。西湖之美,美在四季,春花、夏荷、秋月、冬雪,各具美态。阳春三月,草长莺飞,桃红柳绿,青山含翠,碧水如镜;夏日荷花,接天莲叶,生机无限;秋月皎洁,素月分辉,明湖共影;冬雪初霁,红梅待放,清香淡雅,疏影横斜。西湖之美,美在四时,朝暮有变,景象万千。西湖之美,在于晴中见潋滟,雨中显空蒙。有些人认为,日西湖不如夜西湖,晴西湖不如雨西湖,雨西湖不如雪西湖。不论你何时来看西湖,它都会给你呈现别样的美,或明丽,或静谧,或朦胧,或素净。

(二)观赏位置

在旅游景观观赏中,观赏位置的取舍是十分重要的。而位置主要关乎视点、角度、方位和距离。前人把这种不断游移变动的透视法概括为'三远'法。宋代大画家郭熙说:山有三远:自山下而仰山巅,谓之高远。自山前而窥山后,谓之玄远。自近山而望深山,谓之平远。高原之色清明,玄远之色重晦,平远之色有明有晦。"在这几句话中,可以看见观赏的视点、角度、方位和距离对审美的效用。

观赏角度指的是,对观赏对象可以取平视、仰视、俯视的审美视角。

平视是看视线前方延伸较远的景物。欣赏"水光潋滟晴方好,山色空蒙雨亦奇"的西湖美景,游人采取平视的方式为宜。

仰视是从低处往高处看。"日照香炉生紫烟,遥看瀑布挂前川。飞流直下三千尺,疑是银河落九天。"要想领略李白诗中所描绘的庐山瀑布飞流直下的气势和意境,有必要选择一个合适的位置、采用仰视的方式。

俯视是从高处往下看。"会当凌绝顶,一览众山小。"游人若站在泰山山顶,往下俯视环顾四周,看见周围的山都是小小的,便有"登泰山而小天下"的感觉,衬托出了泰山的巍峨高大,领略到了它的雄壮之美。

再比如,游人前往云南路林石林观赏"阿诗玛天然石像",也存在着一个观赏位置和角度的问题。据说,从"石像"的正前方十步开外望去,石像犹如一位阿诗玛(指美丽善良、勤劳勇敢的彝族少女),头戴毛巾,胸挂首饰,背着盛满果实的大箩筐,昂首挺胸向前走。但若从另一个角度,从偏左方八步开外看去,该"石像"顿时变成一位瘦骨嶙峋、老态龙钟的老妇人。同一景物,尽管采取平视的方式,从不同的位置和角度看去,也会呈现出截然不同的形象,这明显是由于观赏位置的不同所导致的。

四、节奏与重点

(一)观赏节奏

对自然风光的审美观赏也有其特定的审美节奏:一种是观赏速度节奏,观赏速度的快慢。观赏节奏的快慢取决于旅游者用以观赏的时间和赖以观赏的媒介。短时间内完成对自然景观的观赏,则节奏快;反之,则节奏慢。观赏节奏由快到慢,依次是乘飞机、汽车、船,最慢的是步行。观赏的速度,直接影响到审美效果。旅游者快节奏的观赏所获得的是对自然景观总体轮廓的把握,而慢节奏的观赏所获得的则是对自然风光具体局部特征的把握。另一种是不同风景系列组合形成的审美感受的变化节奏。在对某个知名景区进行游览时,景区往往不只包含了一个景点,通常由多个景点串联而成。各个景点的审美特色不同,对游客的吸引力也不同,旅游者在旅游审美活动中,选择适合自己的风景欣赏的节奏。

（二）重点观赏

指游客有选择地观赏景物对象中最具有个性特色或最富有审美价值的景点。

旅游者在外出旅行之前，一般会提前查阅旅游目的地相关资料，了解其基本概况和风貌，在获得一定知识的基础上确定观赏重点，做出最佳的游览计划安排。

上述八种观赏方法，都有其遵循的美学原理，各有长处，互为补充。旅游者可以根据自己的审美需要，从自身的实际出发，因地制宜，灵活运用各种审美方法，充分施展个人独特的个性，提升审美感受，获得最理想的审美效果。

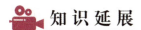 **知识延展**

对一棵古松的三种态度

第二节　旅游生活的审美心理

旅游生活审美是旅游者在旅游生活中所进行的审美体验和审美价值判断。旅游生活之所以发生审美活动，正如高长江教授所说，"旅行不仅为人们提供了一个与鲜活世界和具体事物际遇与感受的契机，人可以直观与感知自然和人文世界的多样性、生动性、异质性，产生了对这些事实生动与价值性存在的惊异及其审美愉悦，这种'同人的本质和自然界的本质的全部丰富性相适应的人的感觉'的形成，不仅使自然才失了其物的效用性，人'按人的方式同物发生关系……需要和享受失去了利己主义的性质'，从而实现'人与自然问题的真正解决'（马克思语），而且人在感知、品察审美对象的过程中，感觉机能更为完善，感受能力也更为精细，心灵向度更加美学化，人的本在得以绽开。用海德格尔的话说，美之在使人'作为一个存有之本有事件而开启自身'。"[1]从审美心理学的角度看，旅游生活审美发生就在于这一现象乃因为它伴随着复杂微妙且愉悦的心理活动，涉及审美心理的四大要素——审美知觉、审美想象、审美理解和审美情感。这些要素作为特殊的审美心理功能，在

---

① 高长江：《人类纪的游牧与救赎：旅游人类学思想与场景》，吉林大学出版社，2021 年，第 280 页。

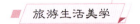

互动作用中引发出不同程度的审美愉悦或审美快感。

一、审美知觉

审美知觉,指审美对象因刺激人的感官而引起的各种感觉和与生俱来的知觉综合活动。人的五官、身体和大脑神经系统集合起来组成了视、听、嗅、味、触等主要感觉分析功能,以此辨别、接受和传达外界的各种信息。按照知觉现象学创始人梅洛·庞蒂的观点,知觉行为在人类所有的思维活动中具有基础性的地位,人类如果失去了知觉的世界,那么我们就不会拥有任何的理论架构和价值体系。人类所面对的世界不是现成地摆在那里的客观世界,而是由"知觉"建构而成的。按照知觉现象学的观点,审美知觉具有三个方面的特点:情感性、身体性和模糊性。

情感性指的是审美知觉以情感为导向,是一种非理性的知觉。我们在审美中往往会掺杂自己的情感,这些情感可能是带有某些地域、血缘、文化等方面影响的产物。例如,我们在看奥林匹克运动会时,我们会称赞黑人运动员跑步的健美身姿,但是我们对于刘翔、苏炳添的健美身姿好像总是有一种格外的欣赏。在欣赏幼儿园孩子们的舞姿的时候,我们也总是会对自己孩子的舞蹈更感兴趣,会将自己的相机主要用来记录自己孩子的舞蹈。在欣赏博物馆绘画的时候,国画专业的学生往往会多关注中国画而非西洋画。总之,以情感为导向是审美知觉在方向上的主要特征。

身体性指的是审美知觉并非一种主体性或者客体性的单一活动,而是一种以身体为基础的主体和客体的合一。例如,在日常生活中,我们也会发现我们想要举起我们的右手的时候就能够直接举起我们的右手,我们想要用嘴巴发出某种声音的时候就可以直接运用舌头和嘴巴发出声音,这种身体性是自发、自觉和自主的。所以,我们很难将我们想要把手举起的主体意识和把手举起的客观行为分开来,也很难将嘴巴发音的主体意识和嘴巴动起来的客观行为分开来。

模糊性是身体性的延伸,它指的是审美知觉是朴素、原初、整体性的。梅洛·庞蒂认为身体并不能分为物质和心灵,反之身体是一个模糊性的综合。我们能够看到当我们举起右手的时候,并没有什么特别的思维活动要求自己举起右手,而是直接地举起了右手。所以,我们很难分辨物质和心灵在身体操作中的具体界限。特别是当我们用右手抓住自己的左手的时候,我们会形容说身体遇到了身体,这种身体自我内部的模糊性进一步确认了身体的存在。

二、审美想象

想象是人所特有的一种思维活动,在日常生活中我们都会进行某种想象,例如,对美好生活的想象,对于神话动物的想象。因此,我们可以说想象是面向未知和未来的,但是同时想象又是基于现实的。审美想象,指审美主体在审美活动过程中,由一个事物想到另一个事物的心理过程。审美想象与普通想象的区别在于,审美想象往往带有美学性质,比如,在普通想象中,我们可以构想一个独角兽,但是我们的想象并不一定会对独角兽进行完整的审美想象,就像我们不会对独角兽的毛发的靓丽颜色、角上具有几个层次、眼睛是否炯炯有神等审美形式进行想象。所以,审美想象是一种想象,但是是一种具有复杂心理活动和心理过程的想象,而非一种单纯的事物联系。

要注意的是,审美想象并非天马行空毫无依据的,即是说任何审美想象都是基于一定的事实依据。例如,我们对延安革命圣地的美好想象,想象当年革命先辈们在枣园是如何勇敢地面对日本侵略者,是如何躲避日本侵略者和国民党反动派的轰炸,是如何以大无畏的精神投入革命,投入社会主义建设和改革的浪潮之中。这些审美想象是基于革命先辈们在延安的艰苦岁月的真实历史,张思德的为人民服务精神,白求恩的国际主义精神,南泥湾的自力更生精神,这些精神都是确确实实存在的。我们对这些革命先辈们的审美想象进一步提升了他们的伟大形象,进一步学习了为人民服务、国际主义、自力更生等精神。

审美想象具体分为初级形式和高级形式。初级形式指简单联想,包括接近联想和类比联想。高级形式指审美知觉想象和创造性想象。联想就是见到甲就想到乙。甲能想到乙的原因,无非是两个,要么甲和乙在性质上相近,或是甲和乙在经验上曾相接近。接近联想:杭州传统名菜"东坡肉",食材以五花肉、葱、姜、酱油、冰糖、黄酒为主要食材,让人联想到曾任杭州太守的苏东坡带领民工疏浚西湖淤泥,老百姓感念他的恩德,送他猪肉的历史传说。类比联想:在古代,杨柳象征离别,菊花象征隐士。今人走在杭州西湖的断桥上,常常会想到神话故事中的许仙、白娘子等。知觉想象:黄山的"梦笔生花",桂林的"象鼻山",阳朔的"月亮山",这些山石的构景和形状与我们生活中的经验有某些相似之处。创造性想象:是脱离眼前的事物,在内在情感驱动下,通过回忆起种种形象进行改造,创造出一种从未存在过的崭新形象。

三、审美情感

审美情感是指在审美知觉和审美想象中的主体对客体的一种主观情绪反映。审美情感具有直接性的特征,往往还来不及思考,人就会凭借审美情感直接对审美对象做出某种价值判断。例如,我们在看到《开国大典》这幅名画的时候,我们不禁会感叹新中国的建立是多么的不容易,新中国的现在是多么的强大。当然,当我们看到一些中立的绘画时,也会做出另一种价值判断。例如,当我们看到《蒙娜丽莎的微笑》的时候,我们不会联想到国家兴亡、家庭道德等文化叙事,而是只会想到这个微笑到底是怎么样的微笑,到底是在开心还是一种尴尬勉强的微笑。

要注意的是,审美情感并非一种单独的情感,它往往夹杂着各种理性情绪。例如,我们对于中国共产党在新民主主义革命时期的经历有着充分的情感,对于五四运动中陈独秀、李大钊的出色演讲而激动,为建党日毛泽东的辩论而喝彩。但是,我们的这种情感基于一种理性思考,那就是中国共产党是当时唯一能救中国,并且带领中国走出半殖民半封建社会的政党。这是因为除了工人阶级之外,农民阶级的太平天国、地主阶级的洋务运动、资产阶级改良派的戊戌变法、资产阶级革命派的辛亥革命都宣告失败,时代要求工人阶级的政党能够担当起革命的任务,领导中国人民走向新的胜利,完成反帝反封建的时代任务。

正因为有着审美情感的作用,我们才会遇到高山流水这样的成语和古琴曲。即使千年流转,我们依然能够在无数的古琴家手中听到这首带有着强烈审美情感的作品。高山流水觅知音,春秋时期有一位著名的琴师,精通音律,琴艺高超,名叫俞伯牙。他弹琴时,走过来一个樵夫,此时伯牙弹起赞美高山的曲调,樵夫说道:真好!雄伟而庄重,好像高耸入云的泰山一样!当他弹奏表现奔腾澎湃的波涛时,樵夫又说:真好!宽广浩荡,好像看见滚滚的流水、无边的大海一般!伯牙兴奋极了,激动地说:知音!你真是我的知音。这个樵夫就是钟子期。从此二人成了非常要好的朋友。白居易也在琵琶女的弹奏中,听出来"大弦嘈嘈如急雨,小弦切切如私语。嘈嘈切切错杂弹,大珠小珠落玉盘……银瓶乍破水浆迸,铁骑突出刀枪鸣"。

四、审美理解

审美理解是审美主体以感情的形式在审美知觉基础上形成的一种审美领悟。审美理解有的时候需要一定的灵感,这种灵感来自生活实践和经验的积累。审美理解可以分为三个层次。王国维的人生三境界较好地代表了这三个层次。王国维在《人间词话》中写道:"古今之成大事业、大学问者,必经过三种之境界:'昨夜西风凋碧树。独上高楼,望尽天涯路',此第一境也。'衣带渐宽终不悔,为伊消得人憔悴',此第二境也。'众里寻他千百度,蓦然回首,那人却在,灯火阑珊处',此第三境也。"人生三境界之所以可以看作审美理解的三个层次,是因为人生境界带有美学意蕴,而非仅仅是一种道德约束的要求。

第一层次:"昨夜西风凋碧树。独上高楼,望尽天涯路"。第一层次的理解主要在于区分现实状态与虚幻状态。比如,在观看海市蜃楼时,不把幻境当作实景。在欣赏戏剧时,不把剧情当作现实意义的真情。也就是说,审美主体能够清晰地认识到自己与外界的不同,认识到自身的个人感受与外界之间存在某种不可通约性,自身的情感节奏与社会节奏存在一定的差距和距离。这个层次主要发生在少年或青年期,由于激素的作用,人的青春期冲动很容易时常性地爆发,与社会秩序表现出明显的不一致。当然,当审美主体所处的社会情境发生巨变,审美主体也很容易进入这一层次,感叹世事变迁和历史的宏大。总之,这个层次的审美理解主要是一种区分性的理解。

第二层次:"衣带渐宽终不悔,为伊消得人憔悴"。第二层次的理解是对审美对象的内涵的理解,即对审美对象的题材、人物、典故、背景、符号意义等的理解。比如,游览嘉峪关,如果不知道其历史背景、基本功能和象征意义,也就难以欣赏其真正的历史作用。灵隐寺天王庙供奉着四大天王佛像,每一位天王虽然都怒目狰狞身穿甲胄,高大威武,但其手里都持有着不同的法器。四大天王中的南方增长天王执剑,因剑有锋,所以借谐音为"风";东方持国天王因琵琶能调出音调,寓意为"调";北方多闻天王因伞能遮雨,所以代表"雨";西方广目天王右手捉龙,意为龙蛇司顺,所以寓意为"顺"。合起来便有了"风调雨顺"的意思。若不了解不同法器象征的意义,会觉得一头雾水。也就是说,当一个人逐步能够理解"伊"的特征、特点和背景,从中深刻共情"伊"与自身的不一致,从而深陷在这种共情之中。

第三层次:"众里寻他千百度,蓦然回首,那人却在,灯火阑珊处"。第三层次的理解是深层、内在的理解。如杜甫《望岳》一诗的最后两句"会当凌绝顶,一览众山小",不仅描绘出泰山的巍峨雄奇,而且也表达出了作者年少时的伟大志向。不仅对泰山的外在形态有了感性认识,而且对这座名山的历史文化积淀有了更深层次的理解。也就是说,第三层次的审美理解往往并非一种简单的区别、共情,而是有着自身经历和经验的一种情感性反思。黑格尔有句名言"对于同一句格言,出自饱经风霜的老人之口和出自缺乏阅历的青少年之口,其内涵是不一样的"。这句话说明了感性认识与理性认识之间存在着差异。年轻人只是有理性认识,年长者有了感性认识的基础上再进行理性认识,往往能够表达出更为深刻的、内在的审美理解。

第三节　旅游生活的审美体验

审美体验有着自身的结构,这种结构关涉到审美主体、审美客体和审美主客体之间的关系。不过,在审美主体、审美客体和审美主客体之间的关系三者中,与审美关系最大的是审美主体。因为我们经常会发现,在旅游审美过程中,同游某一景区或景点的旅游者会有相同的感受,也有不同的体验。正如孟子说过:"口之于味也,有同嗜焉;耳之于声也,有同听焉;目之于色也,有同视焉。"因为带有主体性体验和感受的不同的审美主体是产生审美体验的重要原因,所以我们要对审美主体的审美个性、审美意识和审美感受进行分析。

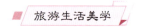

一、审美个性

从社会学的角度,个性受到现实环境和社会关系的制约,是不断学习、实践、积累、充实和丰富的过程。审美个性的形成与发展,也是一个复杂的过程,不仅涉及先天因素,而且涉及后天训练。先天因素构成了审美个性的自然条件。如先天失明或失聪的人,对需要视觉能力、听觉能力才能完成旅游审美活动的对象的感受性就差。后天训练是审美个性形成与发展的根本动力,如个人经历、性格、阅历、教育背景、生活实践等。自古文人描绘秋天,多用凄清寂寥之词。"秋风清,秋月明。落叶聚还散,寒鸦栖复惊。"(《秋风词》)这是李白笔下的秋天和秋风。同样是写秋风,三国的曹操写下:"秋风萧瑟,洪波涌起。"(《观沧海》)曹丕也写道:"秋风萧瑟天气凉。草木摇落露为霜。群燕辞归雁南翔。"(《燕歌行》)"萧萧梧叶送寒声,江上秋风动客情。"(《夜书所见》)这是叶绍翁笔下的秋风,满满的离愁别绪。有诗豪之美誉的刘禹锡,则写道:"自古逢秋悲寂寥,我言秋日胜春朝。晴空一鹤排云上,便引诗情到碧霄。"(《秋词二首》)表现出诗人的豁达豪迈和乐观向上的精神。

旅游审美个性指旅游审美主体在审美情趣上的主观偏爱倾向,因为其气质禀赋等先天因素和成长背景、阅历等后天因素的综合影响,旅游审美主体对旅游地、旅游审美对象及其审美价值的选择有自己的偏好。

二、审美意识

广义的审美意识是指审美主体反映美的各种意识形态,包括旅游审美意识活动的各个方面和各种表现形态,诸如旅游的审美感知、审美想象、审美理解、审美情感等审美感受心理,旅游的审美观念、审美能力、审美理想、审美趣味、审美需要、审美动机等审美个性心理。狭义的审美意识,即美感,则专指旅游审美感受,指旅游审美主体对于当下客观存在的某一旅游审美对象所产生的一种特殊的心理现象。

任何审美主体都是客观的历史存在,审美主体的审美意识、审美趣味、审美理想等,必然受到其所处的时代、民族、阶层、文化传统的影响。因而审美意识具有时代性、民族性、社会性、阶层性的特征。

审美的时代性。不同时代有不同的审美标准。比如,对女性美的评判标准,随着时间变化而变化。《诗经·卫风·硕人》:"手如柔荑,肤如凝脂,领如蝤蛴,齿如瓠犀,螓首蛾眉。巧笑倩兮,美目盼兮"每一个比喻都形象贴切,合起来一个美貌佳人便栩栩如生。公元前六世纪的楚灵王偏爱细腰女子。"楚王好细腰,宫中多饿死"。与楚襄王同时的楚人宋玉,在其《登徒子好色赋》中,对那位漂亮的"东家之子"也有"腰如束素"的描写亦有所偏爱。唐朝是开放社会,崇尚的女性体态美是额宽、脸圆、体胖。唐代,世人又以体态丰腴、姿质丰艳的杨玉环为美;但是到了宋代,人们以"身轻如燕,身姿窈窕的赵飞燕(汉代)为最美"。

审美的民族性。各民族由于在地理环境、政治经济、宗教信仰、价值体系等方面存在差异,因而在审美意识上形成了特定的民族性。因为不同的民族有着不同的审美,世界上有许多独特的民族风俗习惯,比方说非洲有长脖族、唇盘族,这种特殊的装扮,或者说佩戴这种饰品,简直是对人体的摧残,但是在他们看来却是美的象征。

审美的社会性。首先,审美主体是社会的、历史的存在,必然受其所处的时代、民族、阶级、文化传统、风俗习惯的制约。其次,任何审美活动都是在一定的社会历史环境中进行,受当时的生产力水平、社会文化氛围等因素的影响。正如马克思指出"人是一切社会关系的总和",任何一个人都没有办法脱离社会存在,也没有任何一个人的审美能够脱离社会存在。社会将政治、经济和文化等多方面因素共同作用在审美主体上,使审美主体的个性随着社会的变迁而变迁。

审美的阶层性。审美意识作为社会意识的一部分,打上了阶层的烙印。不同阶层的人,审美标准、审美能力、审美趣味存在着差异。在这个阶层的人认为美的东西,对于另一个阶层的人来说并不认为是美的,甚至是丑的。正如鲁迅在《"硬译"与"文学的阶级性"》中写道:"自然'喜怒哀乐,人之情也',然而穷人决无开交易所折本的懊恼,煤油大王哪会知道北京捡煤渣老婆子身受的酸辛,饥区的灾民,大约总不去种兰花,像阔老太爷一样,贾府上的焦大,也不爱林妹妹的。"焦大不会爱上林妹妹,因为他们是两个不同世界的人。

三、审美感受

旅游审美感受是指在旅游审美实践中,审美主体从审美客体所获得的一种心理体验。旅游者在欣赏不同的景观或美的形态时,会获得不同的审美感受。审美感受的层次,按照由低到高的顺序,一般分成三个阶段,即"悦耳悦目""悦心悦意"和"悦志悦神"。

(一)悦耳悦目的审美感受

所谓"悦耳悦目",是指观赏者以听觉视觉为主的全部感官(包括味觉、嗅觉、触觉等)在审美活动中所体验到的愉悦感受。它是美感的最低层次,通常以生理舒适和心情愉悦的融合为特征。比如,阳光明媚的春日,漫步在西湖边,看远处群山青翠,近处桃红柳绿,蓝天白云倒映在碧波荡漾的湖面上,空气中弥漫着阵阵花香,有船工用力地划着船儿,当船桨划过水面,惊得水鸟飞起,发出扑棱棱的声音,越剧爱好者在亭子里尽情地唱着曲子……此情此景,你不禁陶醉其中,身心愉悦,获得悦耳悦目的美好感受。

（二）悦心悦意的审美感受

所谓"悦心悦意"，是指透过眼、耳等感官获得具有审美价值的感性形象，领悟到对方某些较为深刻的意蕴，进入一种"对心思意向的某种培育"（李泽厚）的欢快喜悦状态。它是美感的较高层次，主要以凝神观照的审美体察为特征，对审美客体的感官初级反应升华到了较高的精神愉悦的审美层次。

在欣赏自然景观的过程中，悦心悦意的审美感受表现得尤为突出。旅游者置身于绿色田园、江河湖海、青山绿水、清风明月的景象之中，似乎"一切景语皆情语"。我们游莫干山、九寨沟，那充满鸟语花香的清幽的自然生态环境，常常唤起一种"清新放浪的春天般生活的快慰和喜悦"，使人生出无限遐想或者超然出世的情怀。

总之，悦耳悦目的审美感受以感知或直觉为主要特征，那么悦心悦意的审美体验则以想象或理解为主要特征。

（三）悦志悦神的审美感受

所谓"悦志悦神"，指旅游者在凝神默照审美对象时，经由知觉、想象、理解和情感心理要素的综合交互作用，于审美愉悦中进而唤起昂扬向上的意志和精神。它作为美感的最高层次，常常表现为一种"感到自己和自然和整个宇宙合而为一，似乎达到超道德的本体高度"（李泽厚），也就是达到了天人合一精神或至高的审美境界。或者说，个体不再为了一般的生存目的或功能需求而忍辱屈从或牺牲尊严，而是让神志伴随着愉快的心境在时空中来去无碍、纵横驰骋的特殊体验。

中国古代哲学的"天人合一"观，所谓"一天人，合内外"。中国古人把人看作天地万物之一，与宇宙是一体的。不像今天人们把人当作一个独立的个体，异化于天地万物之外。在哲学上有主体和客体之分，有自我、社会、自然几个不同的概念。东晋陶渊明在官场，在社会中，他感到与天地万物的疏离，于是他不为五斗米折腰，辞官回归田园隐居，融于天地万物之中。他在《归园田居》中，高兴地写道："久在樊笼里，复得返自然。"他对自然的依恋，就像"羁鸟恋旧林，池鱼思故渊"。那里有"方宅十余亩，草屋八九间""狗吠深巷中，鸡鸣桑树颠"。田园生活有多好？他在那里"采菊东篱下，悠然见南山"，他在那里"晨兴理荒秽，带月荷锄归"，他在那里"漉我新熟酒，只鸡招近局"。务农，饮酒，作诗，会友。陶渊明的归隐，不为五斗米折腰是表层原因。更深层的原因是"天人合一"观，对陶渊明而言，回到故乡务农，就是回归自然，务农就是直接和自然打交道。在自然之中，他找到了真，他说"此中有真意，欲辨已忘言"。当我们今天到田园观光，细细品味陶渊明的田园诗，暂且放下被功利、物欲所纠缠的"小我"，而是将自己化于宇宙大全的"大我"中。既然生死之情都已不足虑,那么人生之得失与祸福又何足挂怀!

思考与讨论

1.接近联想、类比联想、审美知觉想象和创造性想象分别指的是什么? 请结合具体的审美对象进行说明。

2.什么是审美理解?

3.审美感受的三阶段指的是什么?

4.选择一处景观进行实地观赏,分析其最佳的观赏方法。

参考文献

[1] 朱光潜.谈美书简[M].北京:北京理工大学出版社,2018.

[2] 王柯平.旅游美学论要[M].北京:北京大学出版社,2015.

[3] 叶朗.美学原理[M].北京:北京大学出版社,2022.

[4] 刘晖.旅游美学[M].北京:中国人民大学出版社,2018.

[5] 杨哲昆,霍文华,何升华.旅游美学实务[M].南京:东南大学出版社,2014.

[6] 张苏榕.旅游美学[M].镇江:江苏大学出版社,2020.

[7] 张骏,卢凤萍.旅游美学[M].北京:中国人民大学出版社,2021.